监管

数字转型、虚拟货币与未来治理

[美]罗萨里奥·吉拉萨（Rosario Girasa） 著

周雁洁 译

中国出版集团
中译出版社

图书在版编目（CIP）数据

监管：数字转型、虚拟货币与未来治理/（美）罗萨里奥·吉拉萨著；周雁洁译．－－北京：中译出版社，2023.3
书名原文：Regulation of Cryptocurrencies and Blockchain Technologies：National and International Perspectives
ISBN 978-7-5001-7270-3

Ⅰ．①监⋯ Ⅱ．①罗⋯ ②周⋯ Ⅲ．①电子货币—通俗读物 Ⅳ．① F830.46-49

中国国家版本馆 CIP 数据核字（2023）第 030454 号

First published in English under the title
Regulation of Cryptocurrencies and Blockchain Technologies: National and International Perspectives
by Roy Girasa, edition: 1
Copyright © The Editor(s) (if applicable) and The Author(s), 2018
This edition has been translated and published under licence from Springer Nature Switzerland AG.
Springer Nature Switzerland AG takes no responsibility and shall not be made liable for the accuracy of the translation.
The simplified Chinese translation copyright © 2023 by China Translation and Publishing House.
ALL RIGHTS RESERVED

著作权合同登记号：图字 01-2022-6827

监管：数字转型、虚拟货币与未来治理
JIANGUAN: SHUZI ZHUANXING、XUNI HUOBI YU WEILAI ZHILI

著　　者：［美］罗萨里奥·吉拉萨
译　　者：周雁洁
策划编辑：于　宇　方荟文
责任编辑：于　宇
文字编辑：方荟文　纪菁菁
营销编辑：纪菁菁　马　萱
出版发行：中译出版社
地　　址：北京市西城区新街口外大街 28 号 102 号楼 4 层
电　　话：（010）68002494（编辑部）
邮　　编：100088
电子邮箱：book@ctph.com.cn
网　　址：http://www.ctph.com.cn

印　　刷：固安华明印业有限公司
经　　销：新华书店
规　　格：710 mm×1000 mm　1/16
印　　张：22
字　　数：231 千字
版　　次：2023 年 3 月第 1 版
印　　次：2023 年 3 月第 1 次印刷

ISBN 978-7-5001-7270-3　　　定价：89.00 元

版权所有　侵权必究

中译出版社

前　言

大多数人在了解比特币（BTC）和其他众多效仿比特币的虚拟货币之后，都注意到了其货币价值的惊人上涨，从而产生了诸如"比特币到底是什么""为什么人们会如此狂热地购买比特币、参与开采比特币，甚至还要购买和参与开发其基础技术""比特币的创造者到底是谁"等许多相关问题。笔者写过几本以金融法为主题的书，现在却遇到一种全新的金融交易模式，这一模式几乎违背了政府为支持货币而建立的所有既定安全规范，违背了能从根本上遏制不法分子利用金融系统断层线（fault lines）[①]之企图的规则和法规，还违背了其他一些安全网系统，这让我感到十分困惑。

激起笔者这一兴趣的部分原因，是所教的本科生谈到了比特币。虽然笔者也注意到了多种类型的数字币和代币以及对它们的投资，还有通过购买这些货币所获得的直接可观利

[①] 断层线这一术语源自拉古拉迈·拉詹（Raghuram Rajan）的《断层线》（*Fault Lines*）一书，指的是能够引发金融危机的重大风险。

润，但这是笔者从事教学工作几十年来，第一次有学生对加密货币这一主题展示出兴趣，而且还是对投资加密货币感兴趣。因此，笔者觉得自己只能对这一新现象加以学习，并且希望能帮助到其他对该主题感兴趣的人。

由于已经有无数的文章能帮助读者了解比特币和其他加密货币的性质，以及要如何投资加密货币，所以几乎没有必要再写一本书来重复那些已经广为人知的内容。在笔者之前所著的每一本书中，笔者都着重关注政府在保护投资者和消费者方面所发挥的作用。因此，本书的重点是如何保护这类新型货币购买者，使其免受金融界中不可避免的欺诈和其他渎职行为的影响。虽然本书的关注点集中于已经和将要在美国出现的法规，但也会研究其他国家所采取的行动，目的是理解各国如何应对比特币及其衍生品。我们将审视政府为了禁止、严格控制或仅仅是为了容忍加密货币存在所做出的努力，因为使用加密货币已经变成不可逆转的趋势，除了控制互联网的使用，政府没有其他方法能阻止加密货币的使用。不管比特币、其他币种和代币在市场上的表现如何，毫无疑问的是，其底层技术将深刻影响多种商业交易和社会活动的进行方式。

笔者独自研究了书中标注出的所有资料，文中若出现任何错误，均为笔者一人之责。书中所表达的观点并非独一无二的见解，而是基于从全球众多网站上下载的数百篇文章和资料。希望本书能以经验丰富的企业家和普通读者都能理解的方式，集集体智慧之大成。

感谢所有协助本书（英文原版）出版的英国帕尔格雷夫·麦克米伦出版社（Palgrave Macmillan）员工；特别感谢艾莉森·纽伯格（Alison Neuberger）对本书的指导；感谢图拉·韦斯（Tula Weis）不厌其烦地与我沟通，保证项目得以完成；感谢露丝·诺布尔（Ruth Noble）让本书的出版得以最终完成；还要感谢SPi Global公司（一家全球领先的专业业务流程外包提供商）的帕维斯拉·穆拉立克里沙（Pavithra Muralikrishna）博士对出版过程的监督。

请注意：本书无意给读者提供法律建议，本书内容是作者根据其阅读和下载的大量文章、评论、演讲、法规以及其他资料所展开的分析和提出的见解，其目的是了解新技术，并为对该主题感兴趣的人提供可读的文本。个人的法律问题应咨询知识渊博的律师。

罗萨里奥·吉拉萨
（Rosario Girasa）
于美国纽约普莱森特维尔
（Pleasantville, NY, USA）

目 录

第一章
数字转型

第一节　非法定货币的定义及种类 · 005

第二节　虚拟货币崛起的原因 · 008

第三节　货币的种类 · 010

第四节　数字科技领域的主要参与者 · 015

第五节　数字货币的益处和风险 · 019

第六节　美国政府机构的风险警告 · 021

第七节　欧盟网络信息安全局 · 026

第八节　诺贝尔奖得主的忧虑 · 027

第二章
加密货币的底层技术和种类

第一节　区块链技术 · 039

第二节　加密货币的种类 · 045

第三节　数字代币（加密代币）· 057

第三章
数字技术的法律问题

第一节　司法管辖权·075

第二节　美国证券交易委员会诉沙弗斯案·078

第三节　戈登诉戴利案·080

第四节　虚拟货币是钱吗·080

第五节　智能合约·082

第六节　知识产权·084

第四章
美国联邦政府各部门对虚拟货币的监管

第一节　美国证券交易委员会·095

第二节　商品期货交易委员会·107

第三节　金融犯罪执法网络局·118

第四节　可能会监管虚拟货币的其他美国机构·127

第五章
美国各州对虚拟货币的监管

第一节　美国各州对虚拟货币企业许可证的要求·147

第二节　承认虚拟货币的其他各州·156

第三节　尚未颁布有关虚拟货币立法的州·161

第四节　拟议的统一虚拟货币法典·164

目 录

第六章
涉及虚拟货币的刑事和民事诉讼

第一节　法定禁令 · 177

第二节　刑事诉讼 · 183

第三节　移民与海关执法署诉哈伯德案 · 186

第四节　"丝绸之路"诉讼 · 187

第五节　民事诉讼 · 203

第七章
虚拟货币的众筹和税收

第一节　众筹和虚拟货币 · 215

第二节　出于征税目的将虚拟货币认定为财产 · 230

第三节　《海外账户纳税法案》· 235

第四节　美国国家税务局条例执行行动 · 236

第八章
国际层面的监管

第一节　国际清算银行 · 249

第二节　欧洲联盟 · 250

第三节　允许虚拟货币存在或对其进行监管的国家和地区 · 260

第四节　禁止比特币和其他虚拟货币的国家 · 286

第五节　另类的国家虚拟货币 · 289

结语　加密货币的未来 · 305

附录1　比特币的流通和交易机制 · 313

附录2　投资者问题清单 · 315

附录3　英文首字母缩略词 · 317

附录4　案件列表 · 321

索引 · 323

第一章　数字转型

互联网的出现及其相关技术的进步，开启了我们思想和行为方式的转变，其推动转变的力度，超过了以往任何一项历史性发明和发现。我们可以即时与彼此"对话"，在手机和电脑上花费无尽的时间，并创造了一种全新的沟通方式。各行各业，虽然并非都是出于自愿，但都经历了数字化转型和颠覆，努力实现现代化、产业升级和推动创新，以防止在业务经营上遭遇失败。各企业从经常被引用的柯达和宝丽来的例子中吸取了教训，这两家公司都没有更新技术，最终由于缺乏创新而破产。[1]数字化转型正在以人类历史上前所未有的速度发生，让创新在风险资本和其他货币投资的资助下迅速崛起。这些改进正在创造全新的劳动力，但同时也会淘汰无法适应新技术的工人。似乎是在突然间，很多新企业的估值达到了 10 亿美元，与一些国家的经济总量不相上下，例如，苹果（798 亿美元）、谷歌母公司 Alphabet（6 670 亿美元）和微软（5 710 亿美元）。[2]

成功的公司已经或正在采用新型商业模式来迎接技术革命。IBM 将其大型主机业务转型为技术和商业咨询服务；微软从靠个人计算机的版税获利，转型为依靠广告和订阅模式获利；甚至乐高也从濒临破产的状态中重组，推出了新的数字业务，如"乐高数字设计师"（Lego Digital Designer——一款免费的虚拟乐高积木软件）和"乐高机器人"（Lego Mindstorms——一款教育玩具）。[3] "四大"会计师事务所

（普华永道、德勤、毕马威和安永）正在尝试将区块链技术用于审计及相关服务，特别是德勤推出了 Rubix———种为全球客户提供咨询服务和构建分布式应用的区块链。[4] 法律服务行业正在经历数字化转型，Ross Intelligence（世界上第一家人工智能律师公司）等公司利用数字技术，与范德堡大学法学院（Vanderbilt University Law School）以及某些律师事务所开展合作，提供从案例援引到法律摘要等法律信息。[5] 例如，对区块链的运用，或许可以包括提供有时间戳的、安全可扩展的记录，以记录商标首次使用的时间，包括通过数字钱包管理客户交易，还包括就因新技术而产生的问题向金融领域客户提供建议。[6]

银行意识到数字化转型可能会淘汰现金，尤其是千禧一代（20世纪80年代初至21世纪初出生的人）正逐渐成为个人银行业务的主力军。[7] 加拿大皇家银行（Royal Bank of Canada）正在改善其服务，方法是通过结合人工智能和数据分析，减少对实体分行的需求，转而使用效率更高的线上银行，而其剩余实体分行的工作人员则专注于解决复杂问题和提供财务建议。[8] 美联储委员会（Federal Reserve Board）对分布式账本技术（DLT）产生了浓厚的兴趣，因为这一技术可适用于支付、清算和结算程序。美联储委员会还指出，分布式账本技术系统每天处理约6亿笔交易，交易价值超过12.6万亿美元。分布式账本技术有可能创造出不可更改的、安全的信息储存新方法，并提供身份管理、跨境支付和其他一些主要的服务。[9] 虽然人们认识到在互操作性、普遍性和可及性方面会存在挑战，但据预计，数字货币和分布式账本技术的使用将提供更快捷的支付解决方案，提高跨境支付的及时性、成本效益和便利性。[10]

新形式的货币一般是试图取代历史行为模式的最新创新。虽然几十年来，银行和其他金融机构一直在寻求利用现有技术取代支票和相关金融工具。但目前看来，现金形式的货币很可能会减少，转而被一种名为"加密货币"的虚拟货币所取代或补充。在本书中，我们将讨论数字货币的性质，特别是像比特币这样的加密货币的性质，还会讨论支撑加密货币的底层技术，以及美国联邦和各州管理当局提议或已经颁布的相关监管法规。

第一节 非法定货币的定义及种类

在笔者办公室的书桌上，有一张政府发行的"一百万亿元"钞票，这张钞票由津巴布韦储备银行（Reserve Bank of Zimbabwe）于2008年发行，时值20世纪90年代末至2011年的恶性通货膨胀时期。引发此次通货膨胀的原因是政府对私人土地执行没收政策以及津巴布韦参与了刚果战争。现在这种纸币的唯一价值，就是当作纪念品或古玩，这证明了津巴布韦政府所犯下的错误以及该国货币的拥有者对这一货币已经完全失去信心。[11]几千年来，人类一直用钱作为商品和服务的价值替代品。虽然人们可以以物易物，比如用自己能提供的服务，如修理管道、法律服务甚至医疗服务等来换取另一个人的商品或服务，但其中的一个难点在于双方的需求及其价值的匹配。于是人们开始在交易中使用价值替代品，使得各种不同的手段可以被更多的人所接受，让个人可以根据自身需要使用价值替代品，而不需要以物易物，因为以物易物这一制度往往很难被所有人接受，也不甚方便。

原始社会早期的价值替代品包括非洲文化中的贝壳，特别是公元前1200年左右的宝贝科贝类的贝壳，以及盐、种子、牛和其他有价值的资产。公元前3000年左右，埃及和美索不达米亚逐渐使用金属物品作为价值替代品，特别是金条，这些后来演变成了金属货币。还出现了其他形式的金属资产，包括金戒指和其他有价金属。在中国，公元前1000年出现了类金属货币，公元前7世纪到公元前3世纪出现了铜币，甚至在公元前2世纪还出现了皮革币。在公元前7世纪，金属货币传入土耳其的以弗所（古希腊小亚细亚西岸的一座重要贸易城市），不久之后便在古希腊和古罗马得到广泛使用。[12] 但是以物易物这一机制从来没有被历史所全面淘汰，而是以某种形式延续至今，甚至国与国之间也会采用这种形式做交易。

在20世纪广泛采用的一种以物易物的形式是对等贸易。在不同时期，国家或国家内部的实体都会从事对等贸易，以交换大量的产品或服务，特别是当一个国家的货币已经失去信誉的时候。在第二次世界大战期间和战后，由于工厂在战争期间被摧毁，各国就发现对等贸易十分有用。拥有可信赖国家货币的公司和个人有时也会选择对等贸易，以避免交换的商品或服务被征税。国家也会参与对等贸易，以抵消贸易不平衡所带来的影响和保护本国工业。通常，参与对等贸易的卖方希望将货物运送到缺少硬通货（hard currency）或对使用硬通货有严格限制的国家，如撒哈拉以南非洲的一些国家和印度次大陆的一些国家。

对等贸易有多种形式：以物易物（商品或服务之间的交换）；互购贸易（一方向另一方出售商品或服务，并同意在未来回购特定产品作为交换);补偿贸易(支付的一部分为硬通货);回购贸易(通常指的是一家公司投资建设工厂或其他设施,并同意购买由该工厂生产的产品);清算协定(例如,德国统一之前,西德和东德之间所进行的贸易,两国公司出售货物和服务,并在各自国家的清算银行登记销售情况,然后在指定时限内进行结算,余额都成为债务国的债务);转手贸易(一方提供货物和/或服务,以换取从购买国购买货物的协定);抵消贸易(公司可以在另一国建造工厂或提供服务,以减少到期应支付的拖欠供应商的费用)。[13]

钱,以多种多样的货币形式存在,并演变成交换商品和服务或以物易物的价值替代品。这是基于使用货币的人认为,货币与这些物品具有同等的价值。国际货币基金组织(IMF)将"钱"定义为可以发挥以下作用的东西:(1)作为一种价值储存,持有者可以保留价值并在以后使用;(2)作为一种记账单位,为价格提供一个共同的基础;(3)作为人们使用和相互交换的一种媒介。[14] 从历史上看,从1969年开始,国际货币基金组织发明和分配了"特别提款权"(special drawing rights)。特别提款权作为一种国际储备资产,用于补充成员国的官方储备,并可用于换取可用的货币。虽然国际货币基金组织指出,特别提款权并不是一种货币形式,但成员国可使用特别提款权自愿兑换现有货币,并可将其作为国际货币基金组织和其他国际组织的记账单位。特别提款权根据成员国的配额来发行,即国际货币基金组织根据一个国家的财政状况为其分配一个规定的认缴份额。支取这些份额要支付或收取利息。[15]

第二节　虚拟货币崛起的原因

有多个因素催生出了加密货币形式的虚拟货币，具体如下。

第三方服务的成本高。改革用于支付、清算、结算和其他服务的货币种类模式是势在必行的。正如《经济学人》(The Economist)所指出的那样，在把金融服务带到之前缺少服务的地区（特别是撒哈拉以南的非洲地区）这一方面，数字技术革命取得了重大进展。[16] 在发达国家，金融服务的成本高得惊人，在2015年，美国人为之支付了约1 410亿美元的费用和利息，其中大部分用于贷款服务、信用卡和其他服务。

缺乏安全性。目前使用现金、信用卡、自动取款机（ATM）的支付系统和其他在购买商品和服务时所用的支付模式存在许多问题。在过去几年中，由于网络安全系统有遭受重大破坏的可能，信用卡甚至是自动取款机被黑客攻击的问题持续出现，例如，网络犯罪分子获取了约1.43亿美国人的高度私密信息，包括姓名、社会安全号码（类似于中国人的身份证号）、出生日期、地址，甚至驾照信息。[17] 还有其他许多已经见诸报端的违规事件，这让太阳计算机系统公司（Sun Microsystems）的斯科特·麦克尼利（Scott McNealy）高呼："你完全没有隐私，接受现实吧。"他的这句话现在经常被引用，如同幽灵的呻吟声一般在耳边回荡。[18]

贫穷国家难以获取资金或资金缺乏可兑换性。对于那些信用不那么好的人，特别是在较贫穷的第三世界经济体中信用欠佳的人而言，影响到他们的其他问题包括：国家货币不能兑换（例如，近期的委内瑞拉货币）；不识字影响到一个人参与金融交易的能力；现金使用不便，商家只接受小面额的现金；无法享受跨国货币兑换服务，只能以很不理想的汇率支付，且往往还要支付大笔费用；银行和有关机构要收取某些信用卡和借记卡的使用费用，还要对其他许多服务收费；甚至有一些商家拒收现金。因此，比特币以及后续以区块链为基础的数字货币设施，为当前金融体系内的问题提供了部分对策。由于人们可能难以获得传统的银行服务，而且世界上有很大比例的穷人没有银行账户，因此即将到来的数字技术为他们提供了另一种可能的选择。

存在匿名或假名。这一方面包括许多不信任政府、声称政府侵犯了其隐私的用户，也包括实施犯罪行为、参与恐怖主义或想避税的不法分子。

特定加密货币的普遍性。像比特币这样的加密货币在任何地方都可以兑换，而且不受禁止，不需要货币交易所或其他第三方的干预。

不可避免的支付现代化。事后看来，显然，千禧一代在生活中会经常使用智能手机和其他计算机技术，他们会因为法定货币的使用不便、成本问题和其他恼人问题而不待见法定货币。

利益驱动。加密货币价值急剧上涨，这让许多人，甚至是那些经济能力不强的人，相信用于投资新技术的资金有可能会产生可观的回报。

信任因素。如上所述，货币被接受的关键在于货币拥有者信任货币的价值。如果有很大一部分人对货币没有信心，那么其价值就会下降。在美国和欧盟，由于央行对支付的保证，人们信任货币。虽然比特币（和其他加密货币）没有这样的支持，但其底层技术确实保证了用户对其有高度信任，因为它几乎可以保证不被黑客攻击，保证交易透明、可靠、简单和快速，还保证了交易安全，用户不会受到诈骗和网络犯罪的侵害。[19]

对金融机构及其客户而言，数字化服务是大大降低成本的一种对策和手段。数字技术已经扩展到使用智能手机和计算机进行存款、证券交易和其他交易，当数字技术与自动取款机相结合时，就减少了对柜员和其他银行工作人员的需求。[20] 下一个创新，将会是替代已经大大增强的数字技术，并以几乎难以想象的方式带来变革。在不久的将来，人们会认为现金是原始落后的东西，就像今天正在写课堂研究论文的学生对旧式安德伍德牌打字机①的看法一样。信用卡已经像现金一样满足了消费者的需求，但或许已经开始走下坡路，因为它大大增加了商家和消费者的成本。支付手段的最新现代化进程及其监管问题将是本书的重点。

第三节　货币的种类

货币（实际货币或法定货币）在美国被定义为"美国或其他任何国家指定为法偿货币的硬币和纸币，在发行国家/地区流通、使用并被人们接受作为交换媒介"。[21] 这一定义涵盖的货币包括美国纸币（U.S. notes——曾由美国财政部发行的美元纸币，此种美元不是美联储的负债，现已不再发行）、银券（silver certificates——以白银为价值基础的美元）、联邦储备券（Federal Reserve notes——由美联储发行的美元纸

---

① 安德伍德打字机公司（Underwood Typewriter Company）成立于1874年。

币）和外国央行发行的纸币。电子货币（e-money）可以定义为"以电子方式（包括磁力方式）储存的货币价值，表现为对货币发行人的债权，此种债权在收到资金时产生，可用于支付交易，并能被除电子货币发行人以外的自然人或法人接受"。[22] 电子货币的例子有存储在芯片或个人计算机硬盘中的货币。电子货币通常以央行发行或商业银行所用的货币为单位，一般可按票面价值赎回或兑换成现金。[23] 数字货币是一种交换媒介，可以在被接受时充当货币，但缺乏真实货币的属性。数字货币以其价值单位计价，而不是直接与本国货币关联。在区分数字货币、虚拟货币和加密货币时，通常会产生不同的解释。对这三种货币形式的通用分类法和特定顺序分类法，国际货币基金组织一份研究报告的作者们似乎给出了最具逻辑性的解释：

- 数字货币代表着法偿货币上标注的价值，例如支付平台 PayPal 上的货币、电子货币等，或者数字货币可能有自己的价值，但其价值基础不是本国货币或其他政府发行的货币，而是基于供求规律，即拥有这些货币的人基于实际使用或当前发布的价值，而赋予这些货币价值。
- 虚拟货币代表一种新的资产类别，现在正与法定货币竞争，可能最终会超越法定货币。虚拟货币是未被指定为法偿货币的货币，可能是可兑换（开放式）虚拟货币或不可兑换（封闭式）虚拟货币。可兑换的虚拟货币，例如比特币，可以兑换成现实世界中的商品、服务、钱，这一类型的货币可能是中心化的——通过一个中央机构或信任的第三方，可转换为法定货币，例如 WebMoney（一种在线电子商务支付系统）；也可能是去中心化的——个人对个人直接交易，无须经过中央机构或信任的第三方的分类账。不可兑换的虚拟货币可用作游戏币，不可兑换成法定货币。
- 加密货币是虚拟货币的一个子集，这种虚拟货币使用密码学的技术来验证转账交易的完成，例如，以区块链为底层技术的数百种加密货币——比特币、以太坊（Ethereum）。[25]

一、数字货币

数字货币是一种以电子形式存在的无形货币，通过使用当前技术（计算机、互联网和智能手机），数字货币可以在各方之间转移付款。数字货币可用于人与人之间或实体之间的付款，以在国内和国际上购买商品和服务，但有时数字货币只能用于特定场合，如在线游戏或社交网络。[26]数字货币可以是法定（实际）货币（例如电子货币），也可以是非法定货币（例如虚拟货币）。它不受边界所限制，可即时使用，就像通过电子邮件进行通信一样迅速，但这可能取决于政府采取的限制性措施和提供的访问渠道。"数字货币"这一术语通常与虚拟货币作同义词使用，但数字货币涵盖所有具有电子形式的货币。

二、虚拟货币

虚拟货币是价值的一种数字化表达形式，其并非由政府或央行发行，但可以进行数字交易，并且可以用作：（1）交换媒介；（2）记账单位；（3）价值储存。[27]其地位与法偿货币（如实体硬币或钞票）不同，虚拟货币通常没有被广泛使用或流通，也没有政府的支持。它不同于电子货币，电子货币是一种可以通过电子方式转移价值的法定货币，具有法偿货币的特征。虚拟货币或许能像所谓的"实际"货币一样运作，但在美国不具有与法定货币等同的法律地位，其价值是用户或交易商赋予它的价值。[28]

可兑换虚拟货币，指的是由其参与使用者所提出并接受的非官方兑换性或交换性，其中可能包括兑换法定货币、财产或其他形式的价值。最主要的例子是比特币，比特币可用于购买商品、不动产或服务，卖方接受交换中的虚拟货币所提供的等值价值，并了解这种货币没有政府的支持。不可兑换虚拟货币是由中央机构或管理部门发行的一种中心化货币，几乎仅可由特定的各方使用，用于特定的用途，主要是用于游戏或诸如亚马逊之类的网站。其他的例子包括 Q 币、《安特罗皮亚计划》(*Project Entropia*)游戏币等。[29]

可兑换虚拟货币可以是中心化的，也可以是去中心化的。中心化虚拟货币由一个中央机构或管理部门为其设置规则、发行货币、保留中心支付分类账，并且货币可以赎回或提取。这类货币可能会有"浮动"汇率，或者与某些东西"挂钩"，其汇率以市场供求关系为基础，而与什么东西挂钩则由中央管理机构决定，通常以黄金、一篮子货币或其他现实价值为基础。例子包括 WebMoney、《魔兽世界》的金币和 PerfectMoney（一家网络银行，也是一种国际网银）。去中心化虚拟货币以比特币为例，没有中央管理者或监督者，是个人对个人（人与人之间）的虚拟货币，其价值由参与此类交易的各方确定。[30]

不可兑换（或封闭式）虚拟货币是去中心化的，即这种虚拟货币需要有一个中央机构作为管理者。不可兑换虚拟货币在一种虚拟领域的封闭环境中运作（例如在线游戏），因此用户必须遵守管理者提出的规则，通常是出现在线上商店内。任何企图逃避游戏规则的行为，都可能导致用户访问权限的终止或其他处罚。这类货币用于线上游戏，持有人可以用其来购买游戏里的其他在线工具或货币。这类货币包括只能在商店兑换的信用卡片或礼品卡、经常搭飞机的人的飞行里程数、电子游戏街机的代币以及其他有限制用途的货币。商店礼品卡和其他有使用限制的货币在理论上是免费发放的（就像大多数礼物一样），甚至还有可能出售给其他愿意接受这种有使用限制货币的人。与可兑换虚拟货币不同，不可兑换虚拟货币有数量限制，没有流动性，并且容易因使用不当或遭遇盗窃而流失。

三、加密货币

加密一词具有多种含义，这取决于它是作为名词、形容词还是与特定的学习模式相关联。当加密与货币结合使用时，我们得到加密货币一词，其定义是"一种去中心化、可兑换的数字货币或交换媒介，使用加密技术来验证其交换并防止造假"。[31] 加密货币以一种由数学算法控制的速率被开采，是匿名的，依靠公钥和私钥在个人对个人的基础上交换价值，其供应基于自由市场需求。[32] 该术语通常与去中心化的可兑换虚拟货币一词互换使用。比特币和以太坊是加密货币的主要例子。在大多数评论性文章中，加密货币与虚拟货币同义，但从理论上讲，我们应当区分这两种货币。

下文的讨论将集中关注虚拟货币和加密货币的通用术语以及对其的监管。

第一章 数字转型

第四节 数字科技领域的主要参与者[33]

尽管数字货币和非法定货币已经被使用了数十年,但目前的情况在实质上变得更为复杂。最新的创新金融发展过程中的参与者有以下几类:

一、发明者(创造者)

最初引发分布式账本技术革命的主要人物是中本聪(Satoshi Nakamoto)这位(或几位)神秘人物。中本聪创建了以区块链技术为基础的比特币,下文将就此展开详细讨论。此后,其他版本的区块链技术从比特币中脱离发展,因此,有不计其数的玩家(例如政府机构、金融机构、私营企业、专业公司和个人)可利用区块链技术的益处,因为据称区块链技术根本不会受到黑客攻击,从而提供了完全的隐私保护。由区块链演变而来的事物包括智能合约、通过"权益证明"(proof of stake)而产生的安全保证[被称为"矿工"的组织能够使用电脑计算能力进行决策,并具有"工作量证明"(proof of work)]、"区块链扩展"(区块链交易的加速)。[34] 另一个主要发明者是维塔利克·布特林(Vitalik Buterin),他创建了以太坊区块链,以太坊与比特币的不同之处(在下文将有更详细的展开)包括交易时间、分配的以太币数量、交易成本核算方法等。迪士尼公司创造出的龙链(Dragonchain),是另一种形式的区块链,也是迪士尼继此前创造了动

画和数字动画后的进一步发展创新。³⁵

二、发行者或管理者

比特币取得的成功让人艳羡，此后，许多个人和公司参与了创建和资助多种虚拟货币和其他创新、维护分类账和赎回虚拟货币的活动。他们的活动将不可避免地改变金融界和社会的运转方式。

三、"矿工"

"矿工"通过利用特殊的电脑硬件，通常是以专用集成电路为中心的机器，来解决特殊的密码（数学）问题，以换取可能会产生的比特币、以太币或其他形式的加密货币代币或奖励。³⁶ "矿工"一词取自传统矿工，他们通过挖矿寻找有价值的矿物，例如钻石。现代"矿工"验证一组被称为"区块"的交易，且通常是以团队协作的方式进行。

四、处理服务提供商

这些公司提供了将虚拟货币从一个用户转移到另一个用户的方法。目前已经成立了无数公司，来提供这些服务。例如，DC POS 机，Coinfy（一种多货币网络钱包），CoinCorner（最早的比特币交易所），Coinbase（比特币公司，创建了美国第一家持有正规牌照的比特币交易所）。³⁷

五、用户

这一技术有不计其数的用户,随着技术的普及,每天都有新的应用程序出现。主要应用领域是金融服务,包括国际支付、证券交易、改善资本市场、使用智能合约、改善在线身份管理、确保法规被遵守、防止洗钱和资产盗窃、提供医疗保健服务(因为需要保护患者数据和隐私)、房地产交易、记录管理、网络安全、会计等。此外,还有与这些领域相关的人。[38]

六、钱包

虚拟货币"钱包"是用于存储、发送和接收数字货币(例如比特币)的安全媒介。几乎所有发行的硬币都需要使用特定的钱包来存储指定的加密货币。钱包实际上是一个包含安全数字代码的私钥,只有同时拥有该加密货币和用于接发硬币的公钥的人,才能知道这一数字代码。[39] 从事"采矿"的个人和公司并非完全不会面临风险,这一点从一场盗窃案中就可以看出来,2017年12月6日,建立于2014年的加密货币采矿市场 NiceHash 上有约 4 736.42 比特币被偷,价值 7 830 万美元。截至本书撰写时,盗窃方法尚未公之于众,公司和政府机构正在对此进行调查。[40]

七、钱包提供商

钱包提供商是一个实体,使用软件应用程序或其他方式,让用户能够存储、持有和转移虚拟货币，同时还提供维护客户余额和安全的在线或离线方式。

八、交易所

交易所可以是个人或企业，但绝大部分都是企业，它们将可兑换虚拟货币兑换为法定货币或其他虚拟货币、贵金属或其他价值相当的资产，反之亦然，因此其运作方式类似证券交易所。随着芝加哥两个最大的金融交易所——芝加哥商业交易所（Chicago Mercantile Exchange，CME）和芝加哥期权交易所（Chicago Board Options Exchange，CBOE）——宣布提供比特币期货，让投资者可以通过做空或其他方式参与期货交易，这些加密货币交易获得了合法性。[41] 2017年12月10日，芝加哥期权交易所正式开通比特币交易，引起了一波狂热，导致比特币价格飙升26%，交易被迫关闭。当时，芝加哥商业交易所预计于2017年12月18日推出比特币交易，他们选择继续执行计划，但却见证了比特币期货的极端波动。[42]

九、交易平台

交易平台是货币兑换的媒介。最著名的外汇兑换平台是FOREX，该平台让各方可以交换不同国家的货币，但会收取短期收益作为费用。虚拟货币的兴起为货币兑换带来了新障碍，因为交易可能涉及两方的封闭式虚拟货币，没有第三方干预。尽管如此，还是出现了许多参与虚拟货币电子交易的平台，参与者主要是那些希望购买或仅能买得起加密货币部分所有权的各方。这些平台允许将法定货币兑换为数字货币。交易所可以是私人的，也可以向公众开放。各个交易所的费用、验证要求、汇率和其他功能都有所不同。交易所包括 Coinbase 比特币交易所、Binance 交易平台、CoinMama 交易所、Bittrex 交易所、CEX.IO 交易所和 Bitfinex 交易所。[43] 根据美国联邦调查局的建议，投资者应该警惕平台交易，特别是因为那些从事交易的人可能会提供误导性信息，如谎称其平台可以通过银行工具交易，以低于市场的风险提供高于平均水平的市场回报。[44]

十、其他参与者

其中可能包括商人、经纪人和经销商、软件开发商以及参与虚拟货币最新创新发展的其他潜在参与者。

第五节　数字货币的益处和风险

一、数字货币的益处

与几乎所有的技术创新一样，最新的技术进步有益处，也会有风险。数字货币的益处包括：

·便于核实身份。

- 由于在支付过程中银行等中介机构无须参与，成本得以大大降低。
- 由于取消了清算所，资金转移速度得以加快。
- 为购买低成本在线商品和服务的小额支付提供了便利。
- 减少在交易不记名证券时可能出现的风险敞口。
- 因缺乏信用（例如具有难民身份或缺乏信用记录）而无法使用银行和信贷设施的人可以使用数字货币[45]。
- 记录交易，包括契约和其他财产所有权的标志。

可能产生积极结果的用途有：

- 价值储存——数字货币与贵金属相当，因为数字货币通常不用来支付股息或利息，但与金属的不同之处在于，金属是可以分割且可携带的。
- 交易——数字货币可以被购买、出售并且可以作为证券。与其他资产一样，数字货币可能会带来资本的收益或损失，但其波动性更大，导致投机活动加剧。
- 支付和交易——在接受数字货币的地方，数字货币可用于购买不动产、个人财产或支付费用。
- 汇款——在国际上，可以以较低的成本实现汇款或满足类似需求。[46]

二、数字货币的风险

数字货币的风险包括：

- 银行不接受数字货币,因而数字货币也享受不了银行提供的保护。
- 损失存款利息。
- 安全问题,例如,恐怖分子、毒贩、洗钱者和其他犯罪分子可以使用数字货币交易。
- 货币波动。[47]
- 受制于身份识别,例如,因死亡或精神不健全而丧失身份的人,可能会损失其持有的股份和交易。
- 用户基础有限。
- 未来监管和税收情况有不确定性。
- 可能受到网络威胁,如黑客攻击、盗窃等。[48]
- 其跨国性使得起诉变得非常困难。
- 缺乏政府的支持。
- 缺乏其他安全资产的支持。
- 缺乏内在价值。

第六节 美国政府机构的风险警告

一、美国商品期货交易委员会

美国商品期货交易委员会(Commodity Futures Trading Commission,CFTC)将虚拟货币的风险归纳为:

- 操作风险——虚拟货币有许多不同的平台,适用于规范交易所行为的监管都不适用于这些平台,这些平台可能缺少关键的保障措施和客户保护措施。
- 网络安全风险——一些平台可能会合并客户资产,这可能会影响客户是否能提取货币或如何提取货币。一些平台可能容易受到黑客攻击,导致虚拟货币被盗或客户资产损失。
- 投机风险——虚拟货币往往由于交易量不足而出现大幅价格波动,保证收益的承诺可能是欺诈计划中的一部分。
- 欺诈和操纵风险——根据平台的情况,它们可能容易受到黑客攻击,导致虚拟货币被盗、资产损失、庞氏骗局和欺诈性的"投机交易所"骗局。[49]

有关虚拟货币风险的一个例子是,在 2017 年 11 月 19 日,有 30 950 010 元的泰达币(USDT——一种与美元挂钩的加密货币)[50] 从 Tether Treasury 钱包被盗,然后被转移到一个未知的比特币地址。该公司在宣布失窃时表示,公司正在追回被盗资金,并进一步警告这笔资金的潜在购买者,他们购买的任何资金都不会被兑现。[51]

二、美国消费者金融保护局

美国消费者金融保护局(Consumer Financial Protection Bureau, CFPB)也发布了消费者建议,提到了商品期货交易委员会提出的上述风险,并增加了与比特币相关的风险问题。新增加的风险有:(1)有人声称他们是交易所的代表,用于购买比特币的资金被转移到了他们的账户上,但其实交易从未发生;(2)能够连接网络、允许用现金兑换比特币的比特币服务站(Bitcoin kiosk),看似自动取款机,但其功能与传统的自动取款机不同,因为比特币服务站没有连接到银行,缺乏银行自动取款机的保障措施。比特币服务站经常收取高达 7% 的巨额交易费用,很可能存在高额汇率,当插入错误的 64 字符公钥时,可能会导致资金被发送给他人,而丢失私钥则可能会导致比特币全部丢失。[52] 最初,消费者金融保护局接到的与虚拟货币交易有关的投诉很少(在 2016 年有 6 起投诉),但在 2017 年之后(包括 2017 年),投诉已达数百起,内容包括无法在承诺时间内获得资金、出现交易或服务问题、遭遇欺诈等。[53]

虽然由于比特币有匿名性的特性,比特币和其他形式的数字货币会牵涉到洗钱和非法毒品交易,但有人认为,这些风险被高估了。虚拟货币的所有权是公开的,因此可以对其交易进行实质分析。比特币已经褪去隐蔽的外衣,在国际上为大公司所用。[54] 美联储委员会主席杰罗姆·鲍威尔(Jerome Powell)[55] 提出了一个可能相反的观点,他警告说,参与数字货币发行的央行容易受到网络攻击、犯罪活动的影响,在隐私方面存在安全隐患。他进一步表示,在加强安全和促成非法活动之间,存在一些权衡问题。先进的加密技术能提高安全性,减少被网络攻击的概率,但同时也为非法活动提供了便利。[56]

三、美国联邦总务署

美国联邦总务署(General Services Administration,GSA)和其他联邦机构正在通过其"新兴公民技术"(Emerging Citizen Technology)项

目,探索如何将区块链等分布式账本技术应用于财务管理、采购、IT资产和供应链管理、智能合约、知识产权等。该项目推出了美国联邦区块链平台,服务于有兴趣探索分布式账本技术及其在政府内部实施应用的美国联邦机构和企业。该平台于2017年7月18日举办了第一届美国联邦区块链论坛,集合了来自几十个机构的100多名联邦管理人员,讨论了应用案例、局限性和解决方案。[57]

四、美国证券交易委员会

美国证券交易委员会(Securities and Exchange Commission,SEC)发布了一系列投资者公告,警告与首次币发行(ICO)和其他数字货币发行相关的风险。委员会的投资者教育和宣传办公室于2017年7月25日发布了一份报告,告诫发行人和投资者,根据每个ICO的事实情况和环境条件,其所发行的虚拟币或代币有可能是证券,可能必须遵守证券法的注册要求。该办公室还告诫投资者要警惕关于某次发行可免于注册的说法,特别是在投资者还没有获得官方认可,或还没有被认定为众筹方的时候。办公室还建议投资者询问投出去的钱将用于什么目的,以及虚拟币或代币提供哪些权利。他们特别提醒投资者警惕有人利用创新技术进行欺诈或盗窃,由于缺乏中央权威机构的保护以及发行是在国际范围内进行的,政府无法做出干预和提供援助。委员会还警告发行人,应注意遵守适用的联邦和州级注册要求。[58]

在后续提醒中,证券交易委员会的投资者教育和宣传办公室重申了之前对投资者的警告,原因是开发商、企业和个人越来越多地使用ICO,他们可能会利用发行来达到宣传目的,以提高公司股票的价格。证券交易委员会建议,在以下情况中,委员会可能会暂停交易:有关公司的准确信息不足;有人对公开信息的准确性提出疑问;对股票交易产生担忧,特别是有内部人员可能通过"哄抬价格再抛售"(pump-and-dump)①等方式操纵市场。此外,证券交易委员会还向投资者提供投资前的提示,包括:研究公司情况,谨慎对待股票促销,警惕可能会出现的微型股票欺诈,关注网上博客,关注促销和新闻发布,留意公司名称、管理层和业务类型的频繁变化,以及其他一些需警惕的事项。[59]

五、美国移民与海关执法署

美国移民与海关执法署(Immigration and Customs Enforcement,ICE)特别关注在国际层面非法使用虚拟货币的问题。其国土安全部调查局(Homeland Security Investigations,HSI)的非法金融和犯罪收益处(Illicit Finance and Proceeds of Crime Unit,IFPCU)通过与正规的虚拟交易行业成员以及金融界开展合作,阻止非法资金通过金融服务业流动。该部门的活动包括:克服其探员遇到的涉及区块链等新兴技术的技术障碍,从而扩大其知识面;对调查人员进行培训并采购设备,使调查人员能够打击非法在线活动;与行业领导者合作,获取最新的取证创新工具,以便通过区块链分析和识别信息。

---

① "哄抬价格再抛售"是一种证券欺诈形式,在加密货币领域也很常见。这一手段的组织者在下手时选择一种代币,先"哄抬"价格,然后"抛售",导致价格下跌和投资者的损失。

六、美联储委员会

美联储委员会确实对数字经济感兴趣,因为支付、清算和结算过程每天涉及约 6 亿笔交易。因此,正如一份关于分布式账本技术的研究报告所述,对能影响金融市场结构设计和运作的创新,美联储委员会表现出了浓厚的兴趣。

第七节 欧盟网络信息安全局

欧盟网络信息安全局(European Union Agency for Network and Information Security,ENISA)总部设在希腊,是欧洲网络的安全中心,该局重复了上述的许多关切,并补充或修改了以下内容:(1)密钥和钱包管理——恶意用户可能会试图发现或复制私钥,因此需要保护自己的私钥;(2)密码学风险——需要遵循严格的密钥管理政策和程序,以避免用于生成密钥的软件程序的安全性变得很弱而容易受到攻击;(3)对已达成共识的协议的攻击——担心容易受到"共识劫持"(consensus hijack)或"51%攻击"(51 percent attack)的影响,在51%攻击中,恶意方可能会试图获得整个网络50%以上的电脑计算能力,并可能引发双重支付攻击(double-spending attacks),即数字货币被重复使用,一次用于两项交易);(4)分布式拒绝服务(攻击)——大量用户在加密货币网络上使用大量的垃圾交易,可能会引发拒绝服务(这种情况在 2016 年 3 月曾发生过);(5)智能合约管理——用代码代替法律语言,增加了合约的复杂性,在使用代码时需要有技巧,否则会出现人为错误;(6)非法使用——数字货币被用于恐怖主义活动或犯罪活动;(7)隐私——分类账的公开性和永久性可能会违反《欧盟一般数据保护条例》(*E.U. General Data Protection Regulation*)[60]有关规定,因为当个人数据不再被需要时,分类账会要求将其删除;(8)未来的挑战——未来技术,特别是量子计算技术,可能会损害算法和协议的安全性。[61]

第八节　诺贝尔奖得主的忧虑

两位诺贝尔经济学奖得主表达了对虚拟货币,尤其是对比特币的忧虑。耶鲁大学的罗伯特·J.希勒(Robert J. Shiller)教授在世界经济论坛上指出,虽然比特币是一个聪明的创意,但它不会成为我们生活中永久的一部分。作为比特币的底层技术,区块链将会有其他应用。在世界经济论坛上似乎有一个共识,那就是货币(现金)正在变得过时。[62]希勒在2017年12月于立陶宛维尔纽斯市举行的另一场会议上说:"比特币绝对让人感到兴奋。"他指出,认为比特币不受制于政府和监管,是一个美妙的故事,"这个故事如果是真的就好了"。另一位诺贝尔奖得主、哥伦比亚大学的约瑟夫·斯蒂格利茨(Joseph Stiglitz)则表示,比特币应该被取缔,因为它对社会没有任何有用的功能。[63]

在《加密货币的底层技术和种类》一章中,我们会研究比特币和其他加密货币的底层技术，并研究一些对目前虚拟货币的交换方式及其日益增多的使用产生了革命性影响的因素。

参考文献及注释：

1. Chunka Mui, *How Kodak Failed*, Forbes, Jan. 18, 2012, https://www.forbes.com/sites/chunkamui/2012/01/18/how-kodak-failed/#6550abbc6f27, and Ankush Chopra, *How Kodak and Polaroid fell victim to the dark side of innovation,* Betanews, (2009), https://betanews.com/2013/12/12/how-kodak-and-polaroid-fell-victim-to-the-darkside-of-innovation/.

2. Matt Egan, *Facebook and Amazon hit $500 billion milestone*, CNN Money, Jul. 27, 2017, http://money.cnn.com/2017/07/27/investing/facebook-amazon-500-billion-bezos-zuckerberg/index.html.

3. World Economic Forum, *Digital Transformation of Industries: In collaboration with Accenture*, White Paper, (Jan. 2016), http://reports.weforum.org/digital-transformation/wp-content/blogs.dir/94/mp/files/pages/files/digital-enterprise-narrative-final-january-2016.pdf.

4. Prableen Bajpai, *Big 4 Accounting Firms Are Experimenting With Blockchain And Bitcoin*, NASDAQ, Jul. 27, 2017, http://www.nasdaq.com/article/big-4-accounting-firms-are-experimenting-with-blockchain-and-Bitcoin-cm812018.

5. *Ross Intelligence*, Forbes Profile (2018), https://www.forbes.com/profile/ross-intelligence/.

6. Peter Chawaga, *Legal Field Embraces Promising Use Cases for Blockchain Tech*, Bitcoin Magazine, Apr. 11, 2017, http://www.ozy.com/acumen/will-millennials-make-cash-obsolete/81212.

7. 截至2015年，千禧一代在美国有超过8 300万人，其人数每年都大幅增长，千禧一代更喜欢通过智能手机来办理银行业务。他们对手机银行业务的使用率远远超过美国婴儿潮一代（第二次世界大战后出生的那一代人），Poornima Apte, Will Millennials Make Cash Obsolete?, The Daily

第一章　数字转型

Dose, Oct. 5, 2017, http://www.ozy.com/acumen/will-millennials-make-cash-obsolete/81212.

8. Joy Macknight, *RBC CEO Dave McKay looks to stay ahead of technology*, The Banker: Transactions and Technology, Feb. 10, 2017, http://www.thebanker.com/Transactions-Technology/RBC-CEO-Dave-McKaylooks-to-stay-ahead-of-technology.

9. David Mills, Kathy Wang, Brendan Malone, Anjana Ravi, Jeff Marquardt, Clinton Chen, Anton Badev, Timothy Brezinski, Linda Fahy, Kimberley Liao, Vanessa Kargenian, Max Ellithorpe, Wendy Ng, and Maria Baird (2016). *Distributed ledger technology in payments, clearing, and settlement*, Finance and Economics Discussion Series 2016-095. Washington: Board of Governors of the Federal Reserve System, https://doi.org/10.17016/FEDS.2016.095.

10. U.S. Federal Reserve System, *Strategies for Improving the U.S. Payment System: Federal Reserve Next Steps in the Payments Improvement Journey*, Sept. 6, 2017, https://www.federalreserve.gov/newsevents/pressreleases/files/other20170906a1.pdf.

11. Steve H. Hanke, *Zimbabwe's Hyperinflation the Correct Number is 89 Sextillion Percent, (undated)*, The World Post, https://www.huffingtonpost.com/steve-h-hanke/zimbabwes-hyperinflation_b_10283382.html. 该国将把其货币兑换成美元。

12. 关于钱的简史，参见 History World, *History of Money*, http://www.historyworld.net/wrldhis/PlainTextHistories.asp?historyid=ab14 以及 Mary Bellis, *The History of Money*, THOUGHTCO, Mar. 26, 2017, https://www.thoughtco.com/history-of-money-1992150.

13. Tyler, *What is Counter Trade?* Barter News Weekly, Mar. 11, 2010, https://www.barternewsweekly.com/2010/03/what-is-counter-trade/.

14. Irena Asmundson and Ceyda Oner, *What is Money?*, 49 Finance and Development No. 3, Sept., 2012, International Monetary Fund, http://www.

imf.org/external/pubs/ft/fandd/2012/09/basics.htm.

15. 特别提款权的价值以包含了五种货币（美元、欧元、人民币、日元和英镑）的一篮子货币为基础，International Monetary Fund, *Special Drawing Rights*, Apr. 21, 2017, http://www.imforg/en/About/Factsheets/Sheets/2016/08/01/14/51/SpecialDrawing-Right-SDR.

16. *The third great wave*, The Economist, Oct. 3, 2014, https://www.economist.com/news/special-report/21621156-first-two-industrialrevolutions-inflicted-plenty-pain-ultimately-benefited.

17. Sara Ashley O'Brien, *Giant Equifax data breach: 143 million could be affected*, CNN Tech, Sept. 8, 2017, http://money.cnn.com/2017/09/07/technology/business/equifax-data-breach/index.html.

18. Steve Tobak, *You Have No Privacy-Get Over It*, Fox Business, Jul. 31, 2013, http://www.foxbusiness.com/features/2013/07/31/have-no-privacy-get-over-it.html.

19. IBM, *Forward Together: Three ways blockchain Explorers chart a new direction*, https://www-935.ibm.com/services/studies/csuite/pdf/GBE03835USEN-00.pdf.

20. *Underserved and overlooked*, The Economist, at 57–58, Sept. 9, 2017.

21. Internal Revenue Service, *IRS Virtual Currency Guidance: Virtual Currency Is Treated as Property for U.S. Federal Tax Purposes; General Rules for Property Transactions Apply*, https://www.irs.gov/newsroom/irsvirtual-currency-guidance.

22. Directive 2009/110/EC of the European Parliament and of the Council of 16 September 2009, *On the taking up, pursuit and prudential supervision of the business of electronic money institutions amending Directives 2005/60/EC and 2006/48/EC and repealing Directive 2000/46/EC* [与欧洲经济区（EEA）相关的文本：http://eur-lex.europa.eu/legal-content/en/ALL/?uri=CELEX:32009L0110].

23. Bank For International Settlements, *Digital Currencies*, Nov. 2015, at 4, https://www.bis.org/cpmi/publ/d137.htm.

24. 据 WebMoney 网站介绍，WebMoney 是一个通用的汇款系统，约有 3 400 万人使用该系统来跟踪自己的资金、吸引资金、解决纠纷、进行安全交易，https://www.wmtransfer.com/eng/information/short/index.shtml.

25. Dong He, Karl Habermeier, Ross Leckow, Vikram Kyriakos-Saad, Hiroko Oura, Tahsin Saadi Sedik, Natalia Stetsenko, Concepcion Verdugo-Yepes, *Virtual Currencies and Beyond: Initial Considerations*, IMF Discussion Note SDN/16/03, Jan. 2016, https://www.researchgate.net/publication/298915094_Virtual_Currencies_and_Beyond_Initial_Considerations.

26. Techopedia, *What is Digital Currency?*, https://www.techopedia.com/definition/6702/digital-currency.

27. 了解定义和具体讨论，参见 U.S. Gov't Accountability Off., GAO-14-496, Virtual Currencies: Emerging Regulatory, Law Ernforcement, and Consumer Protection Challenges, May 29, 2014, http://www.gao.gov/assets/670/663678.pdf.

28. 《纽约法典、规则和条例》第二十三编第一章第 200.2 部分（New York Title 23, Ch. I, Part 200.2）对"虚拟货币"的定义如下：

(p) 虚拟货币是指被用作交换媒介或数字存储价值形式的任何类型的数字单位。广义上，虚拟货币可解释为包括以下数字交换单位：该类数字交换单位（i）有一个集中的存储库或管理人；(ii）是分散的，没有集中的存储库或管理人；或（iii）可通过在计算或制造方面付诸努力来创造或获得。

虚拟货币不可解释为以下的任何一项：

(1) 有以下特点的数字单位：(i) 仅在在线游戏平台内使用，(ii) 在这些游戏平台之外没有市场或应用，(iii) 不能转换成或兑换成法定货币或虚拟货币，等等。

29. 有许多定义来源。本文所依赖的一个主要定义来源是：The Financial Action Task Force (FATF), *Virtual Currencies: Key Definitions and Potential AML/CFT Risks*, Jun. 2014, http://www.fatf-gafi.org/media/fatf/documents/reports/Virtual-currency-keydefinitions-and-potential-aml-cft.pdf.

30. 同上。

31. Investopedia 网站将加密货币定义为"一种使用加密技术确保安全的数字货币或虚拟货币"。http://www.investopedia.com/terms/c/ cryptocurrency. asp. 欧盟网络信息安全局（ENISA）将加密货币定义为"一种基于数学、去中心化的可兑换虚拟货币，受到密码学的保护，也就是说，加密货币采用了密码学的原理来实现分布式、去中心化、安全的信息经济"。*ENISA Opinion Paper on Cryptocurrencies in the EU*, Sept. 2017, https:// www.enisa.europa.eu.

32. Andrew Wagner, *Digital vs. Virtual Currencies*, Bitcoin Magazine, Aug. 22, 2014, https://www.google.com/search?q=Andrew+Wagner,+Digital+vs.+Virtual+Currencies+(Aug.+22,+2014)+BITCOIN+MAGAZINE,&rls=com.microsoft:en-US&ie=UTF-8&oe=UTF-8&startIndex= &startPage=1&gws_rd=ssl.

33. 这一部分主要基于欧洲央行对虚拟货币所做出的最新评论。European Central Bank, *Virtual currency schemes – a further analysis*, Feb. 15, 2015, https:// www.ecb.europa.eu/pub/pdf/other/virtualcurrencyschemesen.pdf.

34. Vinay Gupta, *A Brief History of Blockchain*, Harvard Business Review, Feb. 28, 2017, https://hbr.org/2017/02/a-brief-history-of-blockchain.

35. Becky Peterson, *Disney built a blockchain, and now its creators are trying to turn it into a commercial platform to compete with Ethereum*, Markets Business Insider, Oct. 1, 2017, http://markets.businessinsider.com/currencies/news/disney-blockchain-creators-build-commercial-platform-on-dragonchain-with-ico-2017-9-1002909421.

36. *What is Bitcoin Mining?* https://www.bitcoinmining.com，同时还可参见：Mining, Blockchain, https://www.blockchaintechnews.com/topics/mining/.

37. 了解推进了比特币交易的公司清单，参见 Sofia, *22 Bitcoin Companies Allowing Merchants to Accept Payments in Cryptocurrency, Let's Talk Payments*, Mar. 11, 2016, https://letstalkpayments.com/22-bitcoin-companies-allowing-merchants-to-accept-payments-in-cryptocurrency/.

38. 有很多网站都介绍了比特币的使用方法及其用户，包括以下网址：Blockchain Technologies, *Blockchain Applications: What are Blockchain Technology Applications and Use Cases?*, http://www.blockchaintechnologies.com and Andrew Meola, *The growing list of applications and use cases of blockchain technology in business & life,* Business Insider, Sept. 28, 2017, http://www.businessinsider.com/blockchaintechnology-applications-use-cases-2017-9.

39. *Understanding How a Cryptocurrency Wallet Works*, Crytocurrency Facts, http://cryptocurrencyfacts.com/what-is-a-cryptocurrency-wallet/.

40. Stan Higgins, *NiceHash CEO Confirms Bitcoin Theft Worth $78 Million*, Dec. 7, 2017, Coindesk, https://www.coindesk.com/nicehash-ceoconfirms-bitcoin-theft-worth-78-million/.

41. Samantha Bomkamp, *CBOE, CME to jump into bitcoin futures trading*, Chicago Tribune, Dec. 1, 2017, http://www.chicagotribune.com/business/ct-biz-cboe-cme-bitcoin-20171201-story.html.

42. Lucinda Shen. *Bitcoin Just Surged on Futures Trading. Here's How That Actually Works*, Fortune, Dec. 11, 2017, http://fortune.com/2017/12/11/bitcoin-surge-futures-cboe-cme-price/.

43. Oliver Dale, *Best Cryptocurrency Exchanges for Beginners*, Dec. 9, 2017, https://blockonomi.com/cryptocurrency-exchanges/，其余有关加密货币交易的讨论包括：Nitin Thappar, *Top 9 Cryptocurrency Platforms*, Quora, https://www.quora.com/ What-is-the-best-cryptocurrency-trading-platform.

44. U.S. FBI Honolulu, *FBI Warns Public About Platform Trading Investment Scams,* Honolulu Media Office, Jan. 5, 2015, https://www.fbi.gov/contact-us/field-offices/honolulu/news/press-releases/fbi-warns-public-about-platform-trading-investment-scams.

45. *Overlooked and underserved*, The Economist, Sept. 9, 2017, 57–58.

46. U.S. Commodity Futures Trading Commission, *A CFTC Primer on Virtual Currencies*, p. 5, LabCFTC, http://www.cftc.gov/idc/groups/ public/documents/file/labcftc_primercurrencies100417.pdf.

47. 波动性可能会是极端的，例如，比特币价格曾经呈几何级数上涨，然后在 2017 年 12 月 22 日的交易中下跌了三分之一，估计损失约 2 000 亿美元或其 45% 的价值。Frank Chung, *Bitcoin loses nearly half its value in $200 billion wipeout*, NZ Herald, Dec. 23, 2017, http://www.nzherald.co.nz/business/news/ article.cfm?c_id=3&objectid=11965200.

48. 同上，以及 Peter Frank, Bruno Lopes, and Adam Taplinger, *The Pros and Cons of Digital Currencies*, TMI, Aug. 2014, https://www.treasury-management.com/article/1/310/2570/the-pros-and-cons-of-digital-currencies.html. 有人曾因黑客而损失了数百万美元的比特币，黑客让 T-Mobile 相信他是一名客户，通过将该名受害者的电话号码转移到另一个号码上，从而实现了黑客攻击，让受害者损失了比特币。Mark Frauenfelder, *How One Guy Lost Millions of Dollars of Bitcoin to a Hacker*, Boing Boing, Dec. 20, 2016, https://boingboing. net/2016/12/20/how-one-guy-lost-millions-of-d.html.

49. LabCFTC，见前文标注 46。

50. 泰达币（USDT）是一种在比特币区块链上发行的加密货币资产，每个单位的泰达币都由 Tether 有限储备（Tether Limited Reserves）所持有的一美元作为担保，并可通过 Tether 平台赎回。泰达币是可转让的，可以像比特币和其他加密货币一样用于储存和消费。Antonio Madeira, *What is USDT and how to use it*, Cryptocompare, Sept. 28, 2017, https://www.cryptocompare.com/ coins/guides/what-is-usdt-and-how-to-use-it.

51. 由斯坦·希金斯（Stan Higgins）签署的《Tether 关键公告》(*Tether Critical Announcement*，https://archive.fo/ZFDBf)，*Tether Claims $30 Million in U.S. Dollar Token Stolen*, CoinDesk, Nov. 21, 2017, https://www.coindesk.com/tether-claims-30-million-stable-token-stolen-attacker/.

52. U.S. Consumer Financial Protection Bureau, *Risks to consumer posed by virtual currencies*, Consumer Advisory. Aug. 2014, http://files.consumerfinance.gov/f/201408_cfpb_consumer-advisory_virtual-currencies.pdf.

53. Lily Katz and Julie Verhage, *Bitchin Exchange Sees Complaints Soar*, Bloomberg, Aug. 30, 2017, https://www.bloomberg.com/news/articles/

2017-08-30/Bitcoin-exchange-sees-complaints-soar-as-users-demand-money.

54. European Parliament, *Virtual currencies: what are the risks and benefits?* News (Jan. 26, 2016), http://www.europarl.europa.eu/news/en/head-lines/economy/20160126STO11514/virtual-currencies-what-are-the-risks-and-benefits.

55. U.S. Office of the White House Press Secretary, *President Donald J. Trump Announces Nomination of Jerome Powell to be Chairman of the Board of Governors of the Federal Reserve System*, Nov. 2, 2017, https://www.whitehouse.gov/the-press-office/2017/11/02/president-donald-j-trump-announces-nomination-jerome-powell-be-chairman.

56. Richard Leong, *A Top Fed official warns on the risks associated with Bitcoin and other digital currencies*, Reuters, Mar. 3, 2017, http://www.businessinsider.com/jerome-powell-warns-on-risks-of-Bitcoin-and-other-digital-currencies-2017-3 and Pymnts. *Federal Reserve Warns n Digital Currency* Mar. 6, 2017, https://www.pymnts.com/news/Bitcoin-tracker/2017/federal-reserve-warns-on-digital-currency/.

57. U.S. Government Services Administration, *Blockchain*, https://www.gsa.gov/technology/government-it-initiatives/emerging-citizen-technology/blockchain.

58. U.S. Securities and Exchange Commission, *Investor Bulletin: Initial Coin Offerings*, Jul. 25, 2017, https://www.sec.gov/oiea/investor-alerts-and-bulletins/ib_coinofferings.

59. U.S. Securities and Exchange Commission, *Investor Alert: Public Companies Making ICO-Related Claims*, Aug. 28, 2017, https://www.sec.gov/oiea/investor-alerts-and-bulletins/ia_icorelatedclaims.

60. European Union, *General Data Protection Regulation*, Regulation (EU), 2016/679.

61. European Union Agency For Network and Information Security, *ENISA Opinion Paper on Cryptocurrencies in the EU*, Sept. 2017, https://www.

enisa.europa.eu/publications/enisa-position-papers-and-opinions/enisa-opinion-paper-on-cryptocurrencies-in-the-eu.

62. Ceri Parker, Robert Shiller, *Bitcoin is just an 'interesting experiment'*, Jan. 25, 2018, World Economic Forum, https://www.weforum.org/agenda/2018/01/robert-shiller-bitcoin-is-just-an-interesting-experiment/.

63. Bloomberg, *Stiglitz and Shiller Slam Bitcoin*, Dec. 3, 2017, Wealthadvisor, https://www.thewealthadvisor.com/article/stiglitz-and-shiller-slam-bitcoin.

第二章 加密货币的底层技术和种类

第一节　区块链技术

数字货币的底层技术是区块链，一种电子分布式账本技术，该技术构成了比特币的基础，现在也是其他加密货币的基础。在美联储发表的一篇文章中，区块链被定义为"包括点对点网络、分布式数据存储和密码学在内的一些组件的组合。区块链与其他元素协作，有可能改变数字资产存储、记录和转移的方式"。[1] 区块链类似于一个由计算机网络中的各个参与者维护的股票分类账。区块链使用密码学来处理和验证分类账（或登记簿）中的交易，从而号称可保证区块链用户的条目是安全的，不会被盗。"密码学是数学的一个分支，以数据的转换为基础，可以用来提供几种安全服务：保密、数据完整、认证、授权和不可抵赖[①]。密码学依赖于两个基本组成部分：算法（或加密方法）和密钥。算法是一个数学函数，而密钥是数据转换中使用的一个参数。"[2]

区块链是一种分布式账本技术，其另一个可供比较的定义是"从最严格的意义上讲，分布式账本是一种数据库，在网络上的节点之

---

① 计算机术语，证明一个操作或事件已经发生且无法否认的机制。

间共享。在分布式账本技术中,节点是运行分布式账本技术软件的设备,共同维护数据库记录。在这种设计中,节点之间相互连接,以便共享和验证信息"。[3] 区块链是"记录稀缺对象转移的数据结构……有了区块链,一切原本稀缺的东西,现在都变成了可编程的东西……现金、商品、货币、股票、债券,这些都会经历转型"。[4] 按照最初的设想,区块链是去中心化的,而且可以给数据库增加变化,方法是通过借助一系列已完成的交易数据区块,这些数据区块相互连接形成链条,里面按照时间顺序存储着交易数据。使用区块链的用户会自动收到交易的副本。每个区块都包含一个哈希值,哈希值是一个单向的数字指纹:不可逆、带有时间戳、可以输入产生一组输出。之前的区块哈希将区块联系在一起,防止任何区块被更改,实际上加强了区块之间的联系。[5]

加密货币形式的分布式账本技术,主要是未经政府许可而运作的开放系统,与在封闭网络中使用该技术的银行系统不同。因此,各方避免了第三方及其相关的成本,能够确信交易的来源、金额和目的地(信任),确信交易不会被篡改,并被告知所有这些交易都是最终且不可逆的。[6] 区块链有许多变体,适应于众多类型加密货币的特殊用途。

区块链的历史在某种程度上是不确定的,因为构成其基础的每项技术都有不同的人声称是自己发明的。有一些文章讨论了比特币区块链的简史[7],有一些从投资者的角度讨论区块链[8],有一些讨论区块链与商标的关系[9],甚至还有一些讨论密码学历史,将其追溯到恺撒大帝之前,甚至追溯到罗马人之前的希腊人。[10] 虽然目前对加密货币的狂热源于比特币,但似乎每一次技术进步都是基于前人的成绩。根据维基百科相关介绍,在1991年,斯图尔特·哈伯(Stuart Haber)

第二章 加密货币的底层技术和种类

和W.斯科特·斯托尼塔（W.Scott Stornetta）合著了一篇文章，创建并描述了在密码学上的安全区块链的最初概念。[11] 两位作者关注的是如何保护容易被复制和更改的数字文件，他们提出"为任何一个位串提供一个可验证的加密标签……根据这一标签在一个单向哈希值不断发展有向无环图中的位置来命名"。他们的文章对此有更充分的描述，如其所述，他们证明了传输的安全性。[12]

20多年后的2008年，比特币及其底层的区块链出现在"中本聪"（化名）撰写的白皮书中，自此为公众所知。在10年内，出现了一股狂热，不管是经验老到的投资者，还是对此几乎一无所知的投资者，都将几乎数不清的资金投入家喻户晓的加密货币中，并且做出了成百上千次的其他尝试，试图获得加密货币市场的主导权。《哈佛商业评论》（Harvard Business Review）的一篇文章总结出了几个区块链创新事件，如（1）比特币的发起；（2）随着区块链的进步，尤其是以太坊所取得的进步，出现了"智能合约"；（3）出现了威胁第三方数据中心的"权益证明"和"安全证明"；（4）出现了加速交易处理的"区块链扩展"。[13]

《华尔街日报》（Wall Street Journal）的一篇评论文章强调了区块链的影响，简明扼要地介绍了正在发生和将要发生的非凡变革背后的原因，称这些变革堪比互联网的诞生。受访者巴拉吉·斯里尼瓦桑（Balaji Srinivasan）用硅谷风险投资人提供的1.15亿美元种子资金创立了21.co（一家区块链产业公司）。他指出，区块链是"可编程的稀缺性"，即到目前为止所有稀缺的东西，包括现金、商品、股票和债券，都是可编程的。区块链将引发影响我们金钱使用方式的重大变革。区块链创新技术固有的无状态性在很大程度上消除了第三方中介和控制者（例如银行和政府等），这将带来重大调整，远远超出了比特币区块链对社会各阶层的初步影响。[14] 其他评论家指出，区块链不是一种攻击现有商业模式的"颠覆性"技术，而是一种"基础性"技术，即它将彻底变革人们经商做交易的方式。然而，过渡期将推迟几十年，以便可以做出调整、克服前期的学习困难和适应发展，不过公司和企业已经开始了这个过程。[15] 区块链和比特币的受关注度，因客户的非理性行为而大大增加，这些客户在一家茶叶公司从"长岛冰茶公司"更名为"长区块链公司"后，将其股价推高了200%。[16]

比特币和其他类似加密货币有一个问题，即开采比特币需要使用的电量，超过了哥斯达黎加、约旦和冰岛等一些国家的电力总需求和总发电量，尤其是与以太坊结合在一起的时候。现在，以太坊正在通过其更节能的"权益证明"算法来解决这一问题，该算法名为Caspar。许多进行首次公开募股（IPO）的初创公司都强调，相对于占主导地位的比特币和以太坊平台而言，他们的平台的效率要高得多。[17] 于是，有黑客会绕过网络安全来窃取计算能力进行"挖矿"，这看起来几乎是不可避免的事情。一位观察者最先注意到，Showtime Anytime网站的一个工具能让黑客暗中劫持网页访问者的电脑，以挖掘门罗币（Monero）——另一种与比特币类似的加密货币。[18]

一、区块链技术类型

比特币是一种适应其独特平台的区块链用法类型。区块链技术有很多类型，主要分为三类：私有区块链、混合区块链和公共区块链。私有区块链或带权限的账本是金融机构青睐的一种区块链，在机构内部单独使用，受机构控制，用途多样，可用于审计、保证机构符合监管要求和满足企业与机构的其他需求。这一区块链的优点是安全，不受外部攻击，成本低，由机构全权控制谁可以访问数据，而且在内部记录保存方面效率更高。公共区块链或无权限的账本是开源的，允许任何人访问，允许将区块添加到区块链上。此外，用户可以参与交易，并对交易进行验证，可以保持匿名，尤其是在像比特币一样去中心化的情况下，公共区块链有安全保障，不受黑客攻击和其他渎职行为的影响。联盟区块链（consortium blockchains）的典型应用案例之一是让银行在封闭环境中相互沟通。联盟区块链和混合区块链的使用范围更广，不再仅限于公司内部使用，但在访问权限方面比公共区块链有更多的限制，只对指定人员开放。[19]

二、区块链技术的运用

区块链技术的潜在用途非常广泛，包括以下几个用途，其中部分用途在美国夏威夷州提议的立法中有所体现，该立法旨在规范虚拟货币。

第一，身份和访问管理。使用先进的密码学和区块链技术对数字身份证进行核实和识别，实际应用包括驾照、缴税、投票和其他电子政务服务的身份验证。

第二，医疗保健。让患者有权阅读其医疗记录，并将区块链技术用于"物联网"医疗设备，通过认证和记录保存加强对医疗服务提供者的问责。

第三，在法院命令、是否遵守监管和反洗钱规定、合同、贷款、产权、抵押贷款和记录方面进行法律跟踪、验证、认证和记录保存。这将让经由区块链技术验证并记录在区块链技术上的"智能合约"成为不可更改的记录,让信息对用户透明。

第四,金融服务。区块链技术已经广泛应用于金融服务行业的支付、资本市场和贸易融资,或将消除数十亿美元的管理费用以及中介费用。

第五,制造业。利用区块链,为商品和服务的原产地追踪提供问责制和透明度,这样做将减少假冒产品,提高本地企业的竞争力,在供应链管理中也能发挥作用。

第六,旅游。比特币等数字货币具有广泛的好处,特别是对夏威夷这样的旅游目的地而言。到访夏威夷的游客中有很大一部分来自亚洲,在亚洲,比特币作为一种虚拟货币的使用正在扩大。夏威夷和其他州有独特的机会来探索使用区块链技术,让游客能更容易地购买当地的商品和服务,推动旅游经济的发展。[20]

第七,政府。用于投票、税收、立法、监督管理。

第八,公司。维护股东记录、保证公司运营符合监管规定。

第九,其他多种用途。包括:股票交易的清算和结算、审计跟踪、保证政府和行业记录的安全、卡车服务〔例如,联合包裹服务公司(United Parcel Service)加入了货运区块链联盟(Blockchain in Trucking Alliance),以获得收集到的数据、保险和帮助合规性审评〕[21]、资本市场〔瑞士信贷银行(Credit Suisse)正在将区块链技术用于资本市场和公司银行业务〕、保证安全等。随着技术的加强和用户逐渐学习并适应新技术,这些用途将日益为大众所熟知。[22]

三、银行和区块链技术

银行曾表示担心加密货币和区块链技术将取代许多银行功能和利润中心,而这种担心也并非毫无根据,在此之后,银行似乎正在适应这些不可避免的创新。已经表示对比特币和分布式账本技术感兴趣的银行有法国巴黎银行(BNP Paribas)和法国兴业银行(Société Générale)、美国花旗银行(Citibank)、瑞士投资银行瑞银集团(UBS)、英国的巴克莱银行(Barclays Bank)和渣打银行(Standard Charter Bank)、高盛(Goldman Sachs)、西班牙国际银行(Banco Santander)。所有这些银行都在国际上开展业务,并且已经确定区块链技术能大大降低它们的成本,还拥有诸如加强安全性、抵御黑客攻击等优势。[23]

第二节 加密货币的种类

一、比特币

最广为人知的、受到全球关注的加密货币是比特币。比特币已经有了大量的宣传,并且是加密货币中规模最大的一种,尽管如此,还存在其他1 000多种加密货币,它们带来了竞争性,提供了各不相同的替代产品和不同于比特币的服务。这些加密货币包括ZCash、以太币、瑞波币(Ripple)、莱特币(Litecoin)、达世币(Dash)、门罗币

（Manero）、Hyperledger Fabric、Intel Sawtooth 和 Corda。[24]

（一）比特币的工作原理

比特币是由一个或多个用中本聪作为假名的人创造的。[25]就像人们当初疯狂地猜测在尼克松"水门事件"中，给媒体泄露资料的"深喉"的身份一样［后被确认为 FBI 副局长马克·费尔特（Mark Felt）］，现在人们也以同样的狂热聚焦中本聪的身份。其中，有传言称此人是首次使用了"智能合约"这一说法的尼克·萨博（Nick Szabo），理由是他博学多才，有法律背景，就比特币、区块链和以太坊发表了多次演讲。据传这些演讲是源自弗里德里希·哈耶克（Friedrich Hayek）和艾恩·兰德（Ayn Rand）的思想，二人因反对政府干预经济和社会生活而闻名。[26]比特币和其他加密货币正逐渐被接受为可购买产品和服务的虚拟法偿货币。曾有报道称，一位潜在买家可以在迪拜以 30BTC 和 50BTC 的价格分别购买一套单间公寓和一套一室一厅的套房（在 2017 年 9 月初，50BTC 的价值大约为 24.2 万美元）。[27]比特币是一种去中心化的虚拟货币，其协议允许用户将比特币存储在"数字钱包"中，这些比特币由用户的公钥识别，可以匿名地从一个人名下转移到另一个人名下，无须中央机关或其他第三方（如银行）来监督或干预。其价值是基于客户的决定，而不是基于中央银行、金融机构或政府当局等外部力量的干预。比特币不能兑换成另一种商品，没有实物形态，也没有政府的支持，例如在美国联邦存款保险公司（Federal Deposit Insurance Corporation）投保的美国银行中，为每个银行账户的储户提供 25 万美元保险的支持，其他国家也有类似做法。[28]

比特币的交易在互联网上完成，以密码学原理为基础。每一个比特币和每一个用户都有一个独特的身份进行加密。每笔交易的时间、金额及其比特币地址都会被永久记录在去中心化的区块链账本上，所有使用这一网络的计算机都能看到，但不会泄露交易双方的个人信息。每个比特币可细分到小数点后8位，从而可以实现广泛使用。交易是不可撤销的，使用加密技术可以防止不法入侵。为了让用户能将比特币转移给接收者，接收者需要提供他的比特币地址，发送用户通过使用私钥授权交易，私钥是64个字母和数字的随机序列，可以解锁数字钱包。[29] 按照创始人的设定，每10分钟就会发行一个比特币，这种情况会一直持续到有2 100万个比特币得以流通。截至目前（2018年年初），大约已经发行了1 200万个比特币。这也是为什么围绕比特币的金融活动会如此疯狂，部分原因是比特币的供应有限，其价值是基于供求关系。

（二）挖矿

获得比特币的方式有三种，即：（1）通过合法注册的交易所购入；（2）挖掘新的比特币；（3）用商品和服务交换比特币。"挖矿"，其定义是将经过验证的交易记录（新区块）添加到比特币的历史交易公共账本（区块链）中，是密码学中的一个独特的概念，这个概念鼓励人们独自或与位于全球任何地方的其他个人合力解决计算（数学）问题，成功之后，可获得新铸造的比特币和交易费用作为奖励（区块奖励）。奖励从2009年开始为50比特币，每开采210 000个区块，奖励减少一半（现在为25比特币）。一旦发放的比特币总量达到2 100万枚，就不再颁发区块奖励。公共分类账很重要，因为它可以防止伪造文件或物品造假，而且无须第三方监督交易。

工作量证明涉及"矿工"所找到的一个名为 Nonce① 的随机数，当这一数字插入当前区块时，会使得哈希值低于当前目标值。然后，数字将被发送到网络各处，其他"矿工"通过计算出区块的哈希值和检查其计算结果，以此来检查工作量证明。[30]"挖矿"的难度很大，因为按照要求，区块头的 SHA-256 哈希函数的值必须低于或等于目标值。这要求哈希值以一定数量的零开始，需要多次尝试才能完成。这个难度显然是为了防止通胀而设置的。随着越来越多的"矿工"尝试加入"挖矿"，区块生成的难度以及补偿难度都会增加，以降低区块的生成率，每 2 016 个区块或大约每两周的时间会调整一次。[31]

据计算，要找到一个新的区块，所需要的电力超过了一个小型国家运转所需的电力。拥有使用户能够尝试获得区块的设备，或与他人共同分担电力需求，可以成功完成"挖矿"。[32] 使用 CPU（中央处理器）"挖矿"效率低下，因为 CPU 使用的是通用处理器，而 GPU（Graphics Processing Unit——图形处理器）则大受欢迎，因为这是一种特殊的处理器，可以提供更多的哈希算力（hashing power）。因此，GPU 是更理想的"挖矿"工具。[33] 目前，编码员已经转用 ASIC（Application Specific Integrated Circuits——专用集成电路）来进行"挖矿"，ASIC 速度更快，是为特定目的而设计的集成电路，可在热调节数据中心工作，可以获得低成本电力。[34] 另一种选择是使用 FPGA（Field Programmable Gate Array——现场可编程逻辑门阵列，一种可以由用户编程的集成电路）"挖矿"，使用 FPGA 比使用

---

① Nonce 是 Number once 的缩写，在密码学中 Nonce 是一个只被使用一次的任意或非重复的随机数值。

CPU"挖矿"要更先进,但由于 ASIC 卓越的处理能力,现在 FPGA 已经过时了。由于所需的电力成本巨大,一个可能的替代方案是在电力便宜的国家(如冰岛)加入"挖矿"行列。一些"矿工"将目光投向了更便宜的美国电力来源,比如华盛顿州的奇兰县(Chelan County)。在太阳能、冷核聚变或其他能源领域方面的改进和创新,是否可以取代目前的电力来源,这一问题有待未来解答。

虽然区块链的使用及其底层密码学技术可以维护交易各方的匿名性,但政府可以通过一些手段来确定用户的身份,如:跟踪交易产生的大额货币的提款和存款、传唤计算机和智能手机的记录、告密者告发以及使用其他技术。随后的章节将讨论一些民事和刑事诉讼案例。

金融领域不可避免会出现一个经典问题,即股价、房价和其他资产价格的惊人上涨是否会导致同样惊人的崩盘。比特币的价格涨幅如此之大,难免会被比作"郁金香狂热"(用来指代泡沫经济事件的经济学术语)[35]。最近一次价格泡沫的例子发生在 10 年前(约 2008 年),当时美国某些地区的房价异常上涨,但随后又大幅下跌。2017 年 10 月 12 日,在美国证券交易委员会下属的投资者咨询委员会的一次会议上,提出的问题之一就是这个与比特币相关的问题,而通常,委员会成员只能猜测其价格的上涨是否会沿着历史类似事件的路线发展。[36]最终,在涨到接近 20 000 美元这一近乎不合理的价格水平后,出现了约 45% 的价值下跌,随后又出现了不太引人注目的复苏。当时有无数的怀疑论者预测 2018 年将出现大跌。一位评论员在总结比特币狂热时,巧妙地将投资者(客户)分为购买比特币的"虔诚者"和跟随虔诚者的"绵羊",前者用去中心化的虚拟货币代替政府控制的货币,以表达对政府控制货币的反叛,而后者则是因为看到比特币价格大涨而跟风投资比特币。[37]大多数经济学家和金融家都认为,当普通人开始投资价值大幅上涨的某一资产类别时,无论这类资产是股票、房地产还是其他资产,它们都会不可避免地出现价值大幅下跌。比特币的交易方式图可参见附录1。

二、以太坊

比特币是可以在没有银行等第三方参与的情况下进行兑换的数字钱币或货币,不受银行监管,而以太坊也是一种使用区块链作为底层技术的加密货币,但它的用途更广泛,允许搭载其他去中心化应用,如智能合约。以太坊是由一位来自多伦多的19岁程序员维塔利克·布特林(Vitalik Buterin)创建的,他对比特币的有限用途持高度批评态度,并寻求一种手段来扩大区块链的能力,以包含许多额外的功能。以太坊的联合创始人加文·伍德(Gavin Wood)发表过一篇文章,详细介绍了以太坊在数学和科学方面的特点。[38]伍德称以太坊是"一种基于交易的状态机",可能包含账户余额、声誉、信托安排以及可以从计算机中产生的几乎任何东西。"以太坊是一个试图建立通用技术的项目,是所有基于交易的状态机概念都可能以此为基础而发展的技术。此外,其目的是向终端开发者提供一个紧密集成的端到端系统,以在主流中一个迄今尚未探索的计算范式上构建软件,这一范式是一个可信的对象消息计算框架。"[39]

以太坊拥有一个名为"企业以太坊联盟"(Enterprise Ethereum Alliance)的支持系统,据其网站介绍,该联盟将《财富》世界500强企业、初创企业、学术界和技术供应商连接起来,以快速管理高度复杂的应用。[40] 比特币和以太坊都是革命性的数字应用，但正如一位作者所言，"比特币是在颠覆货币，而以太坊则是在颠覆股权"。[41] 按照另一位作者的设想，未来的应用会在房地产交易中消除包括律师和托管机构在内的第三方，通过使用智能合约，利用一段代码便可自动完成房屋所有权和购房款的转移。将第三方从优步（Uber）、爱彼迎（Airbnb）、易贝（eBay）等多种平台的金融交易中剔除，可降低参与者的成本，同时还能在提升速度、限制不法分子串通等方面带来益处。[42]

比特币与以太坊之比较

虽然比特币是第一个包含区块链属性的重大发明，但其范围和规模都是有限的。而以太坊填补了比特币无法满足的需求。以下是二者的一些属性的比较：

- 比特币和以太坊是去中心化的（没有第三方控制）、开源的，并且提供了安全的、不会泄露信息的匿名访问方式。
- 比特币是一个支付系统，而以太坊是一个去中心化的平台，以太坊的应用要广泛得多，它可以运行智能合约，也可以运行其他众多的应用。
- 比特币的区块生成时间约为10分钟，而以太坊的平均区块生成时间约为14秒（在2017年12月26日为14.38秒）。
- 二者"奖励"不同。比特币为创建区块的"矿工"提供比特币作为"区块奖励"，奖励原本是每10分钟50BTC，但随着时间的推移奖励已经减半（截至本书撰写时是25BTC）。以太坊的奖励有

5个以太币（运营以太坊平台的"燃料"），这一数量保持不变，不会随着时间的推移而减少，此外引用叔块①（uncle block）的区块，还可获得5个以太币的1/32。[43]

- 二者底层协议不同。比特币是用C++计算机代码编写的，而以太坊使用的是图灵完备（Turing complete）的内部代码。

- 比特币的"挖矿"是通过专用集成电路，这是一种特殊的集成电路，为比特币的特殊用途而定。而以太坊是通过图形处理器，在智能手机和个人电脑中都有图形处理器，图形处理器最初用于计算机图形计算，现在是专门用于创建图像的电子电路。

- 比特币最初的发行方式是"挖矿"，而以太坊则是通过首次币发行来发行货币。

- 比特币的哈希率是1.8 Exahash（对交易的超凡处理能力），而以太坊则是3 TeraHash（衡量"挖矿"表现的一种标准）。[44]

- 比特币的成本是建立在相互竞争的基础上，而以太坊的成本是建立在每一个计算步骤所使用的"燃料"量上，并且由"矿工"和用户设定。[45]

- 比特币是由中本聪创造的，中本聪可能是一个或几个身份不明的人，而以太坊由维塔利克·布特林创造，通过众筹获得资金，实现扩张（将在《虚拟货币的众筹和税收》一章中阐述）。[46]

---

① 叔块是陈腐区块，其父块比当前区块至少要后退6个区块。

三、莱特币

莱特币是由李启威（Charlie Lee）在 2011 年 10 月 7 日创建的。他的目标是创造"一种更轻便的"比特币，并宣称如果把比特币比作黄金，莱特币便是银。莱特币在 GitHub（一个面向开源及私有软件项目的托管平台）上开源，目的是提供一种更便宜、更适合日常使用的货币。据其网站[47]显示，莱特币的市值超过 5 亿美元（这是 2017 年 12 月 29 日下载的数据），约为比特币的 1/11；莱特币币值上限是 840 亿美元，而比特币是 210 亿美元；莱特币的算法是 Scrypt（一种内存困难函数[①]），而比特币使用 SHA-256 算法；莱特币的区块奖励是每"挖"出 840 000 个区块会减半，而比特币是每"挖"出 210 000 个区块会减半；莱特币的区块生产时间是比特币的 1/4（2 分半钟对比 10 分钟）；莱特币的区块浏览器是 block-explorer.com，而比特币的浏览器是 blockchain.infor。和比特币一样，莱特币的价值也涨得特别厉害，投资者可能会质疑这种大涨是否和众多科技股的价值一样，证明了大型泡沫的存在。莱特币的主要优势是能源使用较少，可以让更多"矿工"参与其中。[48]

四、埃欧塔

埃欧塔（IOTA）的网站[49]称埃欧塔是可扩展的、分散的、模块化的，而且不收取任何费用。网站称埃欧塔使公司能够通过其服务，

---

① 内存困难函数（Memory hard function）指的是需要大量储存能力才能解决的函数。

探索新的企业对企业（B2B）模式，在开放市场上实时交易，而且无须支付费用。通过其"自主机器经济"，埃欧塔能够在不收取费用或不使用加密货币及其底层技术的情况下结算交易……使设备能够按需交易准确的资源数量，并将来自传感器和数据记录器的数据以安全、可验证的方式存储在分类账上的区块中。谢尔盖·波普夫（Serguei Popov）在其所著的一本白皮书中，讨论了埃欧塔的数学基础。他在书中指出，这种加密货币的主要特征是"纠缠"（tangle），这是一个用于存储交易的有向无环图。埃欧塔号称是区块链的下一个进化步骤，提供了建立机器对机器的小额支付系统的功能。[50] 这就是"物联网"。其可信度在于，埃欧塔与微软和"四大"会计师事务所之———普华永道（Pricewaterhouse Coopers）合作，并得到其他大公司的大量投资。埃欧塔的市值为140亿美元，是全球第六大加密货币。[51]

五、Golem

Golem 也声称自己是可扩展的、去中心化的、安全的、可接受发展的，没有一个故障点，并且能够使用个人对个人（P2P）架构连接数百万个节点。据其网站[52]介绍，开发者能够在 Golem 上部署自己的集成，并通过个人笔记本电脑和数据中心运行一个适合的货币化机制。用户可以通过"出租"自己的计算力或者开发和销售软件来赚钱。Golem 利用一个基于以太坊的交易系统，在提供者、请求者和软件开发者之间进行清算支付。它的应用和交易框架让任何人都可以在其网络上部署和发布应用，因此 Golem 被称为"加密货币中的爱彼迎"。Golem 是全球第十大最有价值的加密货币，市值约为 1.13 亿美元，与其他同类加密货币一样，Golem 的价值已经大幅上涨。[53]

六、Request Network

根据 Request 的白皮书[54]，Request 是一个去中心化的网络，允许任何人提出支付要求（一张 Request 发票），并能以安全的方式完成支付。这些信息存储在一个去中心化的真实分类账中，该分类账是通用的，也就是说，其设计是为了支持所有的全球交易，不论货币、法律或语言为何种类型。据称，它比现有的支付机制更便宜、更安全，允许使用众多的自动化应用。Request 力图成为世界贸易的支柱，是整合了计算机化贸易代码的交易所的起源，管理着多种支付条件。它是在以太坊 2.0 之上的另一层，允许满足现有法律框架的支付请求。据其白皮书所述，Request 的优势是安全，不像银行那样有被拦截的风险；简单，一键操作即可支付，不存在人工输入错误的可能；与 Paypal、Bitpay 或 Stripe 等第三方平台相比，成本更低，这些平台的服务收费在 1% 到 7% 之间。[55] Request 在推出 ICO 时，市值为 5 900 万美元。它的一些预期用途包括支付和增值税（VAT）退税等会计流程的自动化；通过使用区块链进行审计，简化法规遵守程序；简化商业工具，方便人们使用用于托管支付或代理经营的工具。[56]

七、达世币

与其他加密货币一样，达世币也是一种开源的 P2P 加密货币。据其网站介绍，达世币的使命是使数字现金变得易于使用，让所有用户都能使用数字现金，包括那些技术背景有限的用户。达世币声称，任何人都将能够在区块链上建立一个账户，添加联系人，并通过一键式流程从网站或移动应用程序中为所购商品或服务付款。截至 2017 年 12 月 21 日，一枚达世币的价值已经从 10 美元涨到了 1 531 美元。[57] 达世币最初叫 X 币（XCoin），后来叫暗币（Darkcoin），其主要特点是让用户能够向采用达世币的商家付款，购买商品和服务，而商家采用达世币，是因为其使用方式比其他加密货币更加快捷。

八、瑞波币

在撰写本文时（2018 年 2 月 17 日），瑞波币是市值近 470 亿美元的第二大加密货币（在 2017 年 12 月月底是 860 亿美元），超过了以太坊。[58] 瑞波币是一个支付网络，由杰德·迈克卡勒伯（Jed McCaleb）于 2013 年 9 月开始创建，目前美国银行、西班牙国际银行、美国运通公司、瑞士投资银行瑞银集团等多家银行都在使用瑞波币。瑞波币的代码不是开源的，而是瑞波币私有的。[59] 与比特币不同的是，比特币是去中心化的，即用户通过"挖矿"获得货币，而瑞波币是中心化的，即只有它可以自行选择发行单位，这一选择由瑞波币基金会决定，该基金会已经创造了 1 000 亿个单位（XRP）的货币。据其网站介绍，瑞波币是可扩展的、安全的，并且可以和不同网络交互操作。其软件解决方案 xCurrent 使银行能够即时结算跨境支付，并进行端到端跟踪。银行在发起交易前，实时向对方发送支付细节的信息以供确认，然后在结算后确认交付。瑞波币最大限度地降低了流动资金的成本和资金需求。瑞波币采用标准接口，其 xVia（瑞波币的付款接口）为简单的应用程序接口（Application Programming Interface，API），无须安装软件，用户即可在全球范围内无缝发送支付，支付状态透明。[60] 截至2017年12月月底，联合创始人克里斯·拉森（Chris Larsen）是瑞波币代币的最大持有者，凭借瑞波币一年内30 000%的增长，拉森可与杰夫·扎克伯格（Jeff Zuckerberg）竞争金融霸主地位。[61]

九、门罗币

门罗币是一种领先的加密货币，号称是安全、私密和不可追踪的。门罗币网站是开源的，自称是去中心化的，所有人都可以使用，因此允许用户成为自己的银行，允许他们匿名维护账户和交易。由于使用了环签名（ring signature）和其他手段来防止第三方窥探，因此是安全的。又因为不能被供应商或交易所列入黑名单，因此也具有替代性。据说，暗网市场以及具有合法利益的人都在使用门罗币。[62]

第三节 数字代币（加密代币）

数字代币引发了最新的快速致富狂热，初创公司用数字代币为编码者正在开发的技术筹集资金。与比特币一样，数字代币的价值就是投资者赋予它们的价值。截至本书撰写时，已经有数十亿美元投资到初创公司代币的 ICO 中，代币的购买者向这些数字企业贡献资本，希望代币的价值能够大幅上升，希望凭借他们投资的数字产品带来金钱收益。[63] 虽然风险资本家已经投资了这些 ICO，但与过去不同的是，在过去，新的初创公司经常依靠风投为其提出的风险项目提供资金；而现在，普通投资者可能会以小得多的金额购买这些代币，但其金额总量不仅可以与风险资本家投资的金额相媲美，甚至大大超过了资本家的投资金额。许多 ICO 限制了可以购买的代币，希望以此鼓励投资者不仅贡献货币金额，还可以协助开发他们的产品。[64] 由于担心美国证券交易委员会和美国税务当局可能会进行干预，ICO 通常只发行给非美国公民的购买者。ICO 通常有确认框，代币购买者可在此声明他们不是美国公民或绿卡持有者。[65]

代币代表一种资产，如房产或设施，或可作为证券。代币具有替代性，可以提供收入或奖励。最著名的例子是以太坊，它提供代币，而比特币提供的是货币。代币通常是可交易的，并且通常存在于区块链之上，因此无须修改现有的协议或区块链。代币是在 ICO 中创建的，可以被视为一种需要注册并符合其他法律法规的证券，下文讨论的 DAO（去中心化自治组织）诉讼就说明了这一点。[66]

一、代币的种类

与全球 IPO 募集到的资金总量相比，ICO 募集到的资金只占很小的比例（2%），但尽管如此，ICO 从 2015 年仅募集到少量资金，到 2016 年募集到约 9 630 万美元，再到 2017 年募集到 40 亿美元，再到 2018 年预计会有 180 个新币发行[67]，其规模已经成倍扩大。截至

2018年1月19日,1 453种加密货币的市值为5 830亿美元,其中比特币占主导地位,占比为33.8%。[68]

传统上,IPO只限于成熟的对冲基金投资者、风险资本家和其他拥有大量资金的人投资,以换取一定比例的公司股权(股票股份)。ICO与IPO的不同之处在于,ICO提供产品或服务。ICO正在成为主流,收入不高、资本微薄的人也可以通过ICO参与购买初创公司的权益。例如,在与一个本科生班级讨论比特币和其他加密货币时,笔者惊奇地听到不少学生表示他们投资了提供加密货币的公司,这在笔者几十年的授课生涯中从未发生过。完成投资的方式是通过基于区块链的发行,这可以帮助实现新的货币发行,资本的筹集几乎在一夜之间就能实现,扫清了传统发行中耗时的监管路障。

有几种类型的代币可以购买:从实用型代币(utility token),到资产型代币(equity token)和债务证券型代币(debt security token),以及其他加密货币。每种代币都在众多产品和/或服务中为购买者提供一种类型的利益。代币通常产生于众筹(将在《虚拟货币的众筹和税收》一章中加以讨论),可以在二级市场上转让给他人,与传统的风险投资和IPO不同,风投和IPO都需要满足美国《1933年证券法》和《1934年证券交易法》的时间限制。ICO会按照公司通常在白皮书中阐述的概念,向潜在投资者预售货币代币,白皮书中还包含概念术语和数学算法术语。白皮书中一般会说明任务、时间表、目标预算以及要采用的币种销售方式。例子有以太坊的加密货币代币,Golem通过出售计算能力获得的代币,Anryze利用代币解码音频文件,以及在交易所出售的股票代币。[69]

代币销售白皮书的一个优秀范例是以太坊和TrueBit(使智能合

约能够进行可扩展的计算)的创始人和首席架构师所著的白皮书,他们讨论了以太坊的代币产品。[70] 他们表示,在通常情况下,希望通过以太坊网络购买 ERC20 代币的买家,是以以太坊自己的货币来交换的。与 IPO 中的股权销售不同,这些代币没有已知的初始市场估值,买家必须依靠预测。以太坊已经进行了限额发行,即代币出售的最大或最小数量已经确定,也进行了无限额发行,此种发行意味着销售也可能是无限的。其他类型的代币销售可能涉及隐藏限额和反向荷兰拍卖①。

二、分叉

使各种类型的数字货币变得复杂化的,是比特币及其底层区块链技术的替代品,即所谓的山寨币(Altcoin)、货币(coin)或分叉(fork),而分叉又可细分为硬分叉(hard fork)和软分叉(soft fork),如莱特币、域名币(Namecoin)和狗狗币(Dogecoin),其中每一种替代品都有其底层区块链技术的变体。当某一特定货币的替代版本被创建时,与该货币相关的分叉就会出现。问题在于,一旦这一货币有了不同的版本,例如,比特币分裂成比特币(Bitcoin)和比特币现金(Bitcoin cash),就会出现兼容性问题。由于比特币是开源的,表面上任何用户都可以对其进行修改。分叉的出现,可能是由于使用了特定的区块链,例如比特币,就可能被分割成另类但又互相兼容的数个版本,或者是出现所用技术的新版本(号称是更好的技术),或是试图

---

① 荷兰拍卖是指最初的高发行金额逐渐降低,直到有足够数量的买家同意购买为止。

将这一技术应用于其他用途（莱特币、埃欧塔、瑞波币等）。当一个加密货币分裂成两种不同的加密货币时，就会出现硬分叉，这一般是由于未升级的节点（拥有区块链副本的人）无法验证由较新的升级节点所创建的区块。而软分叉指的是区块链更新版本的分叉，新版本修改了早期的版本，但仍可兼容。[71]比特币等一些币种使用SHA-256算法，而其他许多币种使用的是脚本算法、混合算法和中央处理器替代性加密货币。

三、山寨币

山寨币是与比特币不兼容的替代加密货币，但通常会使用与比特币相同的哈希算法（即SHA-256），以此来模拟比特币。山寨币是P2P的，以区块链技术为基础，利用挖掘过程生成新区块。山寨币可能被认为是比特币的"硬分叉"，并且由于山寨币拥有不同的功能，因此被认为是比特币的优化版本，或者改进了比特币的某些组件。市场上已经出现了数百种山寨币作为替代方案（"代码分叉"），在不久的未来将会提供大量ICO。[72]用以太坊、狗狗币、羽毛币（Feathercoin）和点点币（Peercoin）来举例说明，它们试图使用较少的计算能力来生成区块，希望借此成为比特币的廉价替代品。[73]莱特币是主要的山寨币，它采用不同的哈希算法和更高的货币单位。如前所述，莱特币声称"它是银子，而比特币是黄金"。[74]其他替代山寨币包括域名币、狗狗币、门罗币和点点币。美国一家出售各种消费品的著名在线商店Overstock在2017年8月8日表示，它将接受客户使用山寨币（如以太坊、莱特币、达世币）和其他主要货币付款。该公司首席执行官帕特里克·伯恩（Patrick Byrne）也是一名经济学家，他在接受《财富》（Fortune）杂志的采访时说，Overstock 将在任何一个特定时间接受 40 或 45 种数字货币。[75]

四、梅塔币

梅塔币是建立在现有加密货币平台上的协议。一个主要的例子就是合约网（Counterparty——又译合约方），合约网是一个使用自有货币合约币（XCP）的 P2P 金融平台，不需要一个信任的第三方参与交易。它的目标是"以互联网让创造和分享信息实现民主化的方式，让金融实现民主化"。合约网建立在允许用户以低成本方式参与金融行业的比特币平台之上，同样具有用户友好、开放、安全可靠的特点。在合约网上可以进行投注、构建智能合约、创建和出售有特定功能的票据、广播信息、执行其他大量与金融相关的任务。[76]

五、Sidecoin

Sidecoin 是比特币的一个分叉，一本关于 Sidecoin 的白皮书指出，Sidecoin 是"一种允许对比特币的区块链进行快照（snapshot）的机制"。[77] 开发者表示，他们编制了一份未使用的交易输出（unspent transaction outputs）清单，然后利用这份清单和相应的余额来引导一个新的区块链。开发者通过下载比特币区块链及其公钥，获得比特币网络中可用公共地址的快照，并将哈希值 160（hash 160）转换为常用的比特币地址，然后"解析"比特币区块链中的余额。据称，使用

Sidecoin 是为了帮助那些想做出山寨币的人，以及大幅提高社区采用率。[78]

六、侧链

侧链（Sidechain）是对一个单独区块链的使用，仅限用户追溯到原始区块链（主链）。在比特币中使用侧链时，用户将比特币发送到比特币区块链上的一个从原始区块链中分出的特殊地址。以太坊拥有一个基于以太坊的私有网络，该网络允许以太币被发送到远离公共以太坊主链的私有区块链中。[79]

在简要探讨了数字货币的本质之后，我们将在《数字技术的法律问题》一章中研究相关法律问题以及美国与其它国家的法律体系是如何应对新技术的。通常而言，法律在遇到新发展时行动缓慢，如互联网发展引起的问题所示。法官和立法机关经常试图运用现有的法律学说来解决新问题，就像试图将传统法律原则应用于新的创新一样，但其实新问题的解决需要与新发展具有相同高度的创新法律战略。稍后我们将看到，各地的立法机构都试图超越其像蜗牛一样慢的速度来应对这些挑战，尤其是在比特币价格飞涨之后，几乎所有评论家都认为，比特币价格将面临不可避免的崩溃，就像近年来金融业的其他泡沫所经历的那样。只要有严重影响金融市场的创新，政府当局就不可避免地会进行干预，以防止欺诈和其他渎职行为。我们将审视政府是如何开始对这些问题表示关切的，例如，政府试图遏制滥用数字货币的行为或强烈建议客户注意这些创新技术的固有危险。

参考文献及注释：

1. David Mills, Kathy Wang, Brendan Malone, Anjana Ravi, Jeff Marquardt, Clinton Chen, Anton Badev, Timothy Brezinski, Linda Fahy, Kimberley Liao, Vanessa Kargenian, Max Ellithorpe, Wendy Ng, and Maria Baird (2016). *Distributed ledger technology in payments, clearing, and settlement*, Finance and Economics Discussion Series 2016-095. Washington: Board of Governors of the Federal Reserve System, at p. 8. https://doi.org/10.17016/FEDS.2016.095.

2. E. Barker and W.C. Baker, *Guideline for Using Cryptographic Standards in the Federal Government:175A–Directives, Mandates and Policies; 175B–Cryptographic Mechanisms*, NIST Special Publications 800-175A and 800-175B, Aug. 2016, https://doi.org/10.6028/NIST.SP.800-175B.

3. *Federal Reserve Publishes Paper on Bitcoin's Blockchain Technology*, Bitconist, *I.S.*, Dec. 6, 2016, https://www.ccn.com/federal-reserveblockchain-paper-use-banks-conduct-payments-become-obsolete/.

4. Tunku Varadarajan, *The Blockchain Is The Internet of Money*, Wall Street Journal Opinion, Sept. 23–24, 2017, 含有对巴拉吉·S. 斯里尼瓦桑（Balaji S. Srinivasan）的采访内容的引用, https://www.wsj.com/articles/the-blockchain-isthe-internet-of-money-1506119424.

5. Manav Gupta, *IBM Blockchain for Dummies*, at 13–14. https://bertrandszoghy.files.wordpress.com/2017/05/ibm-blockchain-for-dummies.pdf.

6. Tunku Varadarajan, 见前文标注 4。

7. Tiana Lawrence, *A Brief History of the Bitcoin Blockchain*, Dummies, http://www.dummies.com/personal-finance/brief-historybitcoin-blockchain/.

8. Cameron McLain, *A Brief History of Blockchain: An Investor's Perspective*, The Mission, 最初发表在 Thoughts and Ideas 网站上, https://medium.com/the-mission/a-brief-history-of-blockchain-an-investors-perspectivee9b6605aad68.

9. Nadaline Webster, *A Brief History of Blockchain in Trademarks*,Trademark Now, https://www.trademarknow.com/blog/brief-historyof-blockchain-in-

trademarks.

10. Come Jean Jarry and Romain Rouphael, *From Julius Caesar to the Blockchain: A Brief History of Cryptography*, https://cib.bnpparibas.com/documents/6-From_Julius_Caesar_to_the_blockchain_a_brief_history_of_cryptography.pdf. 作者为加密货币 Belem 的联合创始人。

11. Stuart Haber and W. Scott Stornetta, *How to time-stamp a digital document*, Journal of Cryptology 3(2), 99–111, Jan. 1991, 被维基百科引用, *Blockchain*, https://en.wikipedia.org/wiki/Blockchain.

12. Scott Haber and W. Scott Stornetta, *Secure Names for Bit-Strings*, http://nakamotoinstitute.org/static/docs/secure-names-bit-strings.pdf.

13. Vinay Gupta, *A Brief History of Blockchain*, Harvard Business Review, Feb. 28, 2017, https://hbr.org/2017/02/a-brief-history-of-blockchain.

14. Tunku Varadarajan, *The Blockchain Is the Internet of Money*, The Wall Street Journal, at A11, Sept. 23–24, 2017.

15. Marco Iansiti and Karim R. Lakhani, *The Truth About Blockchain*, Harvard Business Review (Jan–Feb, 2017), https://hbr.org/2017/01/the-truth-about-blockchain.

16. William White, *Long Iced Tea Stock Skyrockets on 'Blockchain' Rebranding*, Investorplace, Dec. 21, 2017, https://investorplace.com/2017/12/longisland-iced-tea-corp-rebranding-for-blockchain/#.WkO4sLpFzIU.

17. Digiconomist, *Ethereum Energy Consumption Index(beta)*, https://digiconomist.net/ethereum-energy-consumption.

18. Mike Orcutt, *Highjacking Computers to Mine Cryptocurrency Is All the Rage*, MIT Technology Review, Oct. 5, 2017, https://www.technologyreview.com/s/609031/hijacking-computers-to-mine-cryptocurrencyis-all-the-rage/.

19. *Blockchains & Distributed Ledger Technologies*, BlockchainHub, https://blockchainhub.net/blockchains-and-distributed-ledger-technologiesin-general/.

20. Hawaii House Bill 1481, 2017, https://legiscan.com/HI/text/HB1481/

id/1481334.

21. Jonathan Camhi, *UPS joins blockchain initiative*, Business Insider, Nov. 13, 2017, http://www.businessinsider.com/ups-joins-blockchaininitiative-2017-11.

22. *What Are the Applications and Use Cases of Blockchains?*, Coindesk, https://www.coindesk.com/information/applications-use-casesblockchains/ and Andrew Meola, *The growing list of applications and use cases of blockchain technology in business & life*, Business Insider, Sept. 28, 2017, http://www.businessinsider.com/blockchain-technology-applications-use-cases-2017-9.

23. Yessi Bello Perez, *8 Banking Giants Embracing Bitcoin and Blockchain Tech*, Coindesk, July 27, 2015, https://www.coindesk.com/8-banking-giants-bitcoin-blockchain/.

24. 关于讨论，参见 Gaurang Torvekar, *7 blockchain technologies to watch out for in 2017*, Medium, Jan. 23, 2017, https://medium.com/@gaurangtorvekar/7-blockchain-technologies-to-watch-out-for-in-2017-4b3fc7a85707. 有关其中几种加密货币的比较，参见 *Bigger Than Bitcoin: Cryptocurrency Statistics*, https://bitinfocharts.com/.

25. P2P Foundation, *Satoshi Nakamoto's Page*, http://p2pfoundation.ning.com/profile/SatoshiNakamoto. 该网站称中本聪来自日本，今年42岁。这一猜测没有得到证实，而且评论员重申该评论和名字是虚构的。

26. Rob Price, *The man everyone thinks is the creator of bitcoin gave a speech discussing the history of the technology*, Business Insider, Nov. 13, 2015, http://www.businessinsider.com/nick-szabo-ethereum-bitcoin-blockchain-history-satoshi-nakamoto-2015-11.

27. Zahraa Alkhalisi, *You can buy a new Dubai apartment for 50 Bitcoin*, CNN Tech, Sept. 6, 2017, http://money.cnn.com/2017/09/06/technology/dubai-bitcoin-apartments/index.html.

28. 关于讨论，参见 U.S. Federal Deposit and Insurance Corporation, *Who is the FDIC?*, https://www.fdic.gov/about/learn/symbol/.

29. U.S. Government Accountability Office, Virtual Currencies: Emerging, Law

Enforcement, and Customer Protection Challenges, Report to the Committee on Homeland Security and Governmental Affairs, U.S. Senate, May, 2014, GAO-14-496, https://www.gao.gov/assets/670/663678.pdf.

30. *Bitcoin*, Stack Exchange, https://bitcoin.stackexchange.com/questions/9078/what-is-proof-of-work.

31. *Mining*, Bitcoin Wiki, https://en.bitcoin.it/wiki/Mining and *Bitcoin Mining*, Investopedia, https://www.investopedia.com/terms/b/bitcoinmining.asp.

32. 关于"采矿"的定义和可购买的"采矿"设备，参见 *What is Bitcoin Mining?*, https://www.bitcoinminibng.com/.

33. Erik Fair, *What's the difference between a CPU and a GPU? When I Switch on my computer, it shows GPU information. What does it mean?*, Quora, Jan. 16, 2017, https://www.quora.com/Whats-the-difference-betweena-CPU-and-a-GPU-When-I-switch-on-my-computer-it-shows-GPUinformation-What-does-it-mean.

34. Jordan Tuwiner, *What is Bitcoin Mining? (/mining/)*, Buy Bitcoin Worldwide, June 28, 2017, https://www.buybitcoinworldwide.com/mining/profitability/.

35. 郁金香狂热（Tulipmania）是指发生在荷兰的一起经济事件，当时欧洲对郁金香球茎的需求量非常大，导致球茎的价格急剧上升，然后在1637年2月，这种狂热导致了历史上的第一次重大金融崩溃。Andrew Beattie, *Market Crashes: The Tulip and Bulb Craze (1630s)*, Investopedia, https://www.investopedia.com/features/crashes/crashes2.asp.

36. Kari S. Larsen and Michael Selig, *SEC Investor Advisory Committee Considers Blockchain Technology and Securities Markets*, Reed Smith Client Alerts, Oct. 13, 2017, https://www.reedsmith.com/en/perspectives/2017/10/sec-investor-advisory-committee-considers-blockchaintechnology.

37. Palwasha Saaim B.Sc., *Bitcoin Crash Fears Rise: Will Bitcoin Crash in 2018?*, Profit Confidential Dec. 15, 2017, https://www.profitconfidential.com/cryptocurrency/bitcoin/will-bitcoin-btc-crash-2018/.

38. *Who Created Ethereum?*, Bitcoin Magazine, https://bitcoinmagazine.com/

guides/who-created-ethereum/.
39. Gavin Wood, *Ethereum: A Secure Decentralised, Generalized Transaction Ledger*, Ethereum, Aug. 7, 2017, https://ethereum.github.io/yellowpaper/paper.pdf.
40. Enterprise Ethereum Alliance, https://entethalliance.org/.
41. Samantha Radocchia, *How is Ethereum Different from Bitcoin?*, Quora, Forbes, Sept. 9, 2017, https://www.forbes.com/sites/quora/2017/09/14/how-is-ethereum-different-from-Bitcoin/#1a765248502b.
42. Vincent Briatore, *What is Ethereum and how is it different from Bitcoin?*, Quora, https://www.quora.com/What-is-Ethereum-and-how-is-itdifferent-from-Bitcoin.
43. *What are Mining Rewards in Ethereum?* Cryptocompare, https://www.cryptocompare.com/mining/guides/what-aremining-rewards-in-ethereum/.
44. Vangie Beal, *hashing*, Webopedia, https://www.webopedia.com/TERM/H/hashing.html; 以及 JP Buntinx, *Bitcoin Cash Hashrate Surpasses 2.4 Exohash per second*, Bitcoin Interest, Dec. 20, 2017, http://www.livebitcoinnews.com/bitcoin-cash-hashrate-surpasses-2-4-exohash-per-second/.
45. *How do Ethereum's Transaction fees compare to Bitcoin?*, Ethereum, https://ethereum.stackexchange.com/questions/11/how-do-ethereumstransaction-fees-compare-to-bitcoin.
46. Antonio Madeira, *Why is Ethereum different to Bitcoin?* Cryptocompare, Sept. 27, 2017, https://www.cryptocompare.com/coins/guides/why-isethereum-different-to-bitcoin/.
47. *What is Litecoin? A Basic Beginner's Guide*, Blockgeeks, Inc. (Ca), https://blockgeeks.com/guides/litecoin/.
48. *What is Scrypt?*, Cryptocompare, https://www.cryptocompare.com/coins/guides/what-is-scrypt/.
49. *The Backbone of IOT Is Here*, IOTA, https://iota.org/.
50. Serguei Popov, *The Tangle*, IOTA, Oct. 1, 2017, https://iota.org/IOTA_

Whitepaper.pdf.
51. Wayne Duggan, *Meet IOTA: The Cryptocurrency For The Internet-Of-Things*, Benzinga, Dec. 26, 2017, https://www.benzinga.com/general/education/17/12/10946936/meet-iota-the-cryptocurrencyfor-the-internet-of-things.
52. *Worldwide Supercomputer*, GOLEM, https://golem.network/.
53. Frisco d'Anconia, *Golem Is 10th Most Valuable Crypto*, The Cointelegraph, Apr. 28, 2017, https://cointelegraph.com/news/golem-is-10th-mostvaluable-crypto.
54. *The future of commerce: A decentralized network for payment requests*, Request Network, Oct. 25, 2017, https://request.network/assets/pdf/request_whitepaper.pdf.
55. 同上，第 10-11 页。
56. *Analysis of Request Network – Decentralized Network for Payment Requests*, Crushcrypto, https://crushcrypto.com/analysis-of-request-network/.
57. Dash, https://www.dash.org/2017/12/22/ceoofdash.html.
58. Kailey Leinz, *Ripple's 53% surge makes it the second-biggest cryptocurrency*, Moneyweb, https://www.moneyweb.co.za/news/markets/ripples-53-surge-makes-it-the-second-biggest-cryptocurrency/.
59. *Ripple News*, The Coin Telegraph, https://cointelegraph.com/tags/ripple.
60. Ripple, https://ripple.com/.
61. Nathaniel Popper, *Rise of Bitcoin Competitor Creates Wealth to Rival Zuckerberg*, New York Times, Jan. 4, 2018, https://www.nytimes.com/2018/01/04/technology/bitcoin-ripple.html?ref=todayspaper.
62. Monero, https://getmonero.org/.
63. Joan Ian Wong, *The new cryptocurrency gold rush: digital tokens that raise millions in minutes*, Quartz, Jun. 5, 2017, https://qz.com/994466/the-new-cryptocurrency-gold-rush-digital-tokens-that-raise-millionsin-minutes/.
64. Gertrude Chavez-Dreyfuss, *U.S. venture capital's digital coin quandary:*

cash-rich startups, Reuters, Jul. 24, 2017, http://www.reuters.com/article/us-usa-venturecapital-digitalcurrency/u-s-venture-capitals-digital-coinquandary-cash-rich-startups-idUSKBN1A90CR.

65. Evelyn Cheng, *This hot digital currency trend is minting millions but U.S. investors aren't allowed to play*, CNBC, Jul. 18, 2017, https://www.cnbc.com/2017/07/18/hot-digital-currency-trend-minting-millions-off-limits-to-us-investors.html.

66. 有关概要，参见 Aziz, Coins, *Tokens & Altcoins: What's the Difference?*, https://masterthecrypto.com/differences-between-cryptocurrency-coins-and-tokens/.

67. Sergi Dromo, *ICOs Raised Bln in 2017, What 2018 Has in Store*, The Cointelegraph, Dec. 31, 2017, https://cointelegraph.com/news/icosraised-4-bln-in-2017-what-2018-has-in-store.

68. *Cryptocurrency Market Capitalizations*, Coin Market, Jan. 19, 2018, https://coinmarketcap.com/.

69. *Initial Coin Offerings (ICOs)*, BlockchainHub, https://blockchainhub.net/ico-initial-coin-offerings/.

70. Jason Teutsch, Vialik Buterin, and Christopher Brown, *Initial coin offerings*, Dec. 11, 2017, https://people.cs.uchicago.edu/~teutsch/papers/ico.pdf.

71. *What Are Forks?* World Crypto Index, https://www.worldcryptoindex.com/what-are-forks/, 以及 *The Differences Between Hard and Soft Forks*, WeUseCoins, https://www.weusecoins.com/hard-forksoft-fork-differences.

72. 有关山寨币发行的清单，参见 Altcoins, http://altcoins.com/.

73. Ofir Beigel, *What are Altcoins?*, Bitcoins, Aug. 31, 2016, https://99bitcoins.com/altcoins/.

74. *What is an Altcoin?*, CCN, Sept. 12, 2014, https://www.ccn.com/altcoin/.

75. Jeff John Roberts, *Beyond Bitcoin: Overstock Lets Customers Pay With More Than 40 Alt Coins*, Fortune, Aug. 8, 2017, http://fortune.com/2017/08/08/overstock-digital-currency/.

76. *Counterparty–Pioneering Peer-to-Peer Finance*, Bitcoin Forum, Jan. 2, 2014,

https://bitcointalk.org/index.php?topic=395761.0. 以下资料对不同平台的精彩总结有所讨论：Peter Van Valkenburgh, *What are Forks, Alt-coins, Meta-coins, and Sidechains?*, Coin Center, Dec. 8, 2015, https://coincenter.org/entry/what-are-forks-alt-coins-meta-coinsand-sidechains.

77. Joseph Krug and Jack Peterson, *Sidecoin: a Snapshot Mechanism for Bootstrapping a Blockchain/Sidecoin:* The sidecar to Bitcoin's motorcycle, http://www.sidecoin.net/.

78. 同上。

79. Ethereum, *What is a sidechain?*, https://ethereum.stackexchange.com/questions/379/what-is-a-sidechain.

第三章　数字技术的法律问题

区块链技术和数字领域中的其他进步所产生的法律问题，让人联想到大约20年前互联网兴起所带来的法律问题，而且二者具有可比性。在民事和刑事领域所面临的困难中，立法者、监管者和法官需要做出调整，以应对创新技术带来的新挑战。以下是一些必须下定决心加以调整的领域。

第一节　司法管辖权

司法管辖权以边界概念为基础，是特定法院在特定案件中行使其职权的权力。在美国，根据当事各方的性质，即当事各方的居住地和争议产生地或依据地，以及根据涉及其中的法律法规、被称为标的物管辖权（subject-matter jurisdiction）的争议，可能会在多个层次产生管辖权问题。在美国，有51个政府实体在其领域内行使管辖权，即总部设在华盛顿特区的联邦政府和50个州政府。每个政府实体都拥有自己独特的司法体系，并根据其颁布的法律和法规对其居民行使管辖权。联邦标的物管辖权的依据是《美国宪法》第3条第2款，该款规定:"联邦政府的司法权应扩展到所有法律管辖之下的案子,包括普通法(Common Law)和衡平法(Equity),由本宪法所产生的美国各项法律以及条款……涉及两个或多个州之间的争议、一个州的公民与另一个州的公民之间的争议、不同州的公民之间的争议,以及一个州或其公民与外国国家、公民或臣民之间的争议。"

联邦司法管辖权的范围非常广泛,包括国会通过的所有法律、与联邦问题(Federal Question——指直接涉及美国宪法、联邦法规或美国与外国之间条约的问题)有关的问题、涉及大使和其他国家外交人员的案件、州与州之间的争端以及由美国宪法所产生的事项。联邦管辖权可以是排他性的,即只有联邦法院可以审理案件或争议;也可以是并行性的,即联邦法院根据各州法院制定的法律和法规与州法院共享管辖权。一般来说,在颁布联邦法规时,会规定该法规是由联邦法院专门执行还是由联邦法院与各州法院共同执行。联邦法院对破产、联邦犯罪和国际条约等案件享有专属管辖权。在一州公民起诉另一州公民的案子中,联邦法院可以分享管辖权。管辖权可由诉讼原因主要发生地的州法院行使,如果争议金额超过75 000美元,也可由联邦法院行使。各州对联邦政府和其他州也享有专属管辖权和并行管辖权,这取决于诉讼的性质。如果争议发生在不同州的公民之间,且争议金额不超过75 000美元,诉讼管辖权则归各州所有。

管辖权的依据,可以是向在州内的被起诉方送达传票[对人管辖权(in personam jurisdiction)],或是向在州外的被起诉方送达传票[长臂管辖权(long-arm jurisdiction)],但前提是必须满足某些适当的宪法程序要求。管辖权的其他依据可以是对物管辖权(in rem jurisdiction),即对位于州内的财产行使职权,也可以是允许扣押州外人员的州内财产的查封管辖权(attachment jurisdiction)。

与网络法关注的问题类似,法院将需要解决事件发生地的问题,以及确定某一法院是否可以受理因涉嫌违约或侵权行为而引发的诉讼,因为区块链的使用可能发生在全球任何地点。[1] 在虚拟世界里,当事人是匿名行动的。然而,联邦和州法院所在地已经发展出各种概念,其基础是美国宪法的第五和第十四修正案中规定的正当程序义务(due process obligations),例如,在国际鞋业公司诉华盛顿(International Shoe Co. v. Washington)[2] 和旭金属工业株式会社诉高等法院(Asahi Metal Industry Co. v. Superior Court)[3] 这两个案件中确立的"最低限度联系"(minimum contacts)要求。联邦法院采用了基于主动或被动使用互联网的一个"滑动尺度"来决定它们是否享有管辖权,如 Zippo 制造商诉 Zippo 网络有限公司(Zippo Mfr. Co. v. Zippo Dot Com, Inc.)一案所示。[4] 这些先例似乎也适用于由数字货币有关争议所引起的诉讼。

由于区块链用户具有匿名性,执法当局不知道如何监督和履行法律义务,以保护特定交易的投资者和其他当事方。法院成功地对作为经纪人或交易所的公司主张管辖权的前提条件,是这些公司于法院所在国家开展交易活动。如果有多国合作协议,甚至可以在全球范围内主张管辖权。由于这些交易可在全球各地进行以及特定国家和地方机构有各种法规、规章和习惯,往往不可能强制执行。例如,由于 20 世纪的历史冲突,欧洲联盟对隐私问题格外关注,新版《欧盟数据保护条例》(*EU Data Protection Regulation*)[5] 就证明了这一点。人们担心的是,不法分子可能会被排除在合法的监管制度之外。[6]

学者们为这个难题提出了各种可能的解决办法。其中包括建议建立"智能合约争端解决开源平台生态系统",在该系统内,合同各方可以选择进入特定的争端解决机制。它们将是基于平台的生态系统,提供"加密交易"争端解决方法,既便于匿名,又允许用户选择由哪位法官或仲裁员来裁决双方的冲突。[7] 阿拉贡管辖网络(Aragon Jurisdiction Network)提供了一种可能的替代性去中心化纠纷解决机制,方法是首先确定一套有待仲裁解决的合同,合同中有纠纷的个人向阿拉贡交纳保证金,只有在当事人成功的情况下保证金才会返还,如果不成功保证金则会被没收。此后,由五名法官组成的小组将对构成索赔纠纷的规则和材料进行审查,并做出决定,申请人可以接受决定,也可以提出异议,届时要交纳更多的保证金。最终,案件可以一路申诉到阿拉贡的九人最高法院,由最高法院做出最终裁决,不得上诉。与司法决策的传统惯例不同,阿拉贡的法官会因之前做出的正确或错误的裁决而受到奖励或惩罚。[8]

第二节　美国证券交易委员会诉沙弗斯案

涉及管辖权问题,特别是与比特币有关的管辖权问题的案件很少。法院讨论自己是否拥有比特币相关诉讼管辖权的一个重要早期案例,是证券交易委员会诉沙弗斯案(SEC v. Shavers)。[9] 在该案裁决中,法院认定证券交易委员会已经满足司法管辖权的要求,因此做出了对委员会有利的即决审判(summary judgment),判决委员会向被告特伦顿·T. 沙弗斯(Trenton T. Shavers)及其无法人地位的附属实体追缴 4 000 万美元,并罚款 15 万美元。沙弗斯及其无法人地位的在线实体,实质上是在经营一个庞氏骗局,沙弗斯告诉投资者自己在从事向当地人出售比特币的业务,并承诺向投资者提供高达 1% 的日利息,直到资金被取出或交易不再盈利为止。沙弗斯从投资者那里获得了 700 467 枚比特币,价值 4 592 806 美元。投资者损失了 263 104 个比特币,相当于 1 834 303 美元(按当时的价值计算)。

关于管辖权,法院的认定如下:本案里的比特币构成以"pirateat40"为网名在互联网上进行的投资;沙弗斯在在线聊天室和比特币论坛上招揽投资,承诺每周有 7% 的利息回报;沙弗斯用从投资者那里收到的新比特币支付未完成投资的所谓回报;他将投资者的比特币挪作个人使用;沙弗斯一直都是美国得克萨斯州的居民,他招揽投资者投资与比特币相关的投资计划,而比特币是一种电子形式的货币,没有任何实际资产的支持,也没有实物。与沙弗斯认为比特币不是钱,因而也不是证券的论点相反,法院认定这些投资是证券持有量,是投资合同,符合了证券交易委员会诉豪威公司案(SEC v. Howey)中确定的有关证券的三方面要求,即(1)用钱进行投资;(2)投资于一个共同的企业;(3)期望通过发起人或第三方的努力获得利润。[10] 法院认定沙弗斯的行为是一个庞氏骗局,构成了对投资者的欺诈,违反了《1933 年证券法》第 5 条和第 17(a)条、《1934 年证券交易法》第 10(b)条和该条之下的第 10b-5 条。因此,法院决定,根据《1933 年证券法》的第 20 条和第 22 条以及《1934 年证券交易法》的第 21 条和第 27 条,法院拥有标的物管辖权。[11]

第三节　戈登诉戴利案

在新泽西州的联邦案件——戈登诉戴利案（Gordon v. Dailey）[12]中，法院也确定它对一个民事案件拥有管辖权。在这个案件中，原告控诉被告的证券销售违反了《1933年证券法》和《1934年证券交易法》的规定，其依据是公民身份的多样性，此案投诉的金额超过了所要求的75 000美元的管辖权金额，即涉及的比特币价值超过了100万美元。起诉书主要陈述了被告向公众提供了100 000份债券，这些债券的价值分为不同的等级，可以用比特币购买。靠"挖掘"比特币所获得的所有红利都将用比特币支付，但针对上述发售，被告没有做出价值保证。起诉书进一步称，此次比特币证券的IPO发行从未按照上述证券法规的要求进行登记。[13]

第四节　虚拟货币是钱吗

虚拟货币及其主要化身比特币并非法定货币，也没有美联储的支持，但我们面临的问题仍然是虚拟货币是否被认为是通过数字手段从一方交易到另一方的货币。美国国税局（IRS）认为它们是财产，在交换获利时应纳税（见《虚拟货币的众筹和税收》一章）。虽然政府实体可能会出于收税的目的，不承认虚拟货币是"钱"，但虚拟货币在其持有者心目中可能拥有"钱"的地位。虚拟货币被认为是可为所购商品和服务付款的货币资产，这从一开始就引出了"钱"一词的基本含义问题。

这种认知混乱反映在学术文章中，这些文章的作者们引用了将虚拟货币，特别是比特币，作为"钱"或"财产"持有的依据。主张虚拟货币是"钱"的论点，其目的是让比特币作为一种替代性货币，不再需要政府、中央银行和"影子"银行（非银行机构）等第三方。目前，虚拟货币在一些地区被用作交易媒介，尽管这种做法并不普遍，但随着商家越来越习惯新技术的存在以及愿意接受非法定货币，虚拟货币的使用会越来越普遍。对商家而言，其优点是可以避免一般2%—4%的信用卡费用；对消费者而言，可以避免每月需要支付的利息，这样可以让商家将商品打折售卖。随之出现的明显问题，是虚拟货币的波动性和退货问题。一些商家解决退货问题的方法是给客户提供店铺的信用绩点卡。除了作为一种可能的交换媒介外，虚拟货币还可以作为一种价值储存，即在预期的价值上涨之前可以留存的资产。[14]

美国联邦和各州的法律将比特币和其他虚拟货币视为无形财产，这说明它们认为虚拟货币是财产。这样设计条款的机构或法律有：美国国税局；美国金融犯罪执法网络局（FinCEN）；美国商品期货交易委员会将其指定为《商品交易法案》（CEA）下的一项商品；破产法；婚姻法规定的公平分配或分割中的一部分；纽约州的"数字货币许可证①要求"；涉及继承的信托和遗产法；美国《统一商法典》

---

① 数字货币许可证（BitLicense）是由美国纽约州金融服务部颁发的虚拟货币活动营业执照。

（*Uniform Commercial Code*）第 9 条规定的个人财产担保权益；以及其他各种法规和条例。[15] 因此，混乱依然存在，未来的监管机构将不得不对其进行解读。

第五节　智能合约

智能合约是使用以太坊平台并处于以太坊平台之上的虚拟合约，无须人工干预即可签订。智能合约以一连串的编码事件为基础，自动验证和执行合同的商定条款。[16] 合同中的条款被记录在计算机中，而不是用法律语言写成的打印版合同中。"智能合约"的概念是由前文援引过的尼克·萨博提出的，萨博是一位"多面手"，既是计算机科学家，又是法律学者，他对合约和数字技术之间的相互关系很感兴趣。[17] 这一系统涉及一个在定制的区块链上运行的去中心化平台，该区块链上有智能合约，以太坊声称该平台"完全按照程序运行，没有任何停机、审查、欺诈或第三方干预的可能性"。[18] 此平台没有任何如清算所这样的中介机构，因为它们与分布式账本技术相连。

智能合约的好处之一是其编码比口头语言更精准，可核查，可自动执行，并可与信息技术系统整合。但是，智能合约也有消极的方面，如对其方法论缺乏了解、存在隐私安全和信息透明度问题，以及需要持续更新。[19] 因此，美国联邦政府正在探索在内部使用智能合约，因为智能合约可以节约相当多的资金和时间，在表面上不会受黑客攻击。[20] 美国政府在 2017 年已经给出了 130 万美元的区块链合同，并可能会大幅增加对该技术的投资，特别是在简化记录保存、提升透明度和建全问责制这些方面。美国的亚利桑那州、伊利诺伊州、缅因州和佛蒙特州等州正开始采用区块链，以做到永久保存记录和保证安全。[21]

传统合同中一方当事人可以提起诉讼来执行合同，包括要求赔偿因不履行合同而造成的损失，或请求法院行使其衡平法权力，准予合同的具体履行；而智能合同就是已经履行了的合同，一方当事人如果起诉，实质上是请求法院撤销已经履行了的合同。合同的履行才标志着合同的接受。一旦协议被编码，除非协议允许，否则一方当事人不得撤销协议，但司法上会允许存在例外情况，如合同存在非法性、当事人无行为能力等。适应特定需求的智能合同，如购买不动产、婚前协议、建筑和其他金融领域的智能合约，很可能是未来的趋势，这使得传统的合同安排不再常见。[22]

智能合约将要求律师事务所适应新技术。大型律所中需要转型的人员包括精通合同法的律师、协助提供利用区块链进行转型这一专业知识的软件开发人员、对合同的各种条款进行编码的软件编码员和程序员。法学院将不得不与信息系统专业人员合作，对未来的律师进行转型培训。以后将会出现"动态交易"和"智能合约调解员"等新名词。未来的智能产权公司将会取消目前的产权搜索和记录流程，还会做出其他一些改变，这将缩减成本和时间，降低欺诈活动发生的可能性。以后可能不再需要产权查询人员和产权公司，把产权从一方转移到另一方的第三方可能也会被淘汰。[23]

由于技术的复杂性，普通消费者可能不了解他们所同意的条款，因此存在消费者保护风险。其他担心包括因合同的不可逆转性产生的金融不稳定，因为不可逆转性意味着可能会通过金融系统自动执行不利条款。其他实际问题包括：根据现有的证据规则，智能合约的证据可采性；对协议准确性和真实性的举证责任的应用；如被指控有违约行为，谁应对此负责；诸如口头证据规则（parol evidence rule）和死者生前口头承诺法（the dead man's statute）等证据规则的应用；未成年、欺诈、相互错误、当事人身份等法律辩护；如何使律师和法官加快了解智能合约的技术性质。[24]

第六节　知识产权

多种形式的虚拟货币及其底层技术是否受到专利、版权、商标和商业秘密等形式的知识产权保护？它们看起来可能在保护范围之内，至少在美国境内是这样。专利保护的基本定义如下：专利是美国专利商标局（U.S. Patent and Trademark Office）授予的产权，获得者是发明或发现任何新的且有用的工艺、机器、制造、物质成分，或对此做出改进的人。专利保护取决于它是实用专利（从申请之日起有效期为20年），还是外观设计专利（保护期为14年）。版权是给文学、戏剧、音乐、艺术等原创作品作者提供的一种保护形式，保护期为作者的一生外加70年。商标是指在商业中使用或打算使用的任何文字、名称、符号或装置，或它们的任意组合，以识别和区分商标持有人的商品或服务，其保护期一开始为10年，并可无限次续展，每次续展期也是10年。商业秘密是指任何可提供经济价值的非公共领域信息，是合理保密的信息。公式、模式、汇编、程序、设备、方法、技术或流程,只要还未公开,就处于商业秘密的保护之下。[25]

通常,在讨论知识产权时,我们会讨论一个特定的发明、想法或符号是否有资格获得法定保护,但区块链技术具备一个创新性的功能,就是它可以作为知识产权的登记处,允许用户对其创作进行归档和编目。区块链可以作为受版权保护的原创作品所有权的证据,不仅在美国如此,在全球范围内的争议程序中也是如此。使用区块链可以防止作品被其他声称拥有所有权的人利用,因为作品存储在一个主要的中心化登记簿上,该登记簿是一个连接的、公开分布的登记簿系统的一部分。[26] 目前,已经有一些平台在利用这一技术,如版权服务网站 Binded[27](原名 Blockai),该网站利用比特币区块链创建具有法律约束力的记录。虽然使用 Binded 是免费的,但该网站提供向美国版权局(U.S. Copyright Office)注册版权的服务,使用一键式流程,只需支付备案费即可。[28] 还有许多其他网站提供类似的服务,包括保护商业秘密、在专利案件中确定此前存在的技术,以及通过所谓的"去中心化的、不可审查的、无许可的、有弹性的"平台加强合同。[29]

区块链技术可用于与知识产权有关的智能合约,希望使用有版权作品的人可以通过直接支付小额款项来获得版权所有者的许可,从而避免因使用他人版权而产生的大量交易费用。知识产权许可证可以设置成自动执行,特别是在音乐行业,这样,版权所有人可以对其作品拥有更大的控制权,还能拥有不可否认的证据,证明其对创造性作品的所有权。[30] 时尚行业特别容易出现作品被滥用的情况,设计和其他受知识产权保护的作品经常被盗用,且往往是被规模较大、资金雄厚的企业盗用,这些公司有资源来抵抗由资金较少的企业提起的诉讼。

区块链使证明作品被滥用的证据更容易建立,在诉讼中的证据支出成本更低。区块链的宝贵之处在于其记录能力,登记能力,检测伪造品、假货和灰色商品(违反合同义务出售的商品,一般会在目的国国境之外进行转售)的能力,证明是首次使用的能力,支付和其他用途的能力。[31]

面对新的创新金融产品或服务,在进入学习过程之前和在滥用现象出现之前,各国政府无法做出反应,这是可以理解的。在《美国联邦政府各部门对虚拟货币的监管》一章中,我们将审视美国在联邦政府层面对虚拟货币的监管,以及目前在职权范围内参与监督上述方面的机构有哪些。

参考文献及注释:

1. 关于网络法案件中的管辖权复杂性以及法院如何行使管辖权的讨论,参见 Roy J. Girasa, *Cyberlaw: National And International Perspectives*, Ch. 2, Prentice-Hall, 2010.
2. *International Shoe Co. v. Washington*, 326 U.S. 310 (1945).
3. *Asahi Metal Industry Co. v. Superior Court*, 480 U.S. 102 (1987). 关于管辖权基础知识的讨论,参见 Betsy Rosenblatt, *Principles of Jurisdiction*, https://cyber.harvard.edu/property99/domain/Betsy.html.
4. *Zippo Mfr. Co. v. Zippo Dot Com, Inc.*, 952 F. Supp. 1119 (W.D. Pa. 1997).
5. Regulation EU 2016/679.
6. Gregory Brandman and Samuel Thampapillai, *Blockchain – Considering the Regulatory Environment*, University of Oxford Law Faculty, July 7, 2017, https://www.law.ox.ac.uk/business-law-blog/blog/2016/07/blockchain-%E2%80%93-considering-regulatory-horizon.
7. Wulf Kaal and Craig Calcaterra, *Cryptotransaction Dispute Resolution*,

University of Oxford Law Faculty, July 13, 2017, https://www.law.ox.ac.uk/business-law-blog/blog/2017/07/cryptotransaction- dispute-resolution.

8. *Digital Decision*, Aragon Network, https://blog.aragon.one/aragon-networkjurisdiction-part-1-decentralized-court-c8ab2a675e82.

9. *SEC v. Shavers*, No. 4:13-CV-416 (E.D. Tex. Aug. 6, 2013).

10. *SEC v. W.J. Howey & Co.*, 328 U.S. 293, 298–99 (1946); *Long v. Shultz Cattle Co*, 881 F.2d 129, 132 (1989).

11. *SEC v. Shavers*, 见前文标注 9, https://www.sec.gov/litigation/complaints/2013/comp-pr2013-132.pdf. 还可参见 U.S. Securities and Exchange Commission, *Litigation Release*. No. 23090 (Sept. 22, 2014), https://www.sec.gov/litigation/litreleases/2014/lr23090.htm.

12. *Gordon v. Dailey*, No. 14-cv-7495 (JHR) (JS) (D.C.N.J., July 25, 2016).

13. *Federal Court Allows Bitcoin Investor Suit to Proceed*, Internet Law Commentary, Mar. 30, 2017, https://internetlawcommentary.com/2017/03/30/federal-court-allows-bitcoin-investor-suit-proceed/.

14. Stephanie Lo and J. Christina Wang, *Bitcoin as Money?*, Federal Reserve Bank of Boston: Current Policy Perspectives, Sept. 4, 2014, https://www.bostonfed.org/publications/current-policy-perspectives/2014/bitcoin-asmoney.aspx.

15. J. Dax Hansen and Joshua L. Boehm, *Treatment of Bitcoin Under U.S. Property Law*, Perkins Coie, Mar. 2017, https://www.virtualcurrencyreport.com/wp-content/uploads/sites/13/2017/03/2016_ALL_ Property-LawBitcoin_onesheet.pdf.

16. Cynthia Gayton, *Smart Contracts, Cryptocurrency and Taxes*, Jul. 26, 2016, https://medium.com/@squizzi3/smart-contracts-cryptocurrency-and-taxes-6050f1f5308e.

17. Search Complaince, *Smart contract*, Tech Target, http://searchcompliance.techtarget.com/definition/smart-contract.

18. Ethereum, https://ethereum.org/.

19. Iltacon, *What are Blockchain and Smart Contracts and When Will They Be Important*, Panel Discussion, Sept. 30, 2016, https://www.iltanet.org/HigherLogic/System/DownloadDocumentFile.ashx?DocumentFileKey=bde36e05.

20. U.S. Government Services Administration, *Blockchain*, https://www.gsa.gov/technology/government-it-initiatives/emerging-citizen-technology/blockchain.

21. Michaela Ross, *Tech Giants Eye Government Blockchain Use as Business Boost*, Bloomberg, Aug. 25, 2017, https://www.bna.com/tech-giantseye-n73014463697/.

22. 关于智能合约的历史及其影响，参见 Max Raskin, *The Law and Legality of Smart Contracts*, 1 GEO. L. TECH. REV. 304 (2017), https://www.georgetownlawtechreview.org/the-law-and-legality-of-smart-contracts/GLTR-04-2017/.

23. Caitlin Moon, *Blockchain for Lawyers 101: Part 2*, Law Technology Today, Jan. 31, 2017, http://www.lawtechnologytoday.org/2017/01/blockchain-lawyers-101-part-2/.

24. Kate H. Withers, *Smart Contracts: Opportunities and Legal Risks in Fin Tech*, Nov. 8, 2016, National Law Review, Jan. 15, 2018, https://www.natlawreview.com/article/smart-contracts-opportunities-and-legalrisks-fintech.

25. Sue A. Purvis, *The Fundamentals of Intellectual Property for the Entrepreneur*, U.S. Patent and Trademark Office, https://www.uspto.gov/sites/default/files/about/offices/ous/121115.pdf.

26. Amanda G. Ciccotelli, *How blockchain is critical to the securitization of IP*, IPWatchdog, Oct. 9, 2017, http://www.ipwatchdog.com/2017/10/09/blockchain-critical-securitization-ip/id=88179/.

27. Binded, https://www.binded.com.

28. Michael Zhang, *Binded Unveils One Click US Copyright Registration*

for Photos at No Extra Fee, Petapixel, Aug. 8, 2017; https://petapixel.com/2017/08/08/binded-unveils-one-click-us-copyright-registrationphotos-no-extra-fee/.

29. Bernstein, https://www.bernstein.io/.
30. Suzy Shinner, *Blockchain Technology and IP*, Lexology, Feb. 3, 2017, https://www.lexology.com/library/detail.aspx?g=755d3893-a5fb-43d7-86f7-c4b842641bbf.
31. Ruth Burstall and Birgit Clark, *Blockchain, IP and the Fashion Industry*, Managing Intellectual Property, Mar. 23, 2017, http://www.managingip.com/Article/3667444/Blockchain-IP-and-the-fashion-industry.html.

第四章　美国联邦政府各部门对虚拟货币的监管

美国和其他国家的中央政府和地方政府都在试图了解和监管虚拟货币,这就引出了影响投资者和消费者使用虚拟货币的问题。这些问题包括:由于现在几乎无法追踪虚拟货币,会存在潜在的欺诈、毒贩和其他犯罪分子利用虚拟货币洗钱等问题,还会存在税收方面的问题、国家货币的置换问题以及其他顾虑。据报道,那些在国际上被排挤的政府由于受到银行限制等制裁,积累了大量的比特币和其他货币,并把这些货币作为其行动的硬通货。[1] 由于比特币的开源软件是一种去中心化的模式,朝鲜为了克服联合国、美国和其他政府对其实施的限制,参与了比特币"挖矿",增加了比特币的区块链,以努力为其被封锁资金的导弹和核计划筹集资金。朝鲜于 2017 年 5 月 17 日开始"挖矿",为此所付出的努力呈指数级增长,以寻求避免限制和获得全球资本。[2]

较早的时候犯罪分子会采用比特币,是因为比特币具有匿名性,而且其自身的特点决定了执法部门难以确定是否有权力监管那些无国界的活动。有评论家断言,比特币唯一或最值得关注的价值是其"作为不法分子的交换媒介的基本价值"。[3] 比特币价值的激增,在很大程度上可能是因为毒枭、恐怖分子、白领犯罪分子和俄罗斯网络犯罪分子使用了比特币。[4]伊斯兰恐怖分子也关注到了比特币和其他加密货币，将其作为接受同情者资金捐助的一种手段，同时还不会暴露自己。[5]

一份对恐怖分子使用虚拟货币情况的详细研究发现，ISIS成员利用虚拟货币为其行动提供资金，但仅限于那些基础设施支持虚拟货币交换的国家，这点与其他犯罪集团不同。当然，这种虚拟货币使用方式的优势，是以匿名方式在全球范围内进行货币交换。作者提出了一系列政策建议：（1）深入了解虚拟货币资助恐怖主义这种不断变化的威胁；（2）将杜绝资助恐怖主义作为公共政策和执法行动的优先事项；（3）在检查私营机构是否合规时，将是否资助恐怖主义作为优先考虑事项。[6]然而，由于缺乏技术基础设施，现金似乎仍然是资助恐怖主义的主要来源，特别是在尼日利亚北部和也门等恐怖主义占主导地位的不发达地区。

与此同时，政府机构似乎正在破解虚拟货币的匿名性，方法是与有数据分析能力的公司开展合作，分析的数据通常来自使用比特币的匿名来源，依靠这些数据推断出使用区块链技术及其产品的人。其中一家公司Chainalysis正在与美国政府和外国政府合作，通过发现犯罪嫌疑人持有的比特币地址来辅助追踪资金流向，追踪到的资金随后可能会用于帮助法院下达进一步调查的指令。[7]卢森堡大学（University of Luxembourg）的研究人员使用相对廉价的设备，声称能够确定11%到60%的比特币交易的交易人身份。他们使用的方法是通过"滥用"保护匿名性的防火墙，让保护交易人身份的网络失去匿名性。[8]

一些美国和国际间政府机构已经开始集中主要的财政资源，以确保人们遵守现有的法律和法规,查明和惩罚犯罪行为。下文将讨论与加密货币有关的美国联邦和州级机构。在监管方面已经出现的一个关键问题是,虚拟货币是货币还是财产,以及其发行的产品是否属于证券。如前所述,美国政府已经确定将比特币等虚拟货币视为财产而非货币。[9]

第一节　美国证券交易委员会

证券交易委员会是美国证券市场的主要监管机构,监管对象包括证券交易所、证券经纪人和经销商、投资顾问和互惠基金,以保护投资者和公众免受欺诈。[10]基本问题是证券交易委员会是否将加密货币视为证券,从而确认其监管的管辖权。前面引用的证券交易委员会诉豪威公司案是证券交易委员会主张权力的基础。

证券交易委员会在对 ICO 的监管方面一直保持着异常的缄默,但它已经开始参与调查 ICO 的性质和评估监督 ICO 的必要性。证券交易委员会指出,一些 ICO 的发起人告诉潜在投资者,他们预期会靠自己的投资获得可观回报,或者是在靠售币所筹得的,用以资助数字平台、软件或项目的资金中,获得一定份额作为回报。这样一来,虚拟货币可能符合了豪威公司案中对证券的定义,因此可能会受到证券交易委员会的监管,原因是:(1)投资于一个共同的企业;(2)通过他人的努力;(3)期望获得利润。[11]

截至本书撰写时,证券法的执法工作一直由新成立的证券交易委员会执法司网络科（Cyber Unit of the SEC's Enforcement Division）负责。该科室的成立是为了重点处理与网络有关的不当行为，包括市场操纵、黑客攻击、利用暗网进行非法活动、涉及分布式账本技术和ICO 的违规行为，以及对投资者和公众的其他网络威胁。[12] 大部分的混乱可归因于众筹所享有的证券注册豁免，这点将在《虚拟货币的众筹和税收》一章中讨论。与典型的 IPO 通过出售股票筹集资金不同，ICO 可以提供具有各种其他激励措施的代币，如社会事业、游戏、现在或未来的产品或服务。虚拟货币网站上发行的代币是需要遵守证券交易委员会注册要求，还是可以免于遵守上述规定？针对这一问题，已经出现了很多优秀的分析报告。[13]

为了区分合法发行和虚假发行，证券交易委员会可能会采取执法行动，其依据是《1934 年证券交易法》对欺诈行为的规定。诉讼案例包括将在下文讨论的 PlexCoin 公司的 ICO 和 Munchee 公司的 ICO。[14]

一、证券交易委员会第一次执法行动：REcoin

2017 年 9 月 29 日，证券交易委员会对 REcoin 集团基金会（REcoin Group Foundation）、钻石储备俱乐部世界有限公司（DRC World, Inc.，简称"钻石储备公司"）和马克西姆·扎西拉夫斯基（Maksim Zaslavskiy）提起诉讼，向法院寻求延期执行、最终禁令、没收利润和要求其他赔款。诉讼书称，扎西拉夫斯基是这两家公司的总裁，他在 ICO 中通过虚假陈述和欺骗行为，诱骗投资者投资这两家公司提供的代币或硬币，凭借此种所谓投资筹集了 300 000 美元。证券交易委员会主张，这些代币或硬币是非法的证券发行，没有按照法律要求提交注册声明。根据诉状，每次 ICO 的目的是将获得的"法定货币"或"数字货币"转换为由资产投资支持的"代币化"货币，即为 REcoin 提供房地产，为钻石储备公司提供钻石。被告发布的帖子将此次发行定性为"有史以来第一个由房地产支持的加密货币"，并称这些投资将从其价值升值以及代币因需求增加而升值中获得回报。

据称，虚假和误导性陈述还包括：扎西拉夫斯基声称投资者实际上是在购买代币或货币；被告从 REcoin 筹集了 200 多万美元，后来又增加到 400 万美元；REcoin 有一个由律师、专业人士、经纪人和会计师组成的团队，他们将把收益投资于房地产，而钻石储备公司有专家负责挑选最好的钻石；REcoin 不得不关闭是出于政府的强迫；投资者可以期望获得 10%—15% 的投资回报。诉讼书指出，被告还试图逃避注册要求，将销售伪装成一个俱乐部的会员资格，而根据《1933 年证券法》和《1934 年证券交易法》以及据此颁布的条例，该销售与按要求需要注册的证券具有相同的属性。[15]

ICO 之前被投资者认为与 IPO 不同，是不受监管的，但现在却面临着政府的审查，这点变得越来越明显。据估计，到 2017 年年底，ICO 市场将从投资者那里获得 10 亿至 15 亿美元的资金。[16] 虚拟货币伴生的混乱导致了监管干预的缺失，但无论虚拟货币被视为货币还是证券或其他形式的货币机制，因投资给无良企业家可能会产生和实际已经产生的损失，现在已经引起了美国联邦和州级监管当局的注意。证券交易委员会主席将 ICO 确定为执法重点。参与 ICO 代币或货币销售的公司的相关定性，将交由国会负责处理，由司法部门做出司法解释。[17] 实用型代币的发行者将不得不仔细研究证券交易委员会和监管期货发行的商品期货交易委员会的规定。为了遵守各州法律，尤其是满足银行和支付方面的要求,加剧了 ICO 的混乱现状。[18]

二、去中心化自治组织的困境

证券交易委员会调查了一次新的加密货币发行,以确定去中心化自治组织通过向投资者销售 DAO 代币用于资助项目是否违反了美国证券法。去中心化自治组织是由德国国民创建的一种组织,其产生是基于《1933 年证券法》[19]中规定的众筹豁免情况,执行了《工商初创企业推动法》(Jumpstart Our Business Startups Act)①第三编中的要求。[20]《工商初创企业推动法》将在《虚拟货币的众筹和税收》一章中加以讨论,该法通过取消证券法中许多烦琐的备案要求,为新创的企业提供了便利,并提供了一个监管框架,监管注册集资门户和经纪商,他们是发行人在证券发售中按要求必须使用的中介。[21]去中心化自治组织在 2016 年 4 月 30 日至 2016 年 5 月 28 日的发售期内,以"假名"发售和出售 11.5 亿枚 DAO 代币,换取总计约 1 200 万枚以太币(一种基于以太坊区块链的虚拟货币)。DAO 代币的持有者拥有不受限制的转售权。

去中心化自治组织最初试图创建一个众筹智能合约,使用区块链来执行和记录合约。用以太币购买 DAO 代币后,参与者有权对用其购买的代币资助的项目进行投票,并获得类似于股息的"奖励"。从投资者那里筹集的资金存放在与去中心化自治组织相关联的以太坊区块链地址上。去中心化自治组织的推广是通过其网站——"去中心化

---

① 因 Jumpstart Our Business Startups 的首字母缩写为 JOBS,该法案又可称为《JOBS 法案》,又译作《乔布斯法案》。

自治组织网站"（The DAO Website）进行的，该网站介绍了组织的预期目的和运作方式，并提供了一个链接，通过该链接可以购买代币。该公司几乎每日都通过媒体发布最新的信息，并举办在线论坛。筹集到的以太币资金以及未来获得的利润将被保存在去中心化自治组织的以太坊区块链地址中。想要获得去中心化自治组织资助的个人需要提交一份项目建议书，其中涉及在以太坊区块链上发布的智能合约，并且必须提供建议书的细节，该建议书将在去中心化自治组织网站上进行审查和发布，并需要获得大多数 DAO 代币持有人的批准。这些提案将由一个或多个去中心化自治组织的"策展人"进行初步审查，他们拥有决定是否将某一提案提交投票的最终权力。[22]

证券交易委员会进行了一次调查，以确定去中心化自治组织是否有将买卖的代币登记为证券的行为，是否违反了美国证券法。在 2017 年 7 月 25 日的调查报告中，证券交易委员会认为，根据《1933 年证券法》和《1934 年证券交易法》的有关规定，DAO 代币是证券。委员会表示，证券法的基本原则适用于使用分布式账本技术的组织或集资实体，还援引了豪威公司案和其他先例，指出 DAO 代币的销售是对一个共同企业的投资，其前提是有一个从他人的创业或管理行为中获得利润的合理预期。

证券交易委员会指出，证券的定义是基于一个灵活的而非静态的原则。在 DAO 代币发行中，投资者投资的资金不一定是现金。投资者使用了以太币进行投资，以换取 DAO 代币。由于购买 DAO 代币的投资者是投资于一个共同的企业，并合理地期望可以凭借股息、其他定期付款或其投资价值增加的形式从企业中获得利润，因此存在合理的利润预期。这些利润产生自他人的管理付出，特别是来自 Slock.

it 公司（一家德国以太坊创新科技公司，被认为是 DAO 这种组织形式的首个实际用例）联合创始人和 DAO 策展人做出的决定和活动。去中心化自治组织会开展营销工作，公司联合创始人会与代币持有者积极接触，以此来敦促投资者投资。控制权的中心是德国公司 Slock.it，以及有权决定是否提交提案供代币持有人投票的联合创始人和策展人。代币持有人的投票权是有限的，取决于策展人等的努力。[23]

证券交易委员会的结论是，除非存在有效豁免，否则发行人必须将代币发行登记为证券的发售和销售。证券交易委员会将发行人定义为包括"每个发行或拟发行任何证券的个人"，将"个人"定义为包括"任何注册组织"。[24] 发行人还包括"设计新的方式来发行其证券，而证券本身的定义也因此扩大"的发行人。[25] 因此，去中心化自治组织作为一个非法人组织，是证券的发行者，要对企业的成败负责，对此有关注的投资者需要信息资料来做投资决策。《1934 年证券交易法》第 5 条规定，任何经纪人、经销商或交易所直接或间接地在跨州际商业中进行任何证券交易，或报告任何此类交易都是非法的，除非该交易所已经根据《1934 年证券交易法》第 6 条注册为全国性证券交易所，或被豁免于此类注册。根据证券交易委员会的说法，交易 DAO 代币的去中心化自治组织平台似乎完全符合第 3b-16（a）条规则的标准，该条规则列举了一个功能测试，用以确定交易系统是否符合交易所的定义。测试适用于将证券的多个买家和卖家的订单汇集在一起的任何组织、协会或团体，该测试使用既定的、不可随意修改的方法，在这种方法的作用下，这些订单相互交流，卖家和买家就交易条款达成共识。证券交易委员会得出的结论是，交易 DAO 代币的平台符合这一规则的标准，不在豁免范围内。[26]

尽管如此，证券交易委员会决定目前不采取执法行动，并建议分布式账本或区块链技术的发行人以及去中心化自治组织的投资者遵守适当的注册要求。[27]证券交易委员会显然热衷于促进新技术的发展，正如其主席杰伊·克莱顿（Jay Clayton）①所言："我们寻求促进创新和有益的融资方式，同时确保——首先而且最重要的是——投资者和我们的市场得到保护。"[28]此外，2016年6月出现了一个问题，一个建立在以太坊上的去中心化自治组织以1.5亿美元的众筹资金起家，但其中三分之一的虚拟货币（以太币）被黑客窃取，价值为5 000万至5 500万美元，不过后来在以太坊区块链上寻回了这笔资金。[29]虽然人们都认为没有造成实际损失，但窃贼的身份截至本书撰写时仍未被查明。[30]

三、证券交易委员会诉Munchee有限责任公司案

有一项行政程序引发了对证券交易委员会扩张权力的评论，这些评论值得我们注意。在这项行政程序中，证券交易委员会根据《1933年证券法》第8A条的规定（规定某些证券发行必须进行登记），对Munchee公司发出了停止令（cease-and-desist order），并启动了对Munchee公司的调查程序，而调查对象也同意执行停止令。Munchee公司在加利福尼亚州开始了一项业务，创建了一个iPhone应用程序，允许用户对餐厅的饭菜进行评价。在2017年10月和11月，该公司提供并出售将在区块链上发行的数字代币，以筹集1 500万美元，用于

---

① 杰伊·克莱顿已于2020年12月离职。

购买广告、撰写评论、销售食品和开发其他相关应用。该公司称，预计这些代币会增值，随后会在二级市场上交易。证券交易委员会在其于2017年12月11日发出的一份命令中，根据豪威公司案中达成的关于什么是投资和投资行动的三点标准要求，以及去中心化自治组织报告中的发现，认定Munchee公司的行为构成了投资合同，需要根据《1933年证券法》向证券交易委员会登记。委员会认定，Munchee公司满足了豪威公司案的三点要求，即代币的购买者将基于他人（Munchee公司）的努力，对未来利润有合理的预期，这些努力包括用销售代币的收益来修改应用程序和创建MUN"生态系统"。Munchee公司遵守了命令，没有交付代币，并退回了代币所得收益。[31]

有许多评论员点评了Munchee令的意义。该行动凸显了证券交易委员会的立场，即区块链相关代币的发售可能会被认定为证券发行，从而需要接受监管、进行注册和遵守其他证券法的规定。证券交易委员会表示，即使代币有实际用途，也不能排除其成为证券的可能。认定ICO涉及"实用性代币"，并不是要根据其标签而得出结论，而是需要对交易背后的经济现实进行评估。在证券交易委员会的裁决中，并没有写关于Munchee公司存在欺诈行为的发现或迹象，这点与委员会一贯的裁决不同，也没有写出"明线"规则（定义明确的规则）来指导未来想进行类似发行的公司要如何做才能符合法律法规。[32] 除了没有欺诈行为外，Munchee公司也没有声称投资者将参与分配公司利润；相反，一旦公司筹集到足够的资金来构建预期的"生态系统"，那些"实用代币"就可以用来购买商品和服务。因此，本案似乎象征着，证券交易委员会将拓宽其根据豪威公司案的分析所达成的关于证券构成因素的观点，并打算起诉那些未能根据《1933年证券法》和《1934年证券交易法》相关要求进行注册的公司。[33]

另一篇评论的作者总结说,在进行可能会引起证券交易委员会审查的发行时,需要咨询律师的意见,可能会被审查的发行有以下特点:除了强调现有实用性外,还强调未来的发展计划可能会实质性地提高代币的价值;强调产品的增长、利润或完成,而不是其实用性;产品或服务的营销不是集中在实用性上,而是更多地集中在扩张上。因此,为了避免证券交易委员会的审查,发行应更多侧重于产品现有的实际应用,而不是期望通过未来的发展获利。[34]

四、证券交易委员会主席的评论

在 2017 年 12 月 11 日 Munchee 令发布的同时,证券交易委员会主席杰伊·克莱顿发表了公开声明,提出了他个人对加密货币和 ICO 的看法。他对加密货币发行和推出加密货币发行的人的合法性、迄今为止交易市场的公平性(包括操纵市场行为和随之而来的风险)、市场专业人士及其影响等相关问题发表了评论。克莱顿指出,在加密货币发行中,对投资者的保护很少,而欺诈和操纵的机会和风险则很大。到目前为止,还没有任何 ICO 在证券交易委员会注册,委员会也没有批准任何与加密货币相关的交易所交易产品上市和交易。因此,他警告公众要谨慎投资,在进行投资前应考虑他在公开声明中提出的一些问题,并从提供 ICO 的人那里获得问题答案。专员建议的问题清单见附录 2。在投资者所面临的风险中,有一种是跨境发行,支付的资金被转移到国外实体,而证券交易委员会对这种风险的协助能力是有限的,或者根本没有能力进行协助。[35]

克莱顿提醒市场专业人士，包括他们的律师、会计师和顾问，使用区块链账本记录来改变发行结构并不会改变交易的实质（这种交易可能会属于证券发行）和注册要求。将一个代币称为"实用"代币，并不会使监管机构不考虑将其认定为证券。当所提供的代币包含了通过他人的管理努力和专业知识来获利的特征时，就应满足相应的立法和监管要求。销售证券的人通常是需要获得许可证的。过度宣传交易量小的证券可能是倒卖行为、哄抬价格再抛售行为以及其他可能的欺诈行为。

对于声称自己是货币，或涉及不受证券条例约束的货币相关产品的发行，发行人要能证明该产品不是证券，或符合适用的登记和备案要求。允许用加密货币支付，或用保证金购买加密货币，或使用加密货币促进证券交易的经纪人和经销商，他们在这样做的时候应谨慎行事，包括确保加密货币活动不违反反洗钱法和KYC政策（即Know Your Customer——了解你的客户）所规定的义务。发行人要将加密货币作为现金义务来对待。这些货币是否会被视为证券，将取决于每个发行的具体情况。[36]

五、证券交易委员会对社交媒体发出的警告

比特币的巨大涨幅和部分崩盘曾使得证券交易委员会对名人代言行为发出警告，名人代言可能会驱使不成熟的投资者参与高风险投资。委员会在其2014年的《指导更新》（*Guidance Update*）中指出，《1940年投资顾问法》（*Investment Advisers Act of 1940*）第206（4）条[37]一般禁止投资顾问从事任何具有欺诈性、欺骗性或操纵性的行为、操作或业务过程。如果投资顾问发布、传播或分发了任何直接或

间接提及了任何形式的证明书的广告,而这些证明书的内容与投资顾问或与该投资顾问提供的任何建议、分析、报告或其他服务有关,则该投资顾问违反了该法案的规定。强调加密货币的积极方面、提供欺骗性暗示或错误推断,同时又忽视已知的消极方面,是一种误导。该禁令不仅约束了投资顾问,还约束了得到投资顾问认可的第三方。[38]

关于虚拟货币,证券交易委员会和联邦贸易委员会(Federal Trade Commission,FTC)都对为虚拟货币背书的行为提出了批评,特别是那些对涉及加密货币的线上赌博服务的背书。弗洛伊德·梅威瑟(Floyd Mayweather)、帕丽斯·希尔顿(Paris Hilton)和迈克·泰森(Mike Tyson)等名人在收取费用后,都曾出借其姓名,让商家用来吹捧比特币和加密货币。[39] 因此,证券交易委员会警告说,名人和其他人利用社交媒体鼓励公众购买股票和其他投资的行为可能是非法的,除非他们披露任何所获报酬的性质、来源和金额。委员会进一步警告说,任何名人或其他个人在推广作为证券的虚拟代币或货币时,必须披露收到的报酬,否则可能会违反《证券法》的反兜售条款。[40] 联邦贸易委员会也对名人发出过同样警告,虚假广告可能违反《联邦贸易委员会法》。[41] 联邦贸易委员会在审查了名人、运动员和其他有影响力的人在 Instagram(Meta 旗下社交平台)上发布的大量帖子后,发出了 90 多封信件,提醒名人及其营销人员,他们在通过社交媒体宣传或代言产品时,应明确披露他们与品牌的关系。[42]

六、证券交易委员会诉 Crypto 公司案

Crypto 公司在收购一家运动文胸公司后上市,一个月内股价上

涨了 2 700%，证券交易委员会于是暂停了 Crypto 公司的股票交易，暂停期至 2018 年 1 月 6 日。证券交易委员会担心该公司股价上涨是由于 2017 年 11 月的操纵性交易。根据证券交易委员会前主席哈维·皮特（Harvey Pitt）的说法，证券交易委员会和金融业监管局（Financial Industry Regulatory Authority，FINRA）正在完善对加密货币以及从事加密货币使用和兑换的公司的监管和执法规则。[43]

七、证券交易委员会否决纽约证券交易所的修改规则提议

纽约证券交易所（New York Stock Exchange，NYSE）曾提议修改规则，想要依据《交易所股票规则》(*Exchange's Equities Rule*)，将比特币交易所交易基金 SolidX 比特币信托（SolidX Bitcoin Trust）的股票作为商品类信托股票上市和交易，《交易所股票规则》允许信托发行的证券以特定的最低总数量上市，以换取一定数量的基础商品（underlying commodity）保证金，可应持有人的要求自信托处赎回。信托将持有比特币作为其主要资产，同时还将持有少量现金。比特币将由信托的比特币托管机构和保荐人 SolidX 管理责任有限公司（SolidX Management LLC）来保管和担保，而现金则由纽约梅隆银行（Bank of New York Mellon）来托管。信托将购买保险，以覆盖信托的比特币可能因丢失或被盗所造成的损失。投资目标是跟踪 TradeBlock XBX 指数（TradeBlock XBX Index）所衡量的比特币价格。股份只能以 100 000 股一篮子为单位赎回，并且只能赎回给授权参与者。[44]

简而言之，证券交易委员会否决了此次修改要求，认为该要求不符合《1934 年证券交易法》[45]的第 6（b）(5) 条[46]。该条规定要求

国家证券交易所规则的设计初衷,应是防止欺诈性和操纵性的行为和做法,保护投资者和公众利益。委员会给出的理由是,比特币的重要市场不受监管,以及交易所没有签订或无法签订监督共享协议,因此无法依靠此种协议解决对股票市场上可能出现的欺诈或操纵行为和做法的顾虑。

第二节　商品期货交易委员会

商品期货交易委员会(Commodity Futures Trading Commission)依据《商品交易法案》(*Commodity Exchange Act*,CEA)[47]的法定要求,对所有商品和期货交易进行监督管理。该委员会根据法案的第1a(9)条,对商品做出了相当宽泛的定义,商品不仅包括小麦、玉米、其他作物、牲畜等,还包括"未来交割的合同在目前或将来交易的……所有服务、权利和股权"。委员会曾在2015年确定将比特币和其他虚拟货币纳入该定义,其管辖权包括对期货、期权和衍生品合同的监督,当虚拟货币被用于衍生品合同时,或是当州际商业交易的欺诈或操纵案件涉及虚拟货币时,商品期货交易委员会就会发挥作用。[48]

一、被禁止的活动

商品期货交易委员会指出,以下活动将会引发其执法介入。

- 操纵在州际贸易中交易的虚拟货币价格。
- 交易所交易的虚拟货币掉期或期货合约中的预先安排交易（Pre-arranged trading）或清洗交易（wash trading——市场操纵的一种形式）。
- 在美国国内平台或设施上交易的虚拟货币期货或期权合约或掉期，而该平台或设施未向商品期货交易委员会注册为掉期执行机构（Swap Execution Facility）或指定合约市场（Designated Contract Markets）。[49]
- 某些涉及向零售客户推销虚拟货币的计划，如与未在商品期货交易委员会注册登记的人一起进行场外融资商品交易。[50]

二、关于 Coinflip 有限责任公司

商品期货交易委员会对比特币交易主张管辖权的开创性案例，是 Coinflip 有限责任公司（以 Derivabit 公司的名义营业）一案，[51] 商品期货交易委员会指控该公司及其控制人弗朗西斯科·里奥丹（Francisco Riordan）违反了《商品交易法案》的规定，从事与商品期权有关的活动，还经营了一家服务掉期交易或处理的机构，但未将该机构注册为掉期执行机构或指定合约市场。该公司经营着一个名为 Derivabit 的在线设施，帮助连接比特币期权合约的买家和卖家。Derivabit 宣称自己是一个"风险管理平台……连接标准化比特币期权和期货合约的买家和卖家"。Derivabit 指定了许多有资格在其平台上进行交易的看跌期权和看涨期权合约，将比特币列为期权的标的资产，并将期权执行价格和交割价格以美元计价。客户将注册成为用

户,并将比特币存入该用户名的账户中。客户会收到期权合约的期权费和结算支付,可使用比特币付款,即期收益率(spot rate)由指定的第三方比特币货币交易所确定。

在一份同意令①中,被告被命令停止运营该设施,遵守适用的规则和条例,包括在发表公开声明否认同意令中指控的时候。该指控的法律依据是其违反了《商品交易法案》的第4c(b)条,该条规定,任何人"违反委员会禁止任何此类交易的规则、条例或命令,提议进行、进行或确认执行涉及以下商品的交易……(商品)具有'期权'属性,或被交易界普遍称为'期权'……'投标''报价''认沽''认购'……所有这些交易,均属违法"。该公司还违反了《商品交易法案》第5h(a)(1)条,该条禁止这种未注册的行为,包括与对手方进行竞争性投标,以执行合同,在预定的日期以预定的价格将美元兑换成比特币。商品期货交易委员会指出,根据该法案的第1a(9)条,比特币是一种商品,而不是一种货币,该条规定"商品"包括"未来交付的合同在目前或在未来处理的所有服务、权利和利益"。

三、商品期货交易委员会诉 Bitfinex 案

商品期货交易委员会在一份同意令中,对一家香港公司BFXNA有限责任公司(以Bitfinex的名义营业)罚款75 000美元。该同意令称,这家公司经营着一个交换和交易加密货币(主要是比特币)的在

---

① 同意令(consent order)受美国联邦法律和州法律管辖,一般是争端双方或多方当事人之间达成的自愿协议,一般具有与法院命令相同的效力,如有任何人不遵守该命令,法院可以强制执行。

线平台，该平台允许不合格缔约者（ineligible contract participant）或商业实体向平台上的其他用户借贷资金，以便在一个有杠杆、保证金或融资的基础上交易比特币。该公司未向商品期货交易委员会注册。从 2013 年 4 月到 2015 年 8 月，该公司并没有将在有杠杆、保证金或融资的基础上购买的比特币实际交付给比特币的购买者，而是用自己的私钥帮客户将比特币存放在一个综合钱包账户中，在该公司放出比特币之前，客户无法获取这些比特币。尽管该公司替客户记录了账目，但其没有"实际交付"商品的行为违反了《商品交易法案》。[52]

《商品交易法案》第 4d（a）节要求所有作为期货交易商的人向商品期货交易委员会登记。Bitfinex 公司接受零售商品交易的订单，并从这些客户那里收取与零售商品交易有关的资金。然而，Bitfinex 公司并没有以任何身份向商品期货交易委员会注册，这违反了《商品交易法案》第 4d（a）节的规定。于是，该公司被认为从事了非法的场外商品交易，且没有注册成为期货交易商，违反了《商品交易法案》第 4（a）和 4d 条以及《美国法典》第 7 编第 6（a）和 6（d）条。[53]

四、商品期货交易委员会诉 LedgerX 有限责任公司和 Tera-Exchange 案

商品期货交易委员会已发出命令，批准 LedgerX 有限责任公司（LedgerX，LLC）注册为《商品交易法案》下的衍生品清算组织，并对加密货币予以认可。[54] LedgerX 公司于 2017 年 7 月 6 日获得了作为掉期执行机构的注册令，并获得授权为抵押数字货币掉期提供清算服务。[55] 公司最初打算清算比特币期权，[56] 预计其他加密货币的掉期

也将随之而来。[57] LedgerX 的创始人保罗·周（Paul Chou）设想加密货币可以实现从一种货币到另一种货币的便捷转移，不受人们居住地或金融交易地点的影响，从而让加密货币可以与美元和欧元等法定货币共存。这些货币的金融衍生工具需按照要求管理各种货币的波动性。[58] 商品期货交易委员会曾于 2016 年 5 月批准了 TeraExchange 的注册，TeraExchange 是第一家提供无本金交割远期外汇交易（non-deliverable forward，NDF）[59]、以比特币为基础商品的公司。[60] 在获准注册前一年，TeraExchange 从事的比特币掉期交易构成了清洗交易（同一人卖出和买入同一证券的股票，以模拟市场活动）和预先安排交易，违反了商品期货交易委员会的规定，于是委员会对 TeraExchange 实施了制裁，TeraExchange 同意停止交易，因此得以免去罚款。[61]

五、CME、CBOE 和 Cantor 交易所

2017 年 12 月 1 日，商品期货交易委员会对三家交易所给予了认可，分别是芝加哥商业交易所（CME）和 CBOE 期货交易所（CBOE Futures Exchange）——此前这两家交易所对比特币期货产品的新合约进行了自我认证——以及 Cantor 交易所（Cantor Exchange），Cantor 交易所对比特币二元期权的新合约进行了自我认证。商品期货交易委员会主席 J. 克里斯托弗·吉安卡洛（J. Christopher Giancarlo）①指出，商品期货交易委员会监督比特币现金市场的法定权力有限，随

---

① 克里斯托弗·吉安卡洛已于 2019 年离职。

后又表示，上述三家交易所同意进行重大改进，以保护客户和维护市场秩序。主要的顾虑在于参与者的波动性和交易行为的规范性，及其对期货合约的价格发现过程的潜在影响，包括市场操纵和因闪涨（flash rally）、崩盘（crash）和交易中断（trading outage）而导致的市场混乱。

鉴于人们对创造新技术货币的兴趣突然增加，委员会打算参与风险监测活动，包括监测和分析市场的规模和发展、头寸（position）及其随时间的变化、未平仓量（open interest）、初始保证金要求（initial margin requirement）、价格变动保证金支付（variation margin payments）以及压力测试头寸。委员会将与美国全国期货协会（National Futures Association，NFA）开展密切合作，对指定合约市场、衍生品清算组织、清算公司以及参与比特币期货交易和清算的个人交易者进行审查。如果委员会确定数字清算组织（Digital Clearing Organization，DCO）持有的保证金不足，那么委员会将要求提高持有保证金的金额。[62]

商品期货交易委员会对上述交易所的批准认可遭到了一些人的反对。美国期货行业协会（Futures Industry Association，FIA）主席沃尔特·卢肯（Walter Lukken）于 2017 年 12 月 6 日致信商品期货交易委员会主席克里斯托弗·吉安卡洛，在公开信中，[63]卢肯批评了交易所的自我认证程序，称加密货币产品带来的风险需要"监管机构、交易所、清算所和清算公司之间的健康对话，因为在违约事件中，上述机构将吸收这些具有波动性的新兴工具所带来的风险。在一天内完成了自证程序，第二天就开始启动业务，这种做法，对于标准化产品来说是足够的，但对于加密货币产品而言，是非常不充分的，因为这与基础交易所带来的潜在风险不一致。人们担心的是，清算所将因其担保基金缴纳份额和评估义务承担巨大的相关风险。是否应该为该产品设立单独的担保基金？交易所是否应该增加其对结算会员担保基金的认缴份额？针对这些问题，应该进行公开讨论。清算成员公司、清算所和交易所之间应该进行更深入的讨论，以确定保证金水平、交易限制、压力测试以及其他在价格过度波动时的保护措施和程序"。[64]

《经济学人》杂志也对比特币的期货合约提出了批评，指出："芝加哥期权交易所（CBOE）的价格，是由一个规模不大的比特币交易所 Gemini 的一场拍卖来确定的"，而芝加哥商业交易所的价格，是根据四个交易所的数据制定的。大多数期货保证金为 5% 至 15%，但芝加哥期权交易所和芝加哥商业交易所的保证金分别为 44% 和 47%。该杂志援引盈透证券（Interactive Brokers）董事长托马斯·彼得菲（Thomas Peterffy）的话说，比特币价格的高波动性可能会导致客户无法支付追缴保证金（Margin Call——意味着交易者需要追加保证金），从而让经纪人承担成本，导致其财务崩溃，最后清算所不得不解约，这对清算所来说是一种风险。[65]

与期货行业协会的观点相反，在一次主题演讲中，吉安卡洛主席就虚拟货币未来的处理方式发表了自己的看法。他在讲话中表示，首先要做到不造成伤害，然后提出了一个五步走的过程：（1）竭尽全力——金融监管机构应指定专门的、精通技术的团队与金融科技公司——包括新公司和成熟公司——合作，解决现有监管框架如何适用于新的数字产品、服务和商业模式的问题，这些事物衍生自创新技术，包括分布式账本技术；（2）允许有喘息的空间——金融监管机构应营造一个可以刺激创新发展的监管环境，类似于英国金融行为监管局（FCA）的沙盒计划（一项开创性监管项目，旨在帮助金融科技公司在复杂金融服务规则下顺利运行），让金融科技企业得以与监管机构合作，获得适当的'喘息空间'，助其开发和测试创新解决方案，不必担心执法行动和监管罚款；（3）参与其中——金融监管机构应直接参与金融科技概念验证，以增进监管机构对技术创新的理解，并确定创新技术如何帮助监管机构更高效、更有效地开展工作；（4）倾听与学习——金融监管机构应与金融科技创新者密切合作，以确定如何调整规则和监管，以实现21世纪的技术和商业模式；（5）全球协作——金融监管机构应提供一个专门的团队，以帮助金融科技企业应对在国内和国际司法管辖区之内的各种州、联邦和外国监管机构和制度。演讲最后，吉安卡洛主席表示，他计划将发展金融科技作为优先事项。[66]

六、比特币解释权限

2017年12月15日，商品期货交易委员会发布了关于其对涉及比特币等虚拟货币的零售商品交易权限的一项拟议解释。委员会提出的这一解释规定了一种例外情况，阐述了其关于可能适用于虚拟货币交易的"实际交付"（actual delivery）例外情况的观点。《商品交易法案》第2（c）（2）（D）条授予商品期货交易委员会对零售商品交易的管辖权，零售商品交易被定义为与零售市场参与者在一个有杠杆或保证金的基础上达成的，或他人向其提供的有关任何商品的协议、合同或交易，或是由要约人（offeror）、交易对手（counterparty）或一致行动人在相似基础上资助的有关任何商品的协议、合同或交易。

行使司法权的例外情形，是自交易之日起28天内实现"实际交付"的销售合同。商品期货交易委员会建议，在以下情况中，以虚拟货币支付的零售商品交易实际交付将被认定属于例外情况：（1）客户有能力（i）占有和控制商品的全部数量，无论该商品是以保证金，还是使用杠杆或任何其他融资方式购买的，以及（ii）自交易之日起，在不多于28天的时间内在商业中自由使用该商品（包括在任何特定平台内外）；（2）自交易日期起28天后，要约人和对手卖方（包括其各自的任何关联机构，或其他在相似基础上的一致行动人），不再对以保证金或使用杠杆或任何其他融资方式购买的所有数量的商品享有任何利益、法律权利或控制。[67]这份拟议解释的目的，是让比特币和其他虚拟货币可以免于加强监管，不过商品期货交易委员会仍将保留在调查州际商业中虚拟货币现货市场上的反欺诈和操纵行为时，把虚拟货币当作商品的权力。

七、商品期货交易委员会自我认证公告

商品期货交易委员会在于2018年1月4日发布的公告中，讨论了它打算扩大对虚拟货币监督的方法。[68]委员会宣布了五点方法，即："（1）教育消费者——使其能更好地分辨那些有关虚拟货币的狂言妄语、大胆标题和极端夸张的话术；（2）宣扬法律权威——对虚拟货币衍生品进行监督，以打击欺诈和操纵行为；（3）做好市场情报——通过收集交易信息和对手方数据，获得监控虚拟货币衍生品市场和基础参考利率的能力，进而得出对这些市场的监管和执法见解；（4）执法强硬有力——打击现金或现货市场的欺诈和操纵行为，并对虚拟货币衍生品市场和相关现货交易中的欺诈、滥用、操纵或虚假招揽行为进

行执法和起诉;(5)协调政府各部门——与证券交易委员会、联邦调查局、司法部、美国财政部下属的金融稳定监督委员会(Financial Stability Oversight Council,FSOC)、美国各州机构,以及国会立法决策者和政府行政决策者进行协调。"

国会和行政部门已同意让指定合约市场成为认证新产品的自我监管组织。根据这一授权,以及商品期货交易委员会的原则性举措,从 2017 年 12 月 1 日开始,芝加哥商业交易所和芝加哥期权交易所经允许可进行自我认证,二者也的确进行了自我认证,Cantor 交易所也对比特币二元期权进行了自我认证。商品期货交易委员会几乎没有权力中止自我认证,除非这些机构提交了虚假声明,而这在上述自我认证中并没有发生。即使商品期货交易委员会有心阻止比特币期货产品的自我认证,也无法降低比特币和其他虚拟货币的重要性和波动性。因此,委员会的作用是继续进行监督管理,确保虚拟货币现货市场继续合法运行。目前,委员会已经在虚拟货币衍生品方面积累了经验,这些衍生品包括:TeraExchange 掉期、Nadex 二元期权和 LedgerX 期权。提出的其他问题包括:比特币期货是否符合成为系统重要性衍生品的条件?如果符合,比特币期货必须遵守系统重要性衍生品清算组织更严格的要求(类似于金融稳定监督委员会对系统重要性金融机构的要求),而这些要求对美国整体经济有重大的影响。

商品期货交易委员会已经加强了对指定合约市场关于比特币期货产品条款和条件的审查。审查将重点关注虚拟货币衍生品市场及其基础结算参考利率的广泛关注度和监测。加强审查将让商品期货交易委员会有办法对某些基础现货市场的欺诈和操纵行为进行监管。强化后的审查将包括以下内容:

- 对以现金结算的比特币期货、指定合约市场设置了较高的初始保证金和维持保证金。
- 指定合约市场将大户报告制度（Large Trader Reporting）[①]的门槛设置为5个比特币或以下。
- 指定合约市场与现货市场平台签订直接或间接的信息共享协议，允许获取交易和交易者数据。
- 指定合约市场更广泛地监测来自现货市场的有关价格结算和其他比特币价格的数据，并发现与期货市场相比，现货市场出现异常和失调的变动。
- 指定合约市场同意参与查询，包括必要时在交易结算层面的查询。
- 指定合约市场同意就交易活动与商品期货交易委员会监控人员定期协调，包括应要求向委员会监控团队提供交易结算数据。
- 指定合约市场协调产品推出，以便商品期货交易委员会的市场监督部门能够仔细监测每分钟的进展。[69]

商品期货交易委员会主席克里斯托弗·吉安卡洛表示，其下属的市场风险咨询委员会将于2018年1月月底召开会议，审议在《商品交易法案》和商品期货交易委员会法规下，指定合约市场对新产品和运营规则的自我认证过程，以及审议虚拟货币的风险、挑战和市场发展情况。吉安卡洛提及了虚拟货币的固有风险，还指出虚拟货币技术本身也处于萌芽阶段。与虚拟货币相关的风险包括：不受监管和无监督交易平台的操作风险，可被黑客攻击的交易平台和虚拟货币钱包的

[①] 商品期货交易委员会要求清算会员、期货佣金商和外国经济机构每天向其报告持仓头寸，以确保信息正确透明，防止大户操纵市场。

网络安全风险,因价格走势极度动荡而产生的投机风险,"哄抬价格再抛售计划"等传统滥用市场手段所带来的风险、内幕交易、虚假信息披露、庞氏骗局,以及其他形式的投资者欺诈和市场操纵风险。他强调,负责任的创新和发展,与该委员会在防止欺诈和操纵方面发挥的作用一致。关键在于对消费者的教育,以及监管和执法。[70]

八、消费者保护

商品期货交易委员会推出了一个虚拟货币资源网页(cftc.gov/bitcoin),该网站将作为其虚拟货币资源库,旨在告知公众有关虚拟货币商品的信息,包括潜在风险,特别是在投资或投机这些商品时会遇到的风险,尤其是投资比特币期货和期权时。委员会还发布了一份名为《了解虚拟货币交易的风险》(*Understanding the Risks of Virtual Currency Trading*)的客户警告,强调了虚拟货币的风险。[71]

第三节 金融犯罪执法网络局

一、金融犯罪执法网络局对管理、交易或使用虚拟货币人员的指南[72]

美国财政部下属的金融犯罪执法网络局(以下简称网络局)在财政部的指导和行政裁决中发挥了积极作用,特别是在《银行保密法》(*Bank Secrecy Act*)[73]的条例适用性方面，因为这些条例适用于从事虚拟货币创造、获取、分销、交换、接受或传输的人。[74]从本质上讲，该法的目的是确保银行有必要的控制手段，以便执法当局能够发现洗钱、资助恐怖主义和其他犯罪行为。[75]于是，《银行保密法》中有保存记录和登记的要求。在根据该法制定的条例中，货币服务企业（Money Services Business，MSB）必须遵守《银行保密法》的要求。[76]

由此产生的问题是，可兑换虚拟货币的用户和经销商是否受《银行保密法》和依据该法制定的条例的约束。网络局规定，获得此种货币的人不受货币服务企业的注册、报告和记录保存要求的约束，但根据条例规定，接受和传输此种货币，或以任何理由买卖此种货币的管理人或交易所都是货币传输者。[77]该条例没有区分真实货币和虚拟货币，但规定货币传输者是指在资金转移中提供货币传输服务（从一个人手中接受货币、资金等，然后转移给另一个人）的人。[78]

网络局在其《指导意见》中对参与通用虚拟货币流通的人作了如下定义：用户是指获得虚拟货币以购买商品或服务的人。交易商是指从事虚拟货币与现实货币、基金或其他虚拟货币交换业务的人。管理员是从事发行（投入流通）虚拟货币业务的人，管理员有权赎回（退出流通）这种虚拟货币。该《指导意见》指出，获得可兑换虚拟货币并将该货币用于购买真实或虚拟商品或服务的用户不属于其规定的货币服务企业，因为上述对虚拟货币的使用本身不符合"货币传输服务"的定义。

目前还不清楚如何对既不购买商品也不购买服务，而是赠送虚拟货币的人进行定性。这种人似乎不属于交易所的范围，因为他们使用虚拟货币不是为了商业目的。但在另一方面，管理人或交易商，如果

(1)接受和传输可兑换虚拟货币,或(2)以任何理由购买或出售可兑换虚拟货币,则属于条例规定的货币传输者,除非该人享有对这一定义的限制或豁免。只要该人允许人们向另一个人转移价值,或在一个地点与另一个地点之间转移价值,此人就是一个货币传输者。货币传输包括为了购买虚拟货物和服务向第三方付款。[79]

关于去中心化的可兑换虚拟货币(如比特币),创造("挖矿")该货币单位,以购买真实或虚拟商品的人不是传输者,而被定性为用户,因此不受网络局条例的约束。但在另一方面,如果上述所指的用户创建了可兑换虚拟货币单位,并将其出售给他人以换取真实货币或等价物,或接受了上述所指货币作为接受和转移资金的一部分,那么他就被认定是参与了货币传输的货币传输者。[80] 货币服务企业还要遵守额外的要求,包括保存交易记录,如果交易金额为 3 000 美元或以上,双方要获取传输者、接收者以及双方交易的信息,并在以后的货币传输中向其他中介金融机构传递信息。它们必须监控交易是否有可疑活动,并报告涉及 10 000 万美元以上现金的客户交易。[81] 这是调查具有匿名性的比特币和其他虚拟货币的手段之一。

二、金融犯罪执法网络局关于虚拟货币软件开发的裁决[82]

在 2014 年 1 月 30 日的一封意见书中,网络局进一步阐述了其将法规应用于虚拟货币开发和虚拟货币交易平台的立场。向网络局提出的疑问如下:一家公司表示,它打算制作一款软件,通过自动收集虚拟货币并以法偿货币支付等价物,方便公司从卖家处购买虚拟货币。潜在卖家使用公司的软件界面,将启动向公司提供虚拟货币的过程,从几个选项中选择以法偿货币接收等值货币。该软件在双方之间保密。公司打算通过从卖方处购买虚拟货币，投资可兑换虚拟货币，为自己的账户增加收益。如果公司想转售该货币，可在虚拟货币交易所转售。

网络局的回应是基于疑问中所陈述的事实，还依据了其在2011年7月21日做出的最终裁决，将"货币服务企业"定义为"一个人，无论其所在地点，无论是否定期或是否以一个有组织企业的身份，在美国境内的全部或大部分地区开展业务，拥有（其中）……所列的一种或多种能力"，因此，"货币传输者"提供货币传输服务，其中包括货币资金或其他可替代货币的价值的传输。该公司软件的生产本身并不构成让其成为货币传输者的价值接受和传输，但是，可兑换虚拟货币的管理人或交易人，如果（1）接受和传输可兑换虚拟货币，或（2）以任何理由购买或出售可兑换虚拟货币，包括在用户与用户购买的商品或服务的卖方之间充当中间人，为用户代办业务，则属于网络局规定的货币传输者。如果公司购买和出售上述货币完全是为了使自己的账户获益而进行投资，则不属于参与了货币传输，但如果该公司为他人提供服务，包括涉及接受和传输可兑换虚拟货币的投资相关服务或经纪服务，则属于需要向网络局登记的货币传输者的范围，并要承担相关义务。[83]

三、金融犯罪执法网络局关于可兑换虚拟货币交易和预订平台的裁决[84]

就一家公司的可兑换虚拟货币交易和预订平台是否会使其成为需要遵守网络局注册要求的货币传输者，网络局做出了裁决。平台要包括一个交易系统,用于匹配可兑换虚拟货币的买卖要约,以换取作为法偿货币的货币,以及一套账簿账户,一种货币或另一种货币的潜在买家或卖家可以在其中存入资金,以支付货币交换费用。每个账户将被分割为美元账户和虚拟钱包,且不会被公司的债权人扣押。客户向公司提交订单,以给定的价格购买或出售存入的货币。这种平台会自动尝试将一种货币的购买订单与一种或多种相同货币的卖出订单进行匹配。如果公司发现了匹配对象,它将从客户那里购买虚拟货币,并将其出售给潜在的买家。如果没有找到匹配对象,客户可以将资金保留在公司的账户中,或者让公司将资金退还。

根据给定的事实,网络局裁定,这种公司会是一个货币传输者。有一种观点认为,因为只有找到一对可以相互抵消的订单时,客户才会发出指示,因此不存在货币传输。网络局在回顾了汇款人的定义之后,表示对这种观点不予认同。上述定义并不包含关于其适用性的任何条件限制要素。接受了货币、资金或任何可替代货币的价值,意图或实现了将其传送给另一人或地点的人,如果符合了传输者确立的某一预设条件,那么根据网络局的规定,此人为货币传输者。传输的前提是要找到一个自愿的买方,而这种情况可能不会发生,这并不构成对该定义的除外情形。平台的客户之间互不相识这一关键特征也不会改变裁决。通过平台进行的每笔交易,都会产生两笔货币传输交易,一笔是公司与希望购买虚拟货币的客户之间的交易,另一笔是公司与希望以相同汇率出售这种虚拟货币的客户之间的交易。

网络局的结论是,系统内发生的货币传输不符合该公司声称的豁免条件。该局表示,要符合该豁免条件,必须满足三个基本条件:(1)货币传输部分必须是提供不同于货币传输本身的商品或服务的一部分;(2)豁免条件只能由从事提供不同于货币传输的商品或服务的人提出;(3)货币传输部分对于商品或服务的提供而言,必须是重要的(即必要的)。公司的意向平台为第三方之间的价值转移提供便利,包括现实价值和虚拟价值。货币传输是公司系统存在的唯一目的,而不是该公司正在提供的另一种非货币传输服务的必要组成部分。因此,该公司必须注册为货币传输公司。[85]

四、金融犯罪执法网络局的货币传输标准在虚拟货币"挖矿"中的适用性[86]

一家公司曾询问网络局,根据《银行保密法》的规定,公司开采比特币的某些方式是否会使其成为货币传输者,网络局对此做出了回应。该公司称,其开采的比特币尚未被使用或转移,而是未来将用于购买商品或服务,通过将虚拟货币转换为法偿货币,并使用法偿货币购买商品和服务,或将虚拟货币转移给公司的所有者。网络局表示,据了解,比特币的"挖矿"并没有规定比特币用户有义务将"挖"出的比特币发送给他人或其他地址,以为他人谋取利益;相反,用户可以自由地将"挖"出的货币用于为自身谋取利益,购买现实或虚拟的商品和服务。这种使用显然不会使其成为条例规定的货币传输者,因为这种使用方式既不是规定意义中的"接受行为",也不是"传输行为"。

同样地,如果这种使用方式是用于支付正常业务过程中产生的债务,或公司用户向股东进行资金分配,这些也不属于该规则的范围。是否成为货币传输者的关键因素是此人是否从事货币输送业务。因此,如果此人有时需要将"挖"出的比特币兑换成现实货币或其他可兑换的虚拟货币,例如,当提供商品或服务的人拒绝接受比特币时,或者用户希望将自己持有的货币多样化,以满足未来投资的需要,只要用户是出于自身目的,而不是为他人提供商业服务,这两种情况都不会被认为是货币传输。上述的货币兑换本身并不构成货币传输,也不会让人成为货币传输者。[87]

在引用了上述《指导意见》中所写的规定和定义后,网络局最后认为,该公司会被视为比特币的"用户",但就其使用自己开采的比特币而言,在以下情况中,该公司并不是一个货币服务企业:(1)支付所购商品或服务的费用,支付之前产生的债务(包括对其所有者的债务),或分配给所有者;(2)购买现实货币或其他可兑换虚拟货币,只要现实货币或其他可兑换虚拟货币仅用于支付或出于公司自身的投资目的。如果公司代表卖方、债权人、所有者或交易对手向第三方进行任何货币转让,或从事任何其他构成接受和传输法偿货币或虚拟货币的活动,那么这些活动应受到仔细审查,因为公司从事的可能是货币传输活动,将会受到《银行保密法》的限制。

五、被认定为货币服务企业后应遵守的要求

一家企业一旦被认定是"货币服务企业",就需要遵守一系列要求。依照《银行保密法》颁布的条例,[88] 每家货币服务企业都必须制订、实施和维持有效的反洗钱计划。根据该条例的定义,有效的反洗钱计划指的是设计合理,以防止货币服务企业被用来为洗钱和资助恐怖活动提供便利的计划。书面计划应与货币服务企业提供的金融服务的地点、规模、性质和数量所带来的风险相称,计划的副本应在财政

部提出查看要求后提交给财政部。

该计划至少应包含为确保操作合规而合理设计的政策、程序和内部控制，应包括以下条款：（1）核实客户身份；（2）提交报告；（3）建立和保留记录；（4）回应执法诉求。上述企业要有一个自动数据处理系统，将保证操作合规的程序与这些系统整合起来。该企业应指定专人保证企业日常都遵守这一计划，保证货币服务企业应适当提交报告，建立和保留记录，就该计划规定的责任对有关人员进行适当培训，包括侦查可疑交易的培训，还要进行独立审查，以监测和维持一个可行的计划。[89]

六、美国诉洛德案

除了在《涉及虚拟货币的刑事和民事诉讼》一章中引用的刑事和民事犯罪起诉案例外，还有一个例子是美国诉洛德案（U.S. v. Lord）。[90] 脊柱按摩师兰德尔·洛德（Randall Lord）和他的儿子迈克尔·洛德（Michael Lord）试图撤回其"有罪"抗辩，但被法院拒绝。他们起初经营了一家名为 localbitcoins.com 的公司，在其网站上发布了比特币兑换服务广告，宣称可用现金、信用卡和其他形式的付款方式来兑换比特币。感兴趣的人将钱转到被告的账户上，然后被告将从 Coinbase 公司处购买比特币，再将比特币转给上述感兴趣的人，并扣除所提供服务的佣金。被告使用多个银行账户进行交易。在线比特币经纪商 Coinbase 注意到被告的交易量后联系了被告，并告知他们，作为比特币交易所，根据2013年3月的《指导意见》，他们必须向网络局注册。被告向 Coinbase 表示，他们已经完成注册，但其实他们在注册前的数月内,已经在交易中为客户兑换了超过250万美元的比特币。迈克尔·洛德涉嫌与向他们父子二人购买比特币的买家进行毒品交易,联邦探员在调查这一毒品交易时,了解到了父子二人的比特币交易业务。在对被告提出有关比特币交易所业务运营的多项指控后,被告兰德尔·洛德对起诉书中的第1项指控表示认罪,该指控起诉被告共谋经营和实际经营无证货币服务企业。迈克尔·洛德对作为毒品阴谋犯罪成员这一罪名表示认罪。

法院拒绝了迈克尔·洛德对撤回其对毒品指控的抗辩的请求,指出他没有提出任何有用论据,无法构成撤回其对该罪名的有罪抗辩的"公平和公正"理由,也无法证明他在该项指控上是无罪的。关于无证经营货币传输业务,被告曾辩称,根据美国路易斯安那州的法律,经营这类业务不需要许可证,法院对此表示同意。然而,法院认为,根据联邦法律,可以对被告提起指控。法院指出,该法规规定了两种不同的方法,政府可以通过这两种方法来证明被告是一家"无证货币传输企业"。(1)在需要获得州级许可证的情况下,未能获得这种许可证(政府承认,但未在本案中体现),(2)未能遵守单独的联邦登记要求。

法院确实裁定,对于违反关于无证货币传输业务的联邦条例的指控,被告的有罪抗辩似乎有足够的事实和法律依据,正如检方所提出的那样。法院对"货币服务企业"和"货币传输者"进行了界定,并认为有足够的证据来指控被告犯下违规行为,因此允许其有罪抗辩成立。考虑到被告在撤回认罪抗辩上有延迟,为了考虑是否允许其撤回认罪抗辩,法院采用了一个多因素测试。法院审查了《联邦刑事诉讼规则》(*Federal Rules of Criminal Procedure*)中规定的每一个因素,然后发现,在本质上,撤回认罪抗辩将给法院及其资源带来很大不便，因为法院将不得不审理一份有 15 项罪名的起诉书。法院在被告认罪时曾详细地询问了他们是否有能力做出认罪抗辩，并确定他们是在知情和自愿的情况下自由和自愿地放弃其宪法权利，做出认罪抗辩。[91]

第四节 可能会监管虚拟货币的其他美国机构

一、联邦储备委员会

美国联邦储备委员会理事兼金融监管副主席兰德尔·K. 夸尔斯（Randal K. Quarles）表示，虽然数字货币目前没有对美国的金融稳定造成重大影响，但如果数字货币实现大范围覆盖，未来可能会出现问题。问题在于，如果经济面临金融危机，美国支付系统的核心资产不能以稳定的汇率、可预见的方式兑换成美元，由此带来的风险和潜在的流动性会引起人们的根本性担忧。私营企业和非银行机构可能面临无法实现的流动性需求，进而对整个经济产生重大的溢出效应。[92] 人们会提出疑问，比特币和其他加密货币是否可能属于根据《多德－弗兰克法案》（Dodd-Frank Act）① 设立的金融稳定监督委员会管辖范

---

① 《多德－弗兰克法案》全称《多德－弗兰克华尔街改革和消费者保护法》（Dodd-Frank Wall Street Reform and Consumer Protection Act），旨在限制系统性风险，为大型金融机构可能遭遇的极端风险提供安全解决方案，将存在风险的非银行机构置于更加严格的审查监管之下。

围。该委员会负责监督具有系统重要性的金融机构，这些机构的消亡或衰退可能会损害整个美国经济。在这种情况下，委员会可能会制定烦琐的规则和条例，阻碍新技术的发展。[93]

美国联邦储备委员会一直没有寻求对虚拟货币进行监管。美联储委员会前主席珍妮特·耶伦（Janet Yellen）曾表示，美联储委员会现在无权以任何方式监督或监管比特币，并要求国会授予其加强监管的权力。[94]

二、消费者金融保护局

据该局网站介绍，消费者金融保护局（Consumer Financial Protection Bureau，以下简称保护局）负责使金融市场为消费者、供应商和整个经济服务，保护其免受不公平、欺骗或滥用手段的影响，并可对违反相关规定的人或机构采取执法行动。公司必须确保消费者了解协议的价格、风险和条款，以便他们做出可靠的财务决定。保护局根据《多德－弗兰克法案》[95]成立，已成为各政党的鞭策者，奥巴马总统最初试图任命伊丽莎白·沃伦（Elizabeth Warren）为该局第一任局长，但这一提名没有在参议院获得通过，从而导致沃伦仅当选为马萨诸塞州的参议员。关于虚拟货币，保护局发布了一份消费者警告，提醒消费者警惕与黑客相关的风险，要注意虚拟货币缺乏其他法定货币所拥有的保护，其交易成本可能大大超过其他货币交易的成本，以及警惕不可避免的骗局。该局建议消费者了解他们正在与谁打交道，如果使用了交易所，他们应该访问金融犯罪执法网络局的网站，以确定与之交易的交易所是否已经按规定注册。保护局还警告说，使用比特币服务站不同于其他自动取款机,后者提供一定保护;比特币价格存在波动;丢失私钥可能会产生严重后果(可能损失全部投资);虚拟货币缺乏政府给予法定银行和在联邦存款保险公司投保的美国银行存款的保险。[96]

三、货币监理署

虽然没有直接涉及虚拟货币,但货币监理署(Office of Comptroller of the Currency,OCC)显然意识到了新技术的影响。根据创新技术实施建议,货币监理署成立了创新办公室,实施新框架,以应对消费者对金融产品和服务的不同新偏好。在重要性方面可与传统银行相媲美的非银行机构(影子银行)的兴起,以及分布式账本技术的出现和大幅增加,都需要新的银行模式。因此,货币监理署在2015年开始了一项以创新为重点的研究,以更好地了解新的、不断发展的监管环境。据此,货币监理署得出了一些建议。首先是坚持"负责任创新",以满足消费者、企业和社区的需求,同时进行合理的风险管理,并与银行的业务战略保持一致。其指导原则是:支持负责任创新,培养接受负责任创新的内部文化,利用机构的经验和专长,提供公平获得金融服务的途径并公平对待消费者,通过有效的风险管理实现安全和稳健的运营,鼓励各种规模的银行将负责任创新纳入其战略规划,通过正式的外联活动促进持续对话,与其他监管机构开展合作。[97]

新设立的创新办公室将进一步完善其职能:作为一个中心联络点,加快对询问和请求的答复速度,开展外联活动和提供技术援助,提高公众意识、加强公众教育、监测不断变化的金融服务环境，与国内和国际监管机构合作。指导创新办公室的原则是：确保高效地执行核心职能、利用货币监理署的专业知识、保留现有的决策职能、为内部和外部股票持有人开发创新资源、为程序和决策提供可靠的证据。[98]

四、联邦贸易委员会

联邦贸易委员会（Federal Trade Commission，FTC）是根据 1914 年《联邦贸易委员会法》(*Federal Trade Commission Act*)[99] 成立的。最初，其职责是防止商业中出现不公平竞争方法，后来变更为防止出现不公平或欺骗性行为或做法，这实际上是为了保护消费者。委员会在比特币和区块链活动中的执法工作除了发出警告外，几乎可以忽略不计，但其确实参与了可影响消费者购买比特币矿机和服务的行动。

在针对 BF Labs 公司（以 Butterfly Labs 的名义营业）的诉讼中[100]，联邦贸易委员会向法院寻求衡平法救济令（equitable relief），包括禁制令（injunctive relief）①、撤销或修改合同、恢复原状、退还已支付的款项，以及没收因涉嫌虚假陈述而获得的非法收入。据称，被告经营的 Butterfly Labs 出售比特币"挖矿"机和服务，消费者可以使用这些机器来生成比特币。被告就机器和服务向消费者预收 149 美元至 29 899 美元的费用，最高费用是针对最高功率的机器收

---

① 禁制令是英美法系中衡平法的一种补救措施，是一种特殊的法庭命令，要求当事人开始或停止做某种事。

取的。后来据称,在许多情况下,购买机器或服务的消费者(约有20 000人)无法使用这些机器生成比特币,因为该公司根本就从未提供过机器和服务。在其他情况下,机器的交付被推迟长达一年,导致到手的机器已经过时,或者机器有其他损坏或缺陷。据称,Butterfly Labs在脸书(原名为Facebook,现已更名为Meta)和其他地方的广告,以及其号称以固定预付价格提供采矿服务的声明,都具有误导性。该公司也从来没有退款给消费者,虽然有时会做出退款承诺。

诉讼的结果是达成了和解,Butterfly Labs及其两个运营商同意,他们将被禁止向消费者传达歪曲信息,涉及的信息包括产品或服务是否可以用来生成比特币或任何其他虚拟货币,消费者将在什么日期收到产品或服务,产品是新的还是二手的。该公司被禁止接受比特币机器和其他用于"挖掘"任何虚拟货币的产品的预付款,除非这些产品是可用的,并将要在30天内交付消费者。如果产品没有在30天内实际交付,被告必须退款。如机器有损坏或有缺陷,公司应及时退款。延迟交付需要获得消费者的许可。这些命令包括部分暂停的资金判决,会视该公司交出的其靠机器获得的所有比特币现金价值情况再做决定。[101]

五、北美证券管理协会

非政府组织也出于与前文所述类似的原因提醒投资者注意防范。由于头条新闻和炒作将人们大部分的注意力吸引到了加密货币价值看似异常的上涨上,因此北美证券管理协会(North American Securities

Administrators Association，NASAA）尤其担心投资者会受其影响。协会主席兼亚拉巴马州证券委员会主任约瑟夫·P.博格（Joseph P. Borg）提醒说，加密货币缺乏由央行提供的保险和控制所形成的安全网，而且加密货币不能兑换成其他商品。该协会的研究显示，94%的监管者认为加密货币存在欺诈风险，并一致认为需要有更多的监管，以为投资者提供更多保护。协会将ICO与IPO进行了比较，后者出售股票以筹集资金，但ICO出售的代币往往没有价值，无法为项目提供资金。这些关切重复了之前所说的那些问题，包括所谓的高投资回报保证、未经请求的报价、立即购买的压力、无证卖家以及"听起来好得不像真的"的断层线等常见危险信号。[102]

在《美国各州对虚拟货币的监管》一章中，我们将讨论美国各州如何在联邦监管之外，开始参与监管虚拟货币，因为无良企业家利用人们对加密货币交易技术方面缺乏了解，损害了各州公民的投资利益。美国各州作为一个主权实体，都会根据其认定的保护公众最大利益的思路来调整此类法规（如果该州有这类法规的话）。

参考文献及注释：

1. Sherisse Pham, *North Korea is trying to amass a Bitcoin war chest* (Sept. 12, 2017), CNN Tech, http://money.cnn.com/2017/09/12/technology/north-korea-hackers-Bitcoin/index.html. 还可参见 Qin Chen, *Bitcoin 'mining': A new way for North Korea to generate funds for the regime World Economy*, Sept. 13, 2017, https://www.cnbc.com/2017/09/13/Bitcoin-mining-a-new-way-for-north-korea-togenerate-funds-for-the-regime.html.

2. *North Korea's Political Elite is Not Isolated*, Insikt Group, Jul. 25, 2017, https://go.recordedfuture.com/hubfs/north-korea-internet-activity.pdf.

3. Jason Bloomberg, *Bitcoin: 'Blood Diamonds' of the Digital Era*, Forbes, Mar. 28, 2017, https://www.forbes.com/sites/jasonbloomberg/2017/03/28/Bitcoin-blood-diamonds-of-the-digitalera/#13d1abf6492a.

4. Dan Boylan, *Military, intelligence agencies alarmed in surge of Bitcoin value in 'dark web' fight*, Washington Times, Aug. 10, 2017, https://www.washingtontimes.com/news/2017/aug/10/Bitcoin-valuesurge-sign-of-criminal-activity/.

5. Olivia McCoy, *Bitcoins for Bombs,* Council of Foreign Relations, Aug. 17, 2017, https://www.cfr.org/article/Bitcoin-bombs.

6. Zachary K. Goldman, Ellie Maruyama, Elizabeth Rosenberg, Edoardo Saravalle, and Julia Solomon Strauss, *Terrorist Use of Virtual Currencies: Containing the Potential Threat*, CNAS, May, 2017, https://www.cnas.org/publications/reports/terrorist-use-of-virtual-currencies.

7. Mike Orcutt, *Criminals Thought That Bitcoin Was the Perfect Hiding Place, But They Were Thought Wrong*, MIT Technology Review, Sept. 11, 2017, https://www.technologyreview.com/s/608763/criminalsthought-Bitcoin-was-the-perfect-hiding-place-they-thought-wrong/.

8. Matthew J. Schwartz, *Tougher to Use Bitcoin for Crime? Why Anonymous Use of the Cryptocurrency May Prove Difficult*, Bank Info Security, Dec. 30, 2017, https://www.bankinfosecurity.com/tougher-to-use-Bitcoinfor-crime-a-7731.

9. 讨论该问题的网站之一为：J. Dax Hansen and Joshua L. Boehm, *Treatment of Bitcoin Under U.S. Property Law*, Perkins Coie, Mar. 2017, https://www.virtualcurrencyreport.com/wpcontent/uploads/sites/13/2017/03/2016_ALL_Property-Law.

10. U.S. Securities and Exchange Commission, *What We Do*, https://www.sec.gov/Article/whatwedo.html.

11. U.S. Securities and Exchange Commission, *Initial Coin Offerings,* Investor Bulletin (Jul. 27, 2017), https://www.sec.gov/oiea/investoralerts-and-

bulletins/ib_coinofferings.

12. U.S. Securities and Exchange Commission, *SEC Announces Enforcement Initiatives to Combat Cyber-Based Threats and Protect Retail Investors*, Press Release, Sept. 25, 2017, 2017–176, https://www.sec.gov/news/press-release/2017-176.

13. 前文提及的讨论提到了一些讨论该问题的文章，该讨论可见于 J. Dax Hansen, Carla L. Reyes, and Josh Boehm, *Resources on Crypto-Tokens and Securities Law,* June 5, 2017, Perkins Coie Virtual Currency Report, https://www.virtualcurrencyreport.com/2017/06/resources-on-crypto-tokens-and-securities-law/.

14. 有关评论，参见 Richard M. Martinez, Mark W. Rasmussen, Stephen J. Obie, Harriet Territt, and Brendan Ballou, *Crackdown: SEC's New Cyber Unit Targets Blockchain and ICO Abuses* (Dec. 19, 2017), Mondaq, http://www.mondaq.com/unitedstates/x/657534/Securities/Crackdown+SECs+New+Cyber+Unit+Targets+Blockchain+And+ICO+Abuses.

15. *SEC. v. REcoin Group Foundation, LLC.* No. 17 Civ…. (E.D., N.Y. Sept. 29, 2017), https://www.sec.gov/litigation/complaints/comp-pr2017-185.pdf.

16. David W. Adams and Edmund J. Zaharewicz, *SEC Files First ICO Enforcement Action*, Daily Journal, Oct. 6, 2017, 被 Carlton Fields 律师事务所引用 , Mondaq, http://www.mondaq.com/unitedstates/x/643036/fin+tech/SEC+Files+First+ICO+Enforcement+Action.

17. Steve Gatti, Megan Gordon, and Daniel Silver, *SEC Enforcement Against Initial Coin Offering,* Harvard L.S. On Corporate Governance and Financial Regulation, Oct. 30, 2017, https://corpgov.law.harvard.edu/2017/10/30/sec-enforcement-against-initial-coin-offering/.

18. Herbert F. Koslov, Karl S. Larsen, Michael Selig and Matthew H. Kita, *United States: SEC Enforcement Action Involving Coin Offering Muddles Jurisdictional Waters*, Reed Smith, Oct. 4, 2017, https://www.reedsmith.com/en/perspectives/2017/10/sec-enforcement-actioninvolving-initial-coin-

offering.

19. Pub.L. 73–22, 48 Stat. 74 (1933).
20. Pub.L 112–106, 126 Stat. 306 (2012).
21. U.S. Federal Register, *Crowdfunding*, 80 F.R. 71387, https://www.federalregister.gov/documents/2015/11/16/2015-28220/crowdfunding.
22. U.S. Securities and Exchange Commission, *Report of Investigation Pursuant to Section 21(a) of the Securities Exchange Act of 1934*, Release No. 81207 (Jul. 25, 2017), https://www.sec.gov/litigation/investreport/34-81207.pdf.
23. 同上，第 11–15 页。
24. 引自《美国法典》第十五编第 77b(a) (4) 条 [15 U.S.C. § 77b(a) (4)]。
25. Citing Doran v. Petroleum Mgmt. Corp., 545 F.2d 893, 909 (5th Cir. 1977).
26. U.S. Securities and Exchange Commission, 见前文标注 15，第 15–17 页。
27. 同上，第 5–8 页。
28. U.S. Securities and Exchange Commission, *SEC Issues Investigative Report Concluding DAO Tokens, a Digital Asset, Were Securities*, Press Release, No. 2017-131, https://www.sec.gov/news/press-release/2017-131.
29. Klint Finley, *A $50 Million Dollar Hack Just Showed That The DAO Was All Too Human*, WIRED, Jun. 18, 2016, https://www.wired.com/2016/06/50-million-hack-just-showed-dao-human/.
30. Matthew Leising, *The Ether Thief*, BLOOMBERG, Jun. 13, 2017, https://www.bloomberg.com/features/2017-the-ether-thief/.
31. *Munchee Inc.*, SEC Adm. Proc. No. 3-18304 (2017), https://www.sec.gov/litigation/admin/2017/33-10445.pdf.
32. Adam T. Ettinger, *When Does Software Become Securities*, Lexology, Dec. 12, 2017, https://www.lexology.com/library/detail.aspx?g=87cce8ca-e51f-4b7e-8769-c67c63bd1455.
33. Jeffrey L. Robins, *SEC Issues Cease and Desist Order Shutting Down ICO*, Cadwalader News and Headlines, Dec. 11, 2017, https://www.findknowdo.com/news/12/11/2017/sec-issues-cease-and-desistorder-shutting-down-ico

34. *SEC Takes Aim at Initial Coin Offerings Again*, Perkins Coie LLP, Jan. 11, 2018, https://www.perkinscoie.com/en/news-insights/sec-takesaim-at-initial-coin-offerings-again.html.

35. Jay Clayton, *Statement on Cryptocurrencies and Initial Coin Offerings*, Public Statement, Dec. 11, 2017, https://www.sec.gov/news/publicstatement/statement-clayton-2017-12-11.

36. 同上。

37. 编入《美国法典》第十五编第 80b-1 条（15 U.S.C. § 80b-1）至第十五编第 80b-21 条（15 U.S.C. § 80b-21）。

38. U.S. Securities and Exchange Commission, *IM Guidance Update*, No. 2014-04, Mar. 2014, https://www.sec.gov/investment/im-guidance-2014-04.pdf.

39. Emmie Martin, *Jamie Foxx, Floyd Mayweather and other celebrities Who are hyping cryptocurrencies*, CNBC, Dec. 20, 2017, https://www.cnbc.com/2017/12/20/celebrities-who-have-endorsed-or-invested-in-cryptocurrency.html.

40. U.S. Securities and Exchange Commission, Div. of Enforcement, *Statement on Potentially of Unlawful Initial Coin Offerings and Other Investments by Celebrities and Others*, Public Statement, Nov. 1, 2017, https://www.sec.gov/news/public-statement/statement-potentiallyunlawful-promotion-icos.

41. 《美国法典》第十五编第 41–58 条（15 U.S.C. §§ 41–58），修订版。

42. U.S. Federal Trade Commission, *FTC Staff Reminds Influencers and Brands to Clearly Disclose Relationship*, Press Release, Apr. 19, 2017, https://www.ftc.gov/news-events/press-releases/2017/04/ftc-staff-reminds-influencers-brands-clearly-disclose.

43. Michael Sheetz, *The SEC's crackdown on cryptocurrencies is about to get serious, former chairman says*, Yahoo Finance, Dec. 21, 2017, https://finance.yahoo.com/news/sec-apos-crackdown-cryptocurrenciesserious-233456948.html.

44. U.S. Securities and Exchange Commission, Release No. 34-80319, File

No. SR-NYSEArca-2016-101, at 23–24, https://www.sec.gov/rules/sro/nysearca/2017/34-80319.pdf.

45. 第 6(b)(5) 条规定："交易所规则旨在防止欺诈和操纵行为和做法；促进公正和公平的贸易原则；促进和参与监管、清算、结算、处理证券信息；促进证券交易人员的合作与协调；消除阻碍自由开放市场机制和国家市场体系运行的障碍，并完善二者；总体上旨在保护投资者和社会公共利益；建立交易所规则，不是为了允许客户、发行人、经纪人或交易商之间存在不公平歧视，也不是为了利用本编授予的任何权力，规范与本编目的或与交易所管理无关的事项。"

46. Securities Exchange Act of 1934, Pub.L. 73–291, 48 Stat. 881, (1934), codified at 15 U.S.C. § 78a et seq.

47. Commodity Exchange Act, Ch. 545, 49 Stat. 1491 as amended, (1936).

48. Stan Higgins, *CFTC Aligns With SEC: ICO Token Can Be Commodities*, CoinDesk, Oct. 17, 2017, https://www.coindesk.com/cftc-no-inconsistency-sec-cryptocurrency-regulation/.

49. 指定合约市场（Designated Contract Markets，DCM）是在美国商品期货交易委员会授权下运营的交易或交易所。它们会像传统的期货交易所一样，允许包括零售客户在内的所有类型的交易者使用其设施。指定合约市场可能会上市交易基于任何基础商品、指数或工具的期货或期权合约交易。*Designated Contract Markets*, U.S. Commodity Futures Trading Commission, http://www.cftc.gov/IndustryOversight/TradingOrganizations/DCMs/index.htm.

50. LabCFTC, *A CFTC Primer on Virtual Currencies*, Oct. 17, 2017, http://www.cftc.gov/idc/groups/public/documents/file/labcftc_primercurrencies100417.pdf.

51. *Coinflip, Inc. d/b/a/ Derivavit*, CFTC Docket No. 15-29, Sept. 17, 2015, http://www.cftc.gov/idc/groups/public/@lrenforcementactions/documents/legalpleading/enfcoinfliprorder09172015.pdf.

52. 第 2(c)(2)(D) 条规定，这种协议、合同或交易应受本法案第 4(a)、4(b)

和 4b 节的约束,"如同该协议、合同或交易是未来交付商品的销售合同"。《美国法典》第七编第 2(c)(2)(D)(iii) 条 [7 U.S.C. § 2(c)(2)(D)(iii)]。

53. *In re BFXNA Inc. d/b/a BITFINEX*, CFTC Docket 16-19, June 2, 2016, http://www.cftc.gov/idc/groups/public/@lrenforcementactions/documents/legalpleading/enfbfxnaorder060216.pdf.

54. Ch. 545, 49 Stat. 1491.

55. U.S. Commodity Futures Trading Commission, *Order of Registration of LedgerX*, LLC, July 24, 2017, http://www.cftc.gov/idc/groups/public/@otherif/documents/ifdocs/ledgerxdcoregorder72417.pdf.

56. U.S. Commodity Futures Trading Commission, *CFTC Grants DCO Registration to LedgerX LLC*, July 24, 2017, http://www.cftc.gov/PressRoom/PressReleases/pr7592-17.

57. Camila Russo, *Bitcoin Options Will Be Available This Fall*, Bloomberg, July 24, 2017, https://www.bloomberg.com/news/articles/2017-07-24/Bitcoin-options-to-become-available-in-fall-after-cftc-approval.

58. 关于 Ledger X,参见 https://ledgerx.com/about-ledgerx/.

59. 无本金交割远期外汇交易(non-deliverable forward,NDF)是一种外汇对冲策略,与通常在结算日之前,对外汇期货合约的利润或损失进行结算有关。一般来说,它涉及新兴市场中交易量稀少的货币,在离岸金融中心以主要外币结算。Investopedia, http://www.investopedia.com/video/play/nondeliverable-forward-ndf/.

60. U.S. Commodity Futures Trading Commission, *CFTC Grants Registration to 3 Swap Execution Facilities*, May 26, 2016, http://www.cftc.gov/PressRoom/PressReleases/pr7375-16.

61. *In re TeraExchange LLC*, CFTC Docket No. 15-33 (Sept. 24, 2015), http://www.cftc.gov/idc/groups/public/@lrenforcementactions/documents/legalpleading/enfteraexchangeorder92415.pdf.

62. U.S. Commodity Futures Trading Commission, *CFTC Statement on Self-*

Certification of Bitcoin Products by CME, CFE, and Cantor Exchange, Press Release pr7654-17, Dec. 1, 2017. http://www.cftc.gov/PressRoom/PressReleases/pr7654-17.

63. 期货行业协会于 1955 年在纽约成立，当时的名称是商品交易公司协会（Association of Commodity Exchange Firms），如今在全球，特别是在欧洲和亚洲，设有办事处，其使命是"支持开放、透明和竞争的市场，保护和加强金融系统的完整性，促进专业行为的高标准"。关于期货行业协会，参见 https://fia.org/about-O.

64. Walt Lukken, *Open letter to CFTC chairman Giancarlo regarding the listing of cryptocurrency derivatives*, Futures Industry Association, Dec. 7, 2017, https://fia.org/articles/open-letter-cftc-chairman-giancarloregarding-listing-cryptocurrency-derivatives.

65. *Blooming futures?* The Economist, Dec. 16, 2017, at 67.

66. Commissioner J. Christopher Giancarlo, Keynote Address J. Christopher Giancarlo Before SEFCON VII, Jan. 18, 2017, http://www.cftc.gov/PressRoom/SpeechesTestimony/opagiancarlo-19.

67. U.S. Commodity Futures Trading Commission, *CFTC Issues Proposed Interpretation on Virtual Currency "Actual Delivery" in Retail Transactions*, Dec. 15, 2017, Release No. Pr7664-17, http://www.cftc.gov/PressRoom/PressReleases/pr7664-17.

68. U.S. Commodity Futures Trading Commission, *CFTC Backgrounder on Oversight of and Approach to Virtual Currency Futures Markets*, Jan. 4, 2018, http://www.cftc.gov/idc/groups/public/@newsroom/documents/file/backgrounder_virtualcurrency01.pdf.

69. 同上。

70. U.S. Commodity Futures Trading Commission, *Chairman Giancarlo Statement on Virtual Currencies*, Jan. 4, 2018, http://www.cftc.gov/PressRoom/SpeechesTestimony/giancarlostatement010418.

71. U.S. Commodity Futures Trading Commission, *CFTC Launches Virtual*

Currency Resource Web Page, Dec. 15, 2017, Release No. pr7665-17, http://www.cftc.gov/PressRoom/PressReleases/pr7665-17.

72. U.S. Treasury Department, Financial Crimes Enforcement Network, *Guidance*, Mar. 18, 2013, FIN 2013-G001, https://www.fincen.gov/sites/default/files/shared/FIN-2013-G001.pdf.

73. 一项修正《联邦存款保险法》(*Federal Deposit Insurance Act*) 的法案，要求投保银行保有某些记录，要求向财政部报告某些使用美国货币进行的交易，还提出了其他一些要求。Bank Secrecy Act, Pub.L. 91-508, 84 Stat. 1114-2.

74. U.S. Department of the Treasury, Financial Crimes Enforcement Network, *Application of FinCEN's Regulation to Persons Administering, Exchanging, or Using Virtual Currencies*, FIN-2013-G001, Mar. 18, 2013, https://www.fincen.gov/resources/statutes-regulations/guidance/application-fincens-regulations-persons-administering. 关于制定虚拟货币监管法规的讨论，参见 Latham & Watkins, *The Other Side of the Coin: Bitcoin, Blockchain, Regulation & Enforcement*, Mar. 24, 2016, https://lc.fia.org/events/other-side-coinBitcoin-blockchain-regulation-and-enforcement.

75. U.S. Office of the Comptroller of the Currency, *Bank Secrecy Act*, https://www.occ.treas.gov/topics/compliance-bsa/bsa/index-bsa.html.

76. 该法将"货币服务企业"（MSB）定义为"在美国境内全部或大部分地区，以一种或多种身份从事商业活动的人，无论其身在何处，无论其是否定期开展商业活动或是否是一个有组织或有执照的商业机构……"，如该条法规所述，包括在美国的任何代理人、机构、分支机构或办事处。31 CFR § 1010.100(f).

77. 31 CFR § 1010.100(ff)(1-7) and 31 CFR § 1010.100(ff)(5)(i)(A). 见 31 CFR § 1010.100(f). 注释48，第2–3页.

78. 31 CFR § 1010.100(ff)(5)(i)(A).

79. 31 CFR § 1010.100(ff)(5)(i)(A). 注释198。

80. 同上。

81. 31 CFR § 1010.100(ff)(5)(i)(A). 注释 165，第 13–14 页。
82. U.S. Department of the Treasury, Financial Crimes Enforcement Network, *Application of FinCEN's Regulation to Virtual Currency Software Development and Certain Investment Activity*, Jan. 30, 2014, FIN-2014-R002, https://www.fincen.gov/resources/statutes-regulations/administrative-rulings/application-fincens-regulations-virtual/.
83. 同上。
84. U.S. Department of the Treasury, Financial Crimes Enforcement Network, *Request for Administrative Ruling on the Application of FinCEN's Regulations to a Virtual Currency Trading Platform*, Oct. 27, 2014, FIN-2014-R011.
85. 同上。
86. U.S. Department of the Treasury, Financial Crimes Enforcement Network Financial Crimes Enforcement Network, *Application of FinCEN's Regulations to Virtual Currency Mining Operations*, Jan. 30, 2014, FIN-2014-R001, https://www.fincen.gov/resources/statutesregulations/administrative-rulings/application-fincensregulations-virtual-0.
87. 同上。
88. 31 U.S.C. § 5318(h)(1)(D). 该条例是第 103.125 条，针对货币服务企业的反洗钱计划，https://www.gpo.gov/fdsys/pkg/CFR-2004-title31-vol1/pdf/CFR-2004-title31-vol1-sec103-125.pdf.
89. 关于与虚拟货币有关的监管的精彩讨论，参见 Peter Van Valkenburgh, *The Bank Secrecy Act, Cryptocurrencies, and New Tokens: What is Known and What Remains Ambiguous*, Coin Center, May, 2017, https://coincenter.org/entry/aml-kyc-tokens.
90. *U.S. v. Lord*, Cr. No. 15-00240-01/02 (W.D.La, Apr. 20, 2017), https://scholar.google.com/scholar_case?case=4687444852356921249.
91. 同上。
92. Randal K. Quarles, *Thoughts on Prudent Innovation in the Payment System*

(Nov. 30, 2017), Speech, U.S. Board of Governors of the Federal Reserve, https://www.federalreserve.gov/newsevents/speech/quarles20171130a.htm.

93. 关于该委员会和认定"具有系统重要性"金融公司所带来的影响的详细讨论，参见 Roy J. Girasa, *The Rise, Risks, and Rewards of Non-Bank Financial Services* (2016), Palgrave Macmillan.

94. Katie Little, *Fed lacks authority to regulate Bitcoin: Janet Yellen*, CNBC, Feb. 27, 2014, https://www.cnbc.com/2014/02/27/fed-chain-janetyellen-discusses-Bitcoin-regulation.html?view=story&%24DEVICE%24=native-android-tablet.

95. Dodd-Frank Wall Street Reform and Consumer Protection Act, Pub.L 111-203, H.R. 4173, 该法案已于 2010 年 7 月 21 日通过并成为法律。

96. U.S. Consumer Financial Protection Bureau, *Risks to consumers posed by virtual currencies consumer advocacy*, Aug. 2014, http://files.consumerfinance.gov/f/201408_cfpb_consumer-advisory_virtual-currencies.pdf.

97. U.S. Office of the Comptroller of the Currency, *Recommendations and Decisions for Implementing a Responsible Innovation Framework*, Oct. 2016, https://www.occ.gov/topics/responsible-innovation/comments/recommendations-decisions-for-implementing-a-responsibleinnovation-framework.pdf.

98. 同上，第 4 页。

99. Federal Trade Commission Act, 15 U.S.C. §§41–58 已经修订。

100. *Federal Trade Commission v. BF Labs, Inc.*, No. 4:14-cv-00815-BCW (D.C. Mo. filed Sept. 14, 2014), https://www.ftc.gov/system/files/documents/cases/140923utterflylabscmpt.pdf.

101. U.S. Federal Trade Commission, *Operators of Bitcoin Mining Operation Butterfly Labs Agree to Settle FTC Charges They Deceived Consumers*, Press Release, Feb. 16, 2016, https://www.ftc.gov/news-events/pressreleases/2016/02/operators-bitcoin-mining-operation-butterflylabs-

agree-settle.
102. North American Securities Administrators Association, *NASAA Reminds Investors to Approach Cryptocurrencies, Initial Coin Offerings and Other Cryptocurrency-Related Investment Products with Caution*, Jan. 4, 2018, http://www.nasaa.org/44073/nasaa-reminds-investors-approachcryptocurrencies-initial-coin-offerings-cryptocurrency-relatedinvestment-products-caution/.

第五章　美国各州对虚拟货币的监管

联邦政府在颁布有关加密货币的条例方面行动缓慢,而且已经将制定在各州管辖范围内使用加密货币的立法或指南的权力交给了各州。问题是,目前还没有一个各州都能接受的统一示范立法,相反,各州通过了各式各样的法规和条例。已颁布有关虚拟货币立法的州一般采取以下几种制度:要求货币传输必须有许可证,在规定其他法定要求(如反洗钱)时提到虚拟货币,发布关于虚拟货币风险的警告。[1]除蒙大拿州、新墨西哥州和南卡罗来纳州外,其他各州的货币传输立法一般都要求机构注册和/或取得许可证之后,才能从事货币传输的兑换服务。[2]本章将审视有关的州及其法律,特别是要审视50个州的货币传输立法。[3]

第一节 美国各州对虚拟货币企业许可证的要求

一、亚拉巴马州

亚拉巴马州要求从事货币传输业务的人获得许可证,包括使用虚拟货币。新修订的立法将虚拟货币纳入了出于传输目的的货币价值定义。[4]

二、加利福尼亚州

加利福尼亚州最初于 2014 年 6 月废除了一项禁止美国合法货币以外的任何货币流通的法规。其《货币传输法》(Money Transmission Act) 禁止任何人在本州内宣传、招揽或自称可以提供货币传输服务, 除非此人获得了商业监督专员 (Commissioner of Business Oversight) 的许可, 或根据《货币传输法》享有了许可豁免。根据加利福尼亚州议会 (California Assembly) 提出的名为《虚拟货币法》(Virtual Currency Act)[5] 的立法, 任何人不得从事本州所定义的任何虚拟货币业务, 除非该人获得上述专员的许可或以其他方式享有许可豁免。

该法案将要求申请许可证的人支付一定的费用, 提供关于虚拟货币业务和申请人此前提供过的虚拟货币服务的详细资料, 提交涉及虚拟货币业务交易的收据样本, 提供特定的财务报表。该法案将要求每个许可证持有者在任何时候都要持有足够的资本, 而资本的数量则由监督专员决定, 受特定因素的影响, 以确保许可证持有者业务的安全和健全, 许可证持有者可以持续运营, 同时持续保护消费者。法案还将要求每个许可证持有者拥有一个以美元为单位的保证金或信托账户, 其形式和金额由监督专员指定, 以保障消费者的利益。对于不遵守规定的行为, 将给予民事处罚或发出其他司法救济①令。[6]

---

① 司法救济 (judicial relief) 是指法院 (通常是在行使其民法管辖权的情况下) 强制执行一项权利、施加一种惩罚或用其他一些法院命令体现其意志的手段。

三、康涅狄格州

康涅狄格州修正了其《货币传输法》，该法规定，应根据银行监理专员（Commissioner of Banking）的授权，向从事以虚拟货币形式传输货币价值的业务的人发放许可证，除非发放许可证可能会对消费者造成不应有的财务损失风险。虚拟货币业务是指"被用作交换媒介、以数字形式存储价值，或被纳入支付系统技术的任何类型的数字单位"。作为客户奖励计划的一部分且不能兑换成法定货币的在线游戏和虚拟货币不在这一业务范围内。监理专员可要求为此类服务提供担保债券（surety bond）。[7]

四、佐治亚州

佐治亚州最初于2014年向消费者发布了关于虚拟货币的指南。[8]此后，佐治亚州立法机构于2016年颁布了一项法令，并由州长签署成为法律，这一法律授权该州的银行与金融部（Department of Banking and Finance）颁布有关货币传输的规则和条例，以将虚拟货币包含在内，并要求所有货币传输机构申请并拥有交易许可证。[9]

五、爱达荷州

根据爱达荷州的《货币传输法》，货币传输者必须从该州财政部门获得许可证，这一规定同样适用于虚拟货币兑换商，即那些"充当虚拟/数字货币兑换商，接受法偿货币（如政府支持/发行的法定货币），以便在后来交付给与购买虚拟货币相关的第三方的人或机构"。[10]

六、内华达州

内华达州在承认区块链技术的同时，要求使用区块链必须有证书、执照或许可证，或满足有关区块链使用的任何其他要求。[11] 该州成为第一个禁止对使用区块链技术征税的州，禁止任何县级监理专员对区块链和智能合约的使用征收任何税费。[12]

七、纽约州

纽约州是第一个制定数字货币业务管理条例的州。[13] 根据纽约州金融服务部（Department of Financial Services）于2015年6月3日发布的法规，从事任何虚拟货币业务活动的人都必须获得银行监察官（Superintendent of Banking）颁发的许可证（证书名为BitLicense）。包括纽约州居民接收或传输虚拟货币，或此类活动涉及纽约州居民（如果是出于非金融目的，或接收传输的虚拟货币没有实际价值，则不构成虚拟货币业务活动）；存储、持有或保持对虚拟货币的保管权或控制权；将购买和出售虚拟货币作为客户业务；作为客户业务提供兑换服务；控制、管理或发行虚拟货币。[14] 在线游戏不需要获得许可证。此处会提供纽约州条例中的部分相关内容，因为在美国统一州法全国委员会（Conference of Commissioners on Uniform State Laws）为各州提供的建议示范法典《虚拟货币业务法案统一管理法》（*Uniform*

Regulation of Virtual Currency Business Act）中，有部分条例效仿了这些内容。

该州的许可证要求规定，任何从事虚拟货币商业活动的人必须首先获得许可证。申请许可证需支付 5 000 美元费用，且申请材料必须包括：（1）申请方的准确名称，包括申请方以其名义营业的任何企业的名称；（2）申请方所有关联公司的名单和组织结构图，说明这些公司与申请方的关系；（3）一份包含申请方和董事的名单，包括其姓名、实际地址和通信地址，以及有关该人的个人履历、经验和资格的资料和文件，名单应附有一份由个人签署授权的表格，以便将资料合法地提供给金融服务部；（4）由监理人可接受的独立调查机构为申请方的每位主要行政人员、主要股东以及申请方的受益人（如有）所准备的背景报告；（5）申请方以及申请方即将雇佣的所有可接触到客户资金（无论是以法定货币还是以虚拟货币计值的资金）的个人的一套指纹以及照片；（6）申请方的组织结构图及其管理结构；（7）申请方及申请方的每个主要管理人员、主要股东和主要受益人（如有）的当期财务报表，以及申请方下一年度运营的预计资产负债表和损益表；（8）申请方拟开展的、当前和历史业务的说明；（9）所有银行安排的细节；（10）所需的所有书面政策和程序；（11）描述任何尚未解决、他人威胁要采取的行动或任何类型的诉讼程序的宣誓书面陈述书[①]；（12）纽约州税务金融部（Department of Taxation and Finance）出示的证明，证明申请方履行了所有纳税义务；（13）任何为申请方、其董事、高级职员或客户的利益而持续购买的保险单的副本；（14）对

---

① 在英美法系中，宣誓书面陈述书（affidavit）经陈述者本人宣誓可用作法庭证据。

所采用的计算虚拟货币所对应的法币价值的方法的解释。

有条款规定必须遵守反洗钱规则、保存适当的账簿和记录、有义务允许监管人检查这些记录、满足最低资本化要求，以及在若干所列举出的情况中履行保护客户资产的义务。[15]

第一家按照规定获得许可证的信托公司是比特币交易所 itBit 信托有限责任公司（itBit Trust Company LLC），时间是 2015 年 5 月 7 日。[16] 授予虚拟货币公司的第一张 BitLicense 于 2015 年 9 月颁发给 Circle 国际金融公司（Circle Internet Financial）。[17] 西奥·奇诺（Theo Chino）及其公司 Chino 有限公司（Chino Ltd.）提起诉讼，在第 78 条程序（在纽约州法院挑战行政法规的司法程序）中质疑该法规的有效性。金融服务部提出动议，要求驳回诉讼，法院以起诉人缺乏资格为由，批准了这一动议。[18] 随后涉及同一当事方的一个案件也以同样的理由被驳回。原告和请愿人寻求废除 BitLicense，声称该条例随意易变，而且其实施违反了先于该条例存在的联邦法律。他们请求下令撤销 BitLicense 条例，认为该条例的制定违反了法律，因为金融服务部的执法超越了其管辖权以及其他救济令。

截至本书撰写时，除了上述的 BitLicense 外，已颁发的 BitLicense 很少。2016 年 7 月和 2017 年 1 月分别向 Coinbase 和 Ripple 颁发了额外的 BitLicense。[19] 其他所有申请都被拒绝了。当 BitLicense 的获得要求首次颁布时，许多现有的和潜在的比特币初创公司都离开了纽约州，或开始在纽约州以外的平台运营。由于申请 BitLicense 的要求严苛，区块链初创公司出走或扩展到纽约州之外的情况是否会继续，还有待观察。[20]

八、北卡罗来纳州

北卡罗来纳州要求所有从事货币传输业务的人,除非获得豁免,否则必须从银行监理专员(Commissioner of Banks)那里获得许可证。从事货币传输业务被定义为"在北卡罗来纳州公民可以访问的网站上招揽或宣传货币传输业务,以便通过电子手段进行交易"。需要有担保债券,数额取决于传输的金额。[21]

九、得克萨斯州

得州银行部(Texas Department of Banking)于 2014 年发布的《监管备忘录》(*Supervisory Memorandum*)指出,得州可能需要许可证。[22] 在对虚拟货币的一次详细讨论中,得州银行监理专员(Banking Commissioner)表示,根据《得克萨斯州金融法典》(*Texas Finance Code*),将虚拟货币兑换为主权(法定)货币并不被视为货币兑换,因为该法将货币兑换中的货币定义为"美国或任何国家的硬币和纸币,这些硬币和纸币被指定为法定货币,在发行国流通并被习惯性地用作和接受为交换媒介"。因此,在得州进行任何类型的虚拟货币与主权货币的交易都不需要货币兑换许可证。

关于被定义为"以任何手段接受金钱或货币价值,以换取在以后的时间或不同地点提供金钱或货币价值的承诺"的货币传输,监理专员指出,加密货币不是货币,因为一个单位的加密货币不是一种债权,不赋予其所有者任何权利,也不给赠予、出售或转让加密货币的人带来任何责任或义务,而且没有任何实体必须要兑现加密货币的价值,或者必须要将任何给定单位的加密货币兑换成主权货币。因此,根据《货币服务法》[23],加密货币不是货币,接受加密货币以换取在以后的时间或不同地点提供加密货币的承诺,不是货币传输。当加密货币交易包括主权货币时,根据主权货币的处理方式,这可能是一种货币传输。一方面如果交易是在两方之间进行,则不需要许可证,但如果利用了第三方交易商,则构成了货币传输,需要第三方遵守许可证要求。另一方面,比特币 ATM 机可能是也可能不是货币传输,这取决于它是否作为第三方,促进卖方和买方之间的交易。如果 ATM 机被配置为用户和 ATM 机之间的直接交易,那么根据得克萨斯州的法律,ATM 机不是货币传输者。

十、佛蒙特州

佛蒙特州的法规规定,在区块链中以电子方式登记的数字记录,如果附有合格人员宣誓后所写的书面声明,说明记录进入区块链并从区块链中接收记录的日期和时间,这类数字记录应是根据该州的证据条例、经过自我鉴定后的真实记录,需作为定期进行的活动被保存在区块链中,制作这类记录应该是定期活动中的一种常规操作。记录上的事实、日期和时间以及参与传输人员的信息应是真实的,并且当事人同意以区块链格式作为认证手段,这两点会被认为是一种法律事实。这种真实性推定也适用于合同当事人、财产所有权、当事人的身份证明、记录的真实性以及相关问题。[24] 该州要求从事包括兑换虚拟货币在内的货币传输业务人员获得许可证。[25]

十一、弗吉尼亚州

弗吉尼亚州表示，弗吉尼亚州金融机构局（Virginia Bureau of Financial Institutions）不会对虚拟货币进行监管。如果虚拟货币交易涉及法定货币，那么这类交易可能需要满足该州货币传输条款的要求，需要获得这种传输的许可证。[26]

十二、华盛顿州

华盛顿州颁布了一项与北卡罗来纳州类似的法规，根据该法规，参与货币传输、为货币传输宣传、招揽或自称可以提供货币传输服务的人必须获得许可证。该法规第 7 条规定，为了本州的利益，以及任何因许可证持有人违反该法而可能遭受损失的人的利益，每个在线货币兑换商许可证持有人应持续提供担保债券，额度以前一年的货币兑换美元数额为根据。[27]

十三、怀俄明州

怀俄明州要求从事货币传输的人必须获得许可证，其中包括虚拟货币的传输。由于增加了准许投资[①]的要求，虚拟货币公司都避免在该州开展业务。该州条款规定，"每个许可证持有人在任何时候都应拥有准许投资，其总市值应根据普遍接受的会计原则计算，不少于许

---

① 准许投资（permissible investment）指的是根据法律或官方允许进行的投资。

可证持有人在美国发行或出售的所有未偿支付工具①和储存价值的总面值。如果许可证持有人的未偿支付工具和储值的美元数额不超过其持有的债券或其他安全装置的价值,专员可免除这一要求。准许投资应以信托形式持有,以便在许可证持有人破产时,保障其未偿支付工具的购买者和持有人的利益"。[28]

第二节　承认虚拟货币的其他各州

一、亚利桑那州

亚利桑那州在对区块链技术的认可方面,与其他州做法一样,要求有担保的签名,还要有通过技术达成的记录或合同,这被认为存在于电子签名、形式和记录中。智能合约被定义为"在分布式、去中心化、共享和复制的分类账上运行的事件驱动程序,并能对该分类账上的资产进行保管和指示转移",要赋予智能合约有效性、法律效力和可执行性。[29]

---

① 未偿支付工具(outstanding payment instrument)指许可证持有人发行的,由许可证持有人直接在美国出售的,或由许可证持有人授权的代表在美国出售的任何支付工具,许可证持有人知道这些支付工具已经售出,但尚未支付或尚未收到支付。

二、特拉华州

特拉华州在 2017 年 7 月 21 日将通过的立法签署成为法律，承认了分布式账本或区块链。[30] 其中的条款规定，特拉华州的公司有法定权限使用电子数据库网络（分布式账本或区块链）来创建和维护包括股票账本在内的公司记录，以便编制股东名单，记录股票转让，并向未认证股票的持有人发出通知。在特拉华州这个拥有三分之二的《财富》世界 500 强企业的州，该立法的意义，是承认了新技术需要在区块链上维持股东名单，而不是用 Excel 电子表格或 SQL 数据库（结构化查询语言数据库）这些更传统的方法来维持。[31]

三、佛罗里达州

佛罗里达州的一名法官以虚拟货币不能被视为货币为由，撤销了对米切尔·埃斯皮诺萨（Mitchell Espinosa）的洗钱指控。在很大程度上是由于这一撤销决定，佛罗里达州法律在该法官的建议下进行了修订，因为该法官认为，在立法机关没有对虚拟货币做出解释的情况下，她别无选择，只能撤销该指控。因此，佛罗里达州在其《洗钱法》的禁令中增加了"虚拟货币"的内容。[32]

四、夏威夷州

夏威夷州是最早颁布有关数字货币（区块链）立法的州之一。该立法建立了一个由公共部门和私营部门代表组成的工作小组，以审查、普及和推广最佳实践方法,帮助发展旨在抵御网络攻击和鼓励经济增长的区块链技术。该州指出,区块链的结构具有天然的网络恢复力[①],有冗余、不可变和可验证等特性。除了比特币之外,该立法试图将区块链技术应用于网络安全、灾难恢复、清算和结算、供应链透明度、产权登记、通信和文件验证。适用该技术的其他领域包括:医疗保健、通过核查合同和其他用途提供的法律服务、金融服务(可节省数十亿的经常性支出和费用)、制造业(可提供问责制和透明度,包括减少假冒产品和提高当地企业的竞争力)以及旅游业(让亚洲和其他地区的人更容易获得使用渠道)。[33]

然而,向数字货币表示出最初的欢迎后,夏威夷州似乎对虚拟货币交易所产生了担忧,担忧来自一项要求根据其《货币传输法》获得许可证的提议,该法案中包括需要有"准许投资"的要求。上述投资的总市值不得低于所有未偿支付债务的总金额。交易所应发布债券或其他安全装置,或根据和许可证持有人签订的合同,拥有与以虚拟货币完成的未偿支付义务相同数量的同类虚拟货币。专员有权决定交易所所维持的准许投资的适用水平和类型。[34] 即将实行的立法所带来的结果是,在美国大部分州和国外开展业务的 Coinbase 因为烦琐的限制要求而决定离开夏威夷州。[35]

五、伊利诺伊州

伊利诺伊州的《货币传输者法》(*Money Transmitters of Money*

---

① 网络恢复力(Cyber Resilience)是衡量一家企业在遭受数据泄露或网络攻击期间,是否有能力继续有效运营其业务的一个指标。

Act）[36] 规定，货币传输者是指位于伊利诺伊州或在伊利诺伊州从事销售或发行支付工具、传输货币或交换货币等业务，以获取报酬的人，货币传输者必须获得许可证，除非已享有豁免。虚拟货币的兑换属于货币传输的定义范围。[37]

六、马萨诸塞州

虽然马萨诸塞州确实对货币传输机构有许可证要求，但截至本书撰写时，尚不清楚虚拟货币及其传输是否属于该法规的范畴。马萨诸塞州证券局（Massachusetts Securities Division）表示将开展检查，以确定各机构是否遵循了州法律。马萨诸塞州州务卿（Secretary of the Commonwealth）威廉·高尔文（William Galvin）于 2017 年 12 月 15 日表示，涉及数字货币买卖的 ICO 属于证券发行，需要向州政府注册，除非另外享有豁免。[38]

马萨诸塞州证券局执法科在针对加密货币 ICO 的首次行动中，对开曼群岛公司 Caviar 及其创始人基里尔·本森诺夫（Kirill Bensonoff——马萨诸塞州居民）提起了诉讼，称其违反了马萨诸塞州的证券法。[39] 据称，Caviar 将发行代表不同资产权益的代币，包括将由 Caviar 管理的房地产和区块链资产。该公司筹集了超过 310 万美元的资金，其投资者通过分布式账本技术获知其所有权。每个代币的成本是 0.10 美元，被告打算分发总计 3.75 亿枚 Caviar 代币。据称，被告人本森诺夫向投资者表示，在 ICO 中获得的收益将被集中起来，用于开展住宅房地产的短期翻修、转卖业务。投资者将按季度获得股息，金额是可按比例享受所有筹得资金的总利润的 75%。虽然公司网站上显示，包括马萨诸塞州在内的美国居民没有资格参与发售,但诉讼原告称,Caviar 没有严格的客户身份识别要求,因此未能阻止其向美国居民出售代币。

诉讼原告还称,被告人防止向美国居民出售的程序不充分,他们通过普通招揽手段宣传 Caviar 公司的 ICO;Caviar 代币是证券;Caviar 代币的购买者合理地期望从他们的投资中获利;购买者获利是通过其他人的工作付出,而且他们的投资没有遵守马萨诸塞州的法规(《马萨诸塞州普通法》第 110A 章第 201 条和第 301 条)的要求在该州登记。因此,马萨诸塞州立即发出停止令,撤销该州居民的投资,没收利润,要求进行会计计算并开出行政罚款以及其他救济令。[40]

七、新泽西州

截至本书撰写时,新泽西州似乎还没有通过关于虚拟货币的立法,但在税收方面已经注意到了虚拟货币。该州选择的立场是,具有等值实际货币价值的可兑换虚拟货币,如比特币,可由纳税人用作购买商品和服务时的支付方式。因此,该州税务机关采取的立场与联邦税务机构对可兑换虚拟货币所采取的税务政策一致(将在《虚拟货币的众筹和税收》一章中加以讨论)。使用虚拟货币的交易必须以美元报告,以缴纳联邦税收,据此,纳税人必须确定可兑换虚拟货币在支付或接收日期的公平市场价值。新泽西州对零售有形私人财产、指定数字产品和所列举服务的收入征收销售或使用税,除非存在有效豁免情况。上述可兑换虚拟货币被视为无形财产,因此,在交易中购买或使用可兑换虚拟货币无须缴纳销售税。当一个人为购买应税商品或服务而转账可兑换虚拟货币时，须缴纳销售或使用税。任何接受可兑换虚拟货币作为支付方式的应税商品或服务的销售商或零售商，必须确定该货币在付款日以美元计算的公平市场价值，并向购买者收取相关交易的销售税。[41]

八、西弗吉尼亚州

西弗吉尼亚州将虚拟货币添加到禁止进行的货币传输定义中，即任何人在明知此金融交易中涉及的财产代表着直接或间接来自犯罪活动的犯罪所得的情况下，进行或试图进行的涉及犯罪活动所得的金融交易。[42]

第三节 尚未颁布有关虚拟货币立法的州

截至本书撰写时，一些州还没有颁布相关立法，即没有立法要求对虚拟货币交易进行登记，也没有立法要求获得许可证，尽管大多数州正处于审议有关虚拟货币交易的法律和条例的早期阶段。一般而言，这些州都会发布关于购买虚拟货币风险的警告，但没有制定明确的法律或法规。当然，这些州还是有适用于欺诈和其他渎职行为的刑事处罚。不需要执照或注册的州包括阿拉斯加州、阿肯色州、科罗拉多州、印第安纳州、爱荷华州、堪萨斯州、肯塔基州、路易斯安那州、缅因州、马里兰州、密歇根州、明尼苏达州、密西西比州、密苏里州、新墨西哥州、蒙大拿州、内布拉斯加州、北达科他州、俄亥俄州、俄克拉何马州、俄勒冈州、罗得岛州、南达科他州、田纳西州、西弗吉尼亚州和威斯康星州。

堪萨斯州发布了有关虚拟货币和该州《货币传输法》的一份指导意见。指导意见指出，除非有第三方参与交易，否则双方兑换货币的行为本身不受《货币传输法》约束，但是，如果有第三方参与货币兑换交易，那么该交易很可能受到该法约束。指导意见特别指出，意见并不涉及现有各种中心化虚拟货币的货币传输活动。指导意见指出，许多虚拟货币项目复杂且微妙，因此该意见不可能充分涵盖所有可能的类型。指导意见认为，与美元不同，虚拟货币没有内在价值，也没有作为商品的权利要求。货币传输法涉及的是"货币"，因此引出了虚拟货币是否是货币的问题。指导意见还指出，由于一个单位的加密货币的价值只取决于买方愿意为它支付的价格和卖方为了卖出它而愿意接受的价格，因此一个单位的加密货币没有内在价值或设定价值。于是，由于目前存在的加密货币不被认为是"货币"或具有"货币价值"，因此不在《货币传输法》的管辖范围内。不过，如果虚拟货币的传输涉及主权货币参与交易，则可能被视为货币传输，这取决于这种交易的组织方式。[43]

马里兰州尚未颁布如上所述、要求就虚拟货币交易获得许可证或进行注册的立法。马里兰州的一家法院驳回了对一家虚拟货币赌场从事非法赌博的指控，称根据该公司的服务条款，虚拟商品和服务不能兑换成"真钱"、商品或其他具有货币价值的物品。该赌场涉及的是虚拟黄金而不是美元，而且是用于娱乐目的，玩家没有能力从游戏中"套现"，因此，这类似于购买电影票或游乐园的门票。[44] 同样地，加利福尼亚州法院也驳回了对 Machine Zone 有限责任公司（Machine

Zone Inc.）提起的集体诉讼，诉讼指控 Machine Zone 公司违反了《加利福尼亚州刑法典》（*California Penal Code*），该法将制造、拥有或持有老虎机或设备的行为认定为犯罪。法院裁定，老虎机是一种技巧性游戏，而不是偶然性游戏，而且无论如何，原告没有资格提起诉讼，因为其既没有根据《加利福尼亚反不正当竞争法》（*California Unfair Competition Statute*）证明被告存在伤害，也没有建立起被告不当得利的主张。[45]

密苏里州虽然没有与虚拟货币相关的许可证或注册要求，但此前已根据其证券法对 Virtual Mining 公司（Virtual Mining Corp.）、肯尼恩·E. 斯洛特（Kenneth E. Slaughter）以及相关公司发出了停止令，原因在于这些公司利用一个名为"Bitcointalk"的在线论坛向投资者募集资金，用于开发、制造和销售比特币采矿设备。这些资金将交给由肯尼恩·E. 斯洛特控制的 Virtual Mining 公司和 Active Mining 公司（Active Mining Corp.），投资者可预期获得两年期的高达 2 812% 的回报和 100% 的利润。这一项目获得了 200 000 美元的比特币投资。被告没有向投资者告知风险、比特币价值的波动性、比特币缺乏政府支持等相关数据信息。这一行动发生在 2014 年的比特币狂热之前。[46]

蒙大拿州没有关于许可证发放或货币传输的规定，但专门规定了蒙大拿州行政部（Montana Department of Administration）、银行与金融机构部（Banking & Financial Institutions）的虚拟货币相关投诉机制。[47] 新罕布什尔州通过法律明确规定，使用虚拟货币的人可以免于注册成为货币传输者。[48] 俄亥俄州没有关于许可证或使用的限制，该州开设的比特币自动取款机就是例证。[49]

第四节 拟议的统一虚拟货币法典

一、《虚拟货币业务法案统一管理法》

统一州法全国委员会[50]建议并批准了可供所有州颁布的拟议《虚拟货币业务法案统一管理法》。[51]实质上,拟议的管理法将要求,若企业可将虚拟货币兑换成现金、银行存款或其他虚拟货币,在客户之间传输虚拟货币,或提供虚拟货币保管或信托等服务,则必须获得许可证,并接受保护客户的条例。委员会指出,拟议的法规以《统一货币服务法》(*Uniform Money Services Act*)为蓝本,符合金融犯罪执法网络局的指导意见以及下文将要讨论的州银行监督员会议(Conference of State Bank Supervisors)发布的框架。[52]该示范法案最接近的法规和条例,是前面讨论过的纽约州的"BitLicense"条例。

在拟议的法案中,有别于各州"货币服务"或"货币传输者"法规的新颖特点包括:

第一,关于确定货币服务提供者是否可被视为豁免于该法令的三级制度——(1)仅从事小型传输活动的人;(2)享有以"On-ramp"①或"监管沙盒"模式的中间注册地位,这些模式的监管要求较简单,目的是促进虚拟货币创新;(3)对拥有指定业务量的供应商,实行全面

---

① 加密货币 On-ramp 这一术语指的是提供加密货币,以换取法定货币的服务。

的许可证制度。

第二，条款规定，各州居民持有的、对虚拟货币具有"控制权"的虚拟货币业务，必须保持持有特定类型的虚拟货币，数量应足以满足每一种虚拟货币的要求，以保障各州居民共同受益，并将上述人员在上述控制权之下的利益，置于许可证持有者的债权人的利益之上。

第三，更加强调跨州互惠许可，以降低供应商的监管成本。

第四，关于净值和储备金要求的规定，比目前各州的货币传输者法规更灵活，因为控制虚拟货币客户账户的提供商已遵守第二点所述的保管安排。[53]

截至本书撰写时，还没有一个州通过《虚拟货币业务法案统一管理法》，而是普遍采取了向从事虚拟货币交易的公司发放许可证的方式（有点类似于统一州法全国委员会的建议示范法典），要求从事虚拟货币交易的公司进行注册，或者发出关于虚拟货币消费者面临的潜在风险的警告。《虚拟货币业务法案统一管理法》遭到了比特币基金会（Bitcoin Foundation）的强烈反对，该基金会表示，《虚拟货币业务法案统一管理法》的通过"将阻碍区块链技术和比特币等加密货币所带来的普惠性金融创新"。[54]该基金会的执行董事里尔·克拉森（Llew Claasen）表示，拟议法规以纽约州的法规为蓝本，其烦琐的许可证和规则要求导致从事金融科技业务的小企业被赶出了纽约州。[55]克拉森的立场是，由于加密货币的类型多种多样，其中一些加密货币可能作为商品使用，另一些则是作为价值存储，还有一些是作为交易媒介，因此对加密货币进行监管可能为时过早。他希望采取一种观望态度，首先允许初创企业进行新创造，而这些企业可以在今后的某个日期，根据其特定的成果，接受适当的监管。[56]

二、州银行监督员会议：示范框架

州银行监督员会议（Conference of State Bank Supervisors，CSBS）成立了新兴支付工作小组（Emerging Payments Task Force），以审查州监督员、州法律和支付之间的交叉部分，从而确定对虚拟货币及其参与者采取何种监管办法。总之，该小组得出的结论是，各州应制定许可证要求，并对中心化（第三方）虚拟货币进行监管。[57] 不包括在这些建议内的，是将虚拟货币仅用于购买商品和服务的商家和消费者、非金融活动（如使用区块链技术进行记账活动，这些活动涉及的是作为奖励发放的价值单位，这些价值单位不能兑换成货币或虚拟货币）、在线游戏的活动。

州银行监督员会议指出，适用于法定货币活动的州法律，也应适用于虚拟货币。至少，各州应在其涉及虚拟货币与法定货币之间的传输和交换，以及通过使用钱包、金库、支付处理器或其他相关手段便利第三方交换、储存和/或传输虚拟货币服务的法律、法规和解释中规定，申请许可证时应披露公司业务计划的细节、潜在风险和消费者保护方法等信息。应使监管机构能够实时分享信息，并试图在技术方面简化许可证的发放。关于从事虚拟货币传输的公司所需的投资储备金，会议建议国家监管机构根据商业模式，采取其他可能的手段。投资储备金的形式可以是现金、虚拟货币或高质量且高流动性的投资级资产。[58]

要有消费者保护要求，保护消费者的方式可以是披露信息和发布通知、完善投诉解决程序和开具收据。应由有能力的第三方对公司进行审计，包括进行网络安全审计和鼓励购买网络安全保险。应要求制定客户识别项目，以发现和防止欺诈以及其他非法活动。应要求公司定期向相关国家机构报告，而且这些要求应实现标准化。遵守规定，是一个与必须提供的信息量有关的问题。州银行监督员会议强调根据公司的情况、信息的有用性以及有效传递信息的可行性，灵活处理问题。会议进一步敦促设立一个有能力的稳定机制，以保障客户在公司倒闭的情况下取得资料，至少应该有在这种情况下转移或恢复私钥的政策和程序。另一个令人关切的问题，是虚拟公司进入银行部门的问题。会议给出的建议是，银行应评估与特定客户的现有和潜在客户关系，包括调查该客户是否按照国家法律和条例行事。

最后，应该对国家工作人员进行适当的培训，让他们了解加密货币，了解加密货币是如何被创造、管理和估值的。[59]

在接下来的《涉及虚拟货币的刑事和民事诉讼》一章中，我们将讨论联邦政府如何提起刑事和民事诉讼，以挫败那些利用公众对新技术缺乏了解的人和公司的错误行为。

参考文献及注释：

1. 与虚拟货币有关的法律法规或法律缺失的精彩总结，参见Carlton Fields, Matthew Kohen, and Justin Wales, *State Regulations On Virtual Currencies and Blockchain Technologies*, Nov. 10, 2017, https://www.jdsupra.com/legalnews/state-regulations-on-virtual-currency-14945/.

2. *State Survey on the Treatment of Virtual Currency*, https://advance.lexis.com/open/document/lpadocument/?pdmfid=1000522&crid=13.b9c497-adf7-4e02-b764-76be211e569b&pddocfullpath=%2Fshared%2Fdocument%2Fforms%2Furn%3AcontentItem%3A5FV2-K6T1-JFSV-G1GF-00000-00&pddocid=urn%3AcontentItem%3A5FV2-K6T1-JFSV-G1GF-

00000-00&pdcontentcomponentid=102984&pdteaserkey=sr0&ecomp=5vkg&earg=sr0&prid=66adc6fe-f905-4247-96b9-525fa86b58a6.

3. 本章的审视分析在很大程度上依赖于以下材料的分析：Thomas Brown, *50-STATESURVEY: Money Transmitter Licensing Requirements*, http://abnk.assembly.ca.gov/sites/abnk.assembly.ca.gov/files/50%20State%20Survey%20-%20MTL%20Licensing%20Requirements%2872986803_4%29.pdf and Latham & Watkins' *The Other Side of the Coin: Bitcoin, Blockchain, Regulation & Enforcement*, FIA, Mar. 24, 2016, https://lc.fia.org/sites/default/files/LW_2016%20FIA%20Bitcoin%20Webinar%20Presentation.pdf.

4. Alabama Money Transmission Act, H.B. 215, 2017 Leg., Reg. Sess. (Ala. 2017) § 8-7A-2(8).

5. Cal. Stat. § 320.6.

6. Cal. Assembly Bill AB-1123, Virtual Currency: Regulation (Feb. 17, 2017), https://leginfo.legislature.ca.gov/faces/billTextClient.xhtml?bill_id=201720180AB1123.

7. Conn. Pub. Act 15-53, An act Concerning Mortgage Correspondent Lenders, The Small Act, Virtual Currencies and Security Freezes on Consumer Credit Reports, Sec. 7(7)(c)((d), https://www.cga.ct.gov/2015/ACT/PA/2015PA-00053-R00HB-06800-PA.htm.

8. Georgia Department of Banking and Finance, *Consumer and Investor Guidance on Virtual Currency*, April 30, 2014, https://dbf.georgia.gov/sites/dbf.georgia.gov/files/related_files/document/consumer-advisoryvirtual-currencies.pdf.

9. 有关 Ga. Code Ann. § 7-1-680(26) 的讨论，参见 Justin S. Wales and Matthew E. Kohen, *State Regulations on Virtual Currency And Blockchain Technologies*, Oct. 17, 2017, https://www.carltonfields.com/state-regulations-on-virtual-currency-and-blockchain-technologies-10-17-2017/. 有关美国 50 个州监管虚拟货币的法律法规，也可参见该篇文章。

10. Idaho Department of Finance, Idaho Money Transmitters Section, http://

www.finance.idaho.gov/MoneyTransmitter/MoneyTransmitter.aspx.

11. 一项与电子交易有关的法案;《统一电子交易法》(*Uniform Electronic Transactions Act*) 承认区块链技术是一种电子记录;禁止地方政府对区块链的使用进行征税或施加限制;并规定与此有关的其他适当事项。SB 398, Jun. 5, 2017, https://www.leg.state.nv.us/App/NELIS/REL/79th2017/Bill/5463/Overview.

12. Stan Higgins, *Nevada Becomes First US State to Ban Blockchain Taxes*, CoinDesk, Jun. 6, 2017, https://www.coindesk.com/nevada-first-usstate-ban-blockchain-taxes/.

13. New York Statutes. Title 23, Ch. 1, Part 200, Virtual Currencies, http://www.dfs.ny.gov/legal/regulations/adoptions/dfsp200t.pdf.

14. 同上,200.2(q) 部分。

15. 摘自法院在以下案件中的陈述:*Chino v. New York Dept. of Financial Services*, 2017 NY Slip Op 51908, NY: Supreme Court 2017, https://scholar.google.com/scholar_case?case=15872102065273065030. 该条例是《纽约法典、规则和条例》第二十三编第 200.7 至 200.22 条(23 NYCRR §§ 200.7-200.22)。

16. New York State Department of Financial Services, *NYDFS Grand First Charter to a New York Virtual Currency Company* (May 7, 2017), Press Release, http://www.dfs.ny.gov/about/press/pr1505071.htm.

17. New York State Department of Financial Services, *NYDFC Announces Approval of First BitLicense Application From a Virtual Currency Firm*, Sept. 22, 2015, Press Release, http://www.dfs.ny.gov/about/press/pr1509221.htm.

18. *Chino v. Dept. of Financial Services*, Claim No. 124835, Index No. 101880-15 (NY Ct. Cl., 2015), http://vertumnus.courts.state.ny.us/claims/html/2015-049-021.html.

19. Michael del Castillio, *Bitcoin Exchange Coinbase Received New York BitLicense*, Coindesk, Jan. 17, 2017, https://www.coindesk.com/bitcoin-

exchange-coinbase-receives-bitlicense/.

20. Daniel Roberts, *Behind the "exodus" of bitcoin startups from New York*, Aug. 14, 2015, Fortune, http://fortune.com/2015/08/14/bitcoinstartups-leave-new-york-bitlicense/.

21. The North Carolina Money Transmitters Act,《北卡罗来纳州总法规》(N.C. Gen. Stat. §53-208.1)第53-208.1条及以下条款。§53-208.43 and §53-208.47, https://www.nccob.org/Public/financialinstitutions/mt/mtrules.aspx

22. Texas Department of Banking, *Supervisory Memorandum–1037*, April 3, 2014, http://www.dob.texas.gov/public/uploads/files/consumer-information/sm1037.pdf.

23. Texas Money Services Act, Ch. 1099 (H.B. 2218), Sec. 1, eff. Sept. 1, 2005.

24. Vermont statutes, Title 12, Ch. 081, §1913.

25. Josh Garcia, *Vermont changes money transmitter law to formally include virtual currency*, Cooley Fintech, May 8, 2017, https://fintech.cooley.com/2017/05/08/vermont-changes-money-transmitter-law-toformally-include-virtual-currency/.

26. Virginia State Corporation Commission, *Notice to Virginia Resident Regarding Virtual Currencies*, https://www.scc.virginia.gov/bfi/files/virtcur.pdf,引用《弗吉尼亚州法典》(*Code of Virginia*)第6.2篇第19章（汇票销售商和汇款人），第6.2-1900条及其后条款。

27. *An Act Addressing licensing and enforcement provisions applicable to money transmitters and currency exchanges under the uniform money services act*, §3, Wa SB 531, eff. Jul. 31, 2017, https://legiscan.com/WA/drafts/SB5031/2017.

28. Wy Stat §40-22-107 (1997 through Reg Sess), https://law.justia.com/codes/wyoming/2011/title40/chapter22/section40-22-107/.

29. 一项修正《亚利桑那州修订法规》(*Arizona Revised Statutes*)第44-7003节的法案，修正了有关电子交易的第5条，HB2417，2017年3月29日签署成为法律，https://legiscan.com/AZ/text/HB2417/id/1497539.

30. 修正《特拉华州法典》(*Delaware Code*)中与《一般公司法》(*General Corporation Law*)相关的第八编的法案，于2017年7月21日签署成为法律，https://legis.delaware.gov/BillDetail/25730.

31. John Roberts, *Companies Can Put Shareholders on a Blockchain Starting Today*, Fortune, Aug. 1, 2017, http://fortune.com/2017/08/01/blockchain-shareholders-law/.

32. Florida Money Laundering Act, Fl. Stat. § 896.101(j), http://www.leg.state.fl.us/Statutes/index.cfm?App_mode=Display_Statute&URL=0800-0899/0896/0896.html.

33. Hawaii-2017, https://legiscan.com/HI/text/HB1481/2017.

34. Hawaii Sen. Bill No. 3082, eff. Jul. 1, 2018, https://www.capitol.hawaii.gov/session2018/bills/SB3082_.HTM.

35. Jamie Redman, *Hawaii's New Money Transmitters Act Will Require Virtual Currency Licenses*, bitcoin.com Jan. 31, 2018, https://news.bitcoin.com/hawaiis-new-money-transmitters-act-will-require-virtual-currency-licenses/, 以及 Kevin Helms, *Coinbase Exits as Hawaii Requires Bitcoin Companies to Hold Fiat Reserves*, bitcoin.com, (Feb. 28, 2017), https://news.bitcoin.com/coinbase-exits-as-hawaii-requires-money-transmitter-license/.

36. Illinois *Transmitters of Money Act*, 205, ILC § 6571, http://www.ilga.gov/legislation/ilcs/ilcs3.asp?ActID=1201&ChapterID=20.

37. 同上。205 ILCS 605/10, P.A. 88-643, eff. 1-1-95.

38. Justin Marble, *Massachusetts Announces ICO Sweep (Dec. 18, 2017)*, Foley Hoag, http://www.foleyhoag.com/our-firm/technology-andentrepreneurship/insights/2017/massachusetts-announces-ico-sweep.

39. *In re Caviar and Kirill Bensonoff*, Docket No. E-2017-0120 (Ma. Adm. Proceeding, Jan. 17, 2018).

40. 同上。

41. State of New Jersey, Convertible Virtual Currency, TAM-2015-1(R), Jul. 28, 2015, http://www.state.nj.us/treasury/taxation/pdf/pubs/tams/tam-2015-1.pdf

42. W. Va. Code § 61-15-1-4 (2017).
43. Kansas Office of the State Bank Commissioner Guidance Document, *Regulatory Treatment of Virtual Currencies Under the Kansas Money Transmission Act*, MT-2014-01, https://www.scribd.com/document/233896435/Kansas-Virtual-Currency-Guidance-June-2014.
44. James G. Gatto, *Maryland Court Rules Virtual Currency Casino Not Illegal Gambling Despite Secondary Market,* National Law Review, Nov. 15, 2016, https://www.natlawreview.com/article/maryland-court-rules-virtualcurrency-casino-not-illegal-gambling-despite-secondary.
45. Angie Jin, *Virtual Casino Doesn't Violate California's Gambling Laws- Mason v. Machine Zone*, Technology and Marketing Law Blog, Jan. 12, 2016, http://blog.ericgoldman.org/archives/2016/01/virtual-casino-doesnt-violate-californias-gambling-law-mason-v-machine-zone-guest-blog-post.htm.
46. *In re Virtual Mining, Corporation*, Mo. Sec. State, Case No. AP-14-09, Jun. 2, 2014, https://www.sos.mo.gov/cmsimages/securities/orders/AP-14-09.pdf.
47. Department of Administration, Department of Financial Institutions, http://banking.mt.gov/Complaints.
48. N.H. 436, 2017 165th Sess. (N.H. 2017), https://legiscan.com/NH/bill/HB436/2017.
49. Amanda Garrett, *First Bitcoin ATM Arrives in Akron as virtual currency challenges the real thing*, Akron Beacon Journal, Apr. 30, 2016, https://www.ohio.com/akron/business/first-bitcoin-atm-arrives-in-akronas-virtual-currency-challenges-the-real-thing.
50. 统一法律委员会，又称美国统一州法全国委员会，成立于1892年，其使命是"为各州提供无党派偏向、精心构思和精心起草的立法，为各州成文法的关键领域提供明确性和稳定性"。http://www.uniformlaws.org/Narrative.aspx?title=About the ULC.
51. National Conference of Commissioners on Uniform State Laws, *Uniform Regulation of Virtual-Currency Businesses Act*, Jul. 14–20, 2017. http://

www.uniformlaws.org/shared/docs/regulation%20of%20virtual%20currencies/2017AM_URVCBA_AsApproved.pdf.
52. 同上，第2页。
53. 同上。
54. *State Legislators: Reject the "Uniform Regulation of Virtual Currency Business Act",* The Bitcoin Foundation, Jul. 19, 2017, https://bitcoinfoundation.org/reject-uniform-regulation-virtual-currency-businesses-act/.
55. Citing Daniel Roberts, *Behind the "exodus" of bitcoin startups from New York,* Fortune, Aug. 14, 2017, http://fortune.com/2015/08/14/bitcoin-startups-leave-new-york-bitlicense/.
56. Llew Claasens, *Letter to the National Conference of Commissioners on Uniform State Laws*, The Bitcoin Foundation, Inc., Jul. 14, 2017, https://bitcoinfoundation.org/wp-content/uploads/2017/07/ULCVirtual-Currencies_Jul142017-final.pdf.
57. Conference of State Bank Supervisors, *CSBS Policy on State Virtual Currency Regulation*, Sept.15, 2017, https://www.csbs.org/modelregulatory-framework-virtual-currencies.
58. Conference of State Bank Supervisors, *State Regulatory Requirements for Virtual Currency Activities: CSBS Model Regulatory Framework* (Sept. 15, 2015), https://www.csbs.org/sites/default/files/2017-11/CSBS-Model Regulatory-Framework%28September%2015%202015%29.pdf.
59. 同上。

第六章　涉及虚拟货币的刑事和民事诉讼

第一节 法定禁令

许多的联邦法规和州法规可能涉及虚拟货币。以下是截至本书撰写时已明确起诉标准和定罪标准的主要联邦法规[1]。

表6-1 已明确起诉标准和定罪标准的主要联邦法规

违法行为	法规	最高刑罚
无证运营货币服务业务	《美国法典》第十八编第1960条[a]	5年监禁
密谋参与洗钱	《美国法典》第十八编第1956(h)条[b]	20年监禁、50万美元或交易所涉及财产金额两倍的罚款
洗钱	《美国法典》第十八编第1956(a)(1)条[c]	（每一项罪名）20年监禁、50万美元或交易所涉及财产金额两倍的罚款
参与不法货币交易	《美国法典》第十八编第1957条[d]	（每一项罪名）10年监禁、50万美元或交易所涉及财产金额两倍的罚款
违反货币传输业务注册要求	《美国法典》第三十一编第5330条[e]	对于每项违法行为，处以5 000美元罚款
违反证券法	《美国法典》第十五编第77a条及以下、第78a条及以下[f]	最高可判处20年监禁、罚金和没收可归属的资产[g]
电信诈骗	《美国法典》第十八编第1343条[h]	最高可判处30年监禁和100万美元罚款
邮件诈骗	《美国法典》第十八编第1341条[i]	5年监禁，如涉及金融机构，最高可判处30年监禁，并处以25万美元或100万美元罚款

一、《美国法典》第十八编第 1960 条

(a) 在知情情况下经营、控制、管理、监督、指导或拥有无证货币传输企业的全部或部分业务者,应根据本编处以罚款或不超过 5 年的监禁,或两项并处。

(b) 在本条中的使用方法如下:

(1)"无证货币传输企业"是指以任何方式或程度影响州际或外国商业的货币传输企业,并且——

(A) 在没有适当的汇款许可证的情况下,在一个依据州法律可将这种经营判为轻罪或重罪的州(包括美国属地、波多黎各)经营此类业务,无论被告是否知道这种经营必须获得许可证,或是否知道这种经营是应受惩处的罪行;(B) 未能遵守《美国法典》第三十一编第 5330 条规定的货币传输企业登记要求或该条规定的其他要求;(C) 以其他方式涉及运输或转移被告已知是因刑事犯罪所得的资金,或意图用于促进或支持非法活动的资金;

(2)"货币传输"一词包括以任何手段代表公众转移资金,包括但不限于在本国境内或以电报、支票、汇票、传真或信使方式向国外地点转移资金……

二、《美国法典》第十八编第 1956(h)条,密谋参与洗钱

(h) 参与密谋实施本条或第 1957 条所界定的任何罪行的任何人,应与作为阴谋目的的犯罪行为处以相同的处罚。

三、《美国法典》第十八编第 1956（a）条，洗钱

> （a）（1）任何人明知某项金融交易中涉及的财产是某种形式的非法活动收益，却进行或企图进行事实上涉及该特定非法活动收益的金融交易——
>
> （A）(i) 意图促进特定非法活动的进行；(ii) 意图从事构成违反《1986 年国内税收法》（*Internal Revenue Code of 1986*）第 7201 或 7206 条的行为；
>
> （B）知道该交易的全部或部分目的是：(i) 隐藏或掩饰特定非法活动收益的性质、位置、来源、所有权或控制权；(ii) 为避免违反州或联邦法律的交易报告要求，应处以不超过 50 万美元或该交易所涉财产价值的两倍（以较高者为准）的罚款，或不超过 20 年的监禁，或两项并处。就本款而言，如果金融交易属于一组平行交易或从属交易的一部分，若其中任何一项交易涉及特定非法活动的收益，且所有交易都是单个计划或安排中的一部分，则金融交易应被视为涉及特定非法活动的收益。

四、《美国法典》第十八编第 1957 条，从事由特定非法活动产生的财产的货币交易

> （a）在第（d）分条规定的任何情况下，在知情情况下从事或试图从事涉及犯罪所得财产的货币交易，财产价值超过 1 万美元且财源于特定非法活动的，应处以第（b）分条中规定的惩罚。
>
> （b）（1）除第（2）款另有规定外，本条中对违法行为的处罚以

《美国法典》第十八编为依据，处以罚款，或处以不超过 10 年的监禁，或两项并处。如果违法行为涉及零售前医疗产品（如第 670 条所定义），则对违法行为的处罚应与第 670 条中对违法行为的处罚相同，除非本分节中的处罚力度更大……

五、《美国法典》第三十一编第 5330 条，货币传输企业注册的部分规定

（a）必须向财政部长注册。

（1）一般而言，任何拥有或控制一家货币传输企业的人，均应向财政部长注册该业务（无论该企业是否在所有州都获批成为货币传输企业），应在自以下日期起的 6 个月内注册：

（A）《1994 年禁止洗钱法》（*Money Laundering Suppression Act*）的颁布日期；

（B）企业成立的日期……

六、《美国法典》第十五编第 77a 条及以下、第 78a 条及以下

《美国法典》第十五编第 77a 条及以下是一条冗长的法规，其中规定，除非获得豁免，否则证券需要在证券交易委员会进行注册。还规定，根据《1933 年证券法》《1934 年证券交易法》第 78a 条规定的证券交易所注册要求以及证券交易委员会设定的条例，违反该列法规应处以民事和刑事处罚。

七、《美国法典》第十八编第 1963 条
八、《美国法典》第十八编第 1343 条，通过电话、广播或电视进行的欺诈行为

> 任何人，如果已经采取或打算采取任何计划或手段进行欺诈，或通过虚假或欺诈性理由、陈述或承诺可获得金钱或财产，出于实行上述计划或手段的目的，通过电话、广播或电视通信，在州际或跨国贸易中传输任何文字、标志、信号、图片或声音，或促使了上述事物的传输，根据本编规定，均应被处以罚款或 20 年以下监禁，或两项并处。如果违法行为与总统宣布的重大灾难或紧急情况有关，或涉及与上述事件相关的已授权、运输、传输、转移、支出或支付的任何利益，或影响到一家金融机构，违法者应被处以不超过 100 万美元的罚款或不超过 30 年的监禁，或两项并处。

九、《美国法典》第十八编第 1341 条，欺诈和诈骗

> 任何人，如果已经采取或打算采取任何计划或手段进行欺诈，或通过虚假或欺诈性理由、陈述或承诺可获取金钱或财产，或出售、处置、放贷、交换、更改、赠予、分发、供应或提供、非法使用任何伪造或仿造的硬币、支付合同、证券或其他物品，或是被暗示是或被认定是该伪造或仿造物品的任何物品，出于（试图）实行上述计划或手段的目的，将要被邮寄或由邮政服务部门发送或交付的事项或事物，放置在任何邮局或授权存储处，或存放任何应由私人或商业州际承运人交付的事项或事物或使其被存放，或从中收取或接收任何此类事物

> 或物品，或在知情的情况下根据物品上的指示，或在一个物品接收人被指示运送该物品的地点，使得物品通过邮件邮寄或由此类承运人交付，出现任何此类事项或事物，均应根据本编被处以罚款或不超过20年的监禁，或两项并处。如果违法行为与总统宣布的重大灾难或紧急情况有关，或涉及与上述事件相关的已授权、运输、传输、转移、支出或支付的任何利益，或影响到一家金融机构，违法者应被处以不超过100万美元的罚款或不超过30年的监禁，或两项并处。

在今后的案子中可能适用的其他法规包括对伪造美国和外国硬币、货币和支付合同的规定。[2] 尽管在联邦法规之下，相关诉讼很少，但不可避免地会有涉及假数字货币或虚拟货币的指控，被指控的这些行为，诱骗了毫无戒心的投资者。各州也可能因在州内发生或影响州居民的违法行为而加入这场执法监管行动。[3] 根据禁止不正当竞争方法和影响到商业的不公平或具有欺骗性做法的证券法以及《联邦贸易委员会法》（*Federal Trade Commission Act*），有开展民事执法的可能。[4] 该法案的后一项规定被用作一起民事诉讼的基础，诉讼结果如前所述，达成了不利于 Butterfly Labs 公司的同意令，Butterfly Labs 公司对其比特币采矿机收取了数千美元的费用，但这些采矿机要么从未交付，要么因为交付得太迟而对买方而言变得毫无用处。[5]

第六章 涉及虚拟货币的刑事和民事诉讼

第二节 刑事诉讼

一、美国诉莫吉欧案

联邦政府已经开始起诉有关虚拟货币的犯罪行为，特别是经营非法比特币交易所的罪行。在美国诉莫吉欧案（U.S.v. Murgio）[6]的密封起诉书中，被告安东尼·R. 莫吉欧（Anthony R. Murgio）、尤里·列别杰夫（Yuri Lebedev）以及身份不明的同谋被指控经营无证货币传输公司Coin.mx。Coin.mx是一家总部位于佛罗里达州的网络比特币兑换服务公司，该公司代表客户将数百万美元的现金兑换成比特币，从中收取服务费。为了逃避注册和报告要求，被告用一个虚假公司和网站作为幌子进行经营，违反了反洗钱法。他们还在纽约开设了银行账户，并谎称该公司是一个名为"收藏品俱乐部"（Collectibles Club）的收藏品会员专用协会。他们告诉客户要在交易性质上撒谎、密谋运营一家无证货币传输公司、向银行官员行贿、密谋并从事电信诈骗、参与洗钱。被告莫吉欧最终的量刑，是检察官建议刑期的一半，即在联邦监狱服刑五年半。[7]

二、美国诉BTC-e案

经过一次国际调查，BTC-e（一个加密货币交易平台）和亚历山大·文尼克（Alexander Vinnik）[8]被起诉，被告被指控经营一家无证货币传输公司、密谋洗钱、从事非法资金交易。据称，2011年至2017年，被告通过空壳公司和关联公司，经营着世界上最大的数字货币交易所之一，为大约700 000位客户处理数十亿美元的资金往来，交易币种包括美元、欧元和卢布，这些交易由亚历山大·文尼克指导和监督。据称，上述交易所在美国、塞浦路斯、塞舌尔、法国和其他地方开展了洗钱业务，网络犯罪分子通过这些业务将其犯罪活动所得收益"洗干净"，用法定货币交换比特币和其他货币。BTC-e促成的上述犯罪活动包括：充当勒索软件收益的渠道（勒索软件是一种影响全球计算机的国际恶意下载加密软件）、从美国客户处盗窃数亿美元的比特币、从日本Mt.Gox交易所盗窃530 000枚比特币并致其崩溃，以及许多其他涉嫌违法行为。俄罗斯国民文尼克在希腊被捕，自称无罪，截至本书撰写时，他正在等待被引渡至美国。[9]

三、"暗网"诉讼

在本书的语境中，暗网是指利用区块链及相关技术达到犯罪目的（如洗钱、信用卡诈骗、身份盗窃等互联网犯罪）的行为。犯罪分子利用上述技术的身份隐蔽特点来完成这些活动，以防止被发现和起诉，并且似乎已经产生了巨大的利润，但是，通过其他发现证据的渠道，检方已经侦查到了一些人，并对其提起了诉讼。以下是已提起诉讼的一些案例。

（一）美国诉布多夫斯基（Budovsky）案

检方对Liberty Reserve提起了诉讼，Liberty Reserve是世界上最

大的数字货币公司之一,代表荷兰、西班牙、摩洛哥、瑞典、瑞士、塞浦路斯、澳大利亚、中国、挪威、拉脱维亚、卢森堡、英国、俄罗斯、加拿大等17个国家的至少100万用户,处理了超过5 500万笔非法交易,其中在美国的用户超过20万。起诉书称,该公司"洗白"了超过60亿美元的犯罪所得,其中包括信用卡诈骗、身份盗窃、投资诈骗、计算机黑客、儿童色情和贩毒所得。多名被告在国外被捕,其中包括Liberty Reserve公司的主要创始人亚瑟·布多夫斯基(Arthur Budovsky)和联合创始人弗拉基米尔·卡茨(Vladimir Kats)。美国联邦探员扣押了5个域名、4个交易所网站、45个银行账户以及其他资产。针对域名属于本次诉讼对象的35家交易所,检方提起了民事没收诉讼。[10]

被告人被指控故意创建、组织和开设Liberty Reserve公司,将其作为一个犯罪业务企业经营,目的是使犯罪分子能够进行犯罪活动,并对犯罪所得进行"洗白"。公司通过使金融活动实现匿名化和不可追踪来吸引犯罪分子。在得知美国联邦对Liberty Reserve展开调查后,该公司及其主要当事方在不同国家建立了空壳公司,以掩盖上述指控的犯罪所得。在Liberty Rersve的前身E-Gold公司解体后,被告成立了Liberty Reserve公司,以继续进行非法活动,这些活动在事实上成为全球最大的洗钱犯罪活动。虽然该公司要求用户提供自己的姓名和其他身份信息,但并不要求用户证实所提供信息的真实性。一旦在Liberty Reserve注册,用户就可以使用Liberty Reserve有效地传输资金,而不必担心个人身份或其他个人资料被识别。该公司使用了一些与该公司及其业务同步协作的"预先批准"的交易所。[11]布多夫斯基曾因经营一家无证货币传输公司而被定罪,在2014年10月从西班牙被引渡到美国,他于2016年1月29日对一项共谋洗钱罪名表示认罪，被判处 20 年联邦监禁。[12]

（二）美国诉卡兹（Cazes）案

2017 年 7 月，美国司法部关闭了一个被称作"暗网"的名为 AlphaBay 的网站，该网站被用于销售芬太尼和海洛因，造成了全球成千上万人的死亡和非法使用毒品的行为。美国司法部与外国政府实体开展合作，查封了数百万美元的加密货币，这些货币代表了该网站的非法活动所得收益，涉及约 200 000 名用户和 40 000 名供应商。司法部对 AlphaBay 创始人亚历山大·卡兹（Alexandre Cazes）和他的妻子提出了民事没收诉讼，要求扣押其位于世界各地的大量资产。据称，AlphaBay 上有超过 60 000 份关于非法药物和有毒化学品的清单，以及超过 100 000 份关于被盗和欺诈性身份证件和访问设备、假冒商品、恶意软件和其他计算机黑客工具、枪支和欺诈性服务的清单。AlphaBay 是犯罪分子匿名开展非法业务的最大暗网市场。[13]

第三节　移民与海关执法署诉哈伯德案

2015 年 1 月 3 日，在北达科他州的大福克斯市（Grand Forks），一名 18 岁的青年因服用芬太尼过量而死亡，此后，移民与海关执法署开始了名为"拒绝行动"的调查。调查后发现，还有 4 人曾过量服用芬太尼，其中一人因此死亡。调查还发现，这类管控药品的销售，与暗网市场 Evolution 和一名芬太尼供应商有关，该供应商后来被确认为来自俄勒冈州波特兰市的布兰登·哈伯德（Brandon Hubbard），其用户名为 PDXBlack。哈伯德后来自称是美国最大的芬太尼供应商，已售出价值约 150 万美元的芬太尼。他从国际货源处采购毒品，主要是从一名哥伦比亚国民那里购买毒品。批发购买的芬太尼价值约为 900 万美元，在两年时间内用货币和比特币支付。在 Evolution 暗网市场上，买家用比特币支付购买毒品的费用。该暗网市场上的芬太尼销售和购买也与其他暗网市场，如 Silk Road 和 Agora 有关。哈伯德在对三项刑事犯罪表示认罪后，被判处在联邦监狱终身监禁。[14]

第四节 "丝绸之路"诉讼

一、TOR Project 有限责任公司

"丝绸之路"（Silk Road）泛指自古以来亚洲与地中海各国（包括欧洲和北非国家）之间的贸易之路。但本书中的"丝绸之路"指的是一家暗网，该暗网大约在 2011 年 2 月由罗斯·威廉·乌尔布里希特（Ross William Ulbricht）发起，后被美国联邦政府关闭。乌尔布里希特利用了 TOR（全称为 The Onion Router——洋葱路由器）匿名网络，而创建该网络的，是由一群计算机科学家创立的位于马萨诸塞州的一家非营利性公司，法律上的正式名称为 TOR Project 有限责任公司（TOR Project, Inc.）。TOR 网站的介绍称，它是一组由志愿者运营的服务器，通过使用一个由一系列虚拟隧道连接的网络，来维护互

联网用户的隐私和安全，让用户在公共网络上共享信息，同时保护用户的隐私。TOR 网站的存在，表面上是为了防止政府审查，允许用户连接到被封锁的目的地或内容，连接到新的网站，并允许即时通信服务。它使用".onion"算法隐藏了 IP 地址。与几乎所有的创新技术一样，它的使用可能是有益的，也可能是有害和非法的。电子前沿基金会（Electronic Frontier Foundation）等组织称赞它保护了个人自由，公司称赞它保护了其商业秘密，甚至美国海军也称赞它，因为它可以用来进行开源情报搜集。[15]

二、美国诉乌尔布里希特案

罗斯·威廉·乌尔布里希特最初被控四项罪名，后来被修正为七项罪名，包括贩卖毒品和分销毒品、阴谋协助和教唆计算机黑客攻击、持续犯罪活动、贩运假身份证件和密谋洗钱。他还被指控威胁公布该网站用户的身份，并出价 500 000 美元雇凶谋杀与用户有关的某些人。[16] 乌尔布里希特于 2011 年 1 月创建了"丝绸之路"，并一直使用和运营该网站，直到 2013 年 10 月美国政府将其关闭。该网站是销售非法商品和服务的黑市，几千名毒贩利用该网站销售大量非法药物，获得和"清洗"了数亿美元。

乌尔布里希特以"可怕的海盗罗伯茨"（Dread Pirate Roberts）为网名运营该网站，出于非法目的，有意在上述的 TOR 网络上进行操作，使得该网络上计算机的真实 IP 地址得以在全球范围内隐藏，从而实现匿名销售。该网站包括一个比特币支付系统，以促进在该网站上进行的交易，网站上有 13 000 份买卖管控药品的清单，清单所列药品包括海洛因、可卡因、大麻、摇头丸和其他受管制药物,这些药品出售给美国、德国、加拿大、荷兰、英国和其他西欧国家的用户。网站提供的服务包括电脑黑客、制作盗版媒体内容、伪造信用卡账单和其他形式的身份证明文件。乌尔布里希特因该网站收取了数百万美元的佣金,并涉嫌策划了6起雇凶谋杀案,尽管没有证据表明这些案件真实发生。政府从"丝绸之路"连接的服务器和乌尔布里希特的硬盘中查获了超过173 000枚比特币。此外,在曼哈顿联邦地区法院,检方还对其他一些与乌尔布里希特网站有关的人提起诉讼。美国纽约南区地方检察官对来自澳大利亚、爱尔兰、冰岛和法国的执法部门在终结"丝绸之路"行动中的合作给予了肯定。[17]2015年5月29日,乌尔布里希特被判处终身监禁,不得假释。

在早先的一次诉讼中,美国法警署(U.S. Marshals Service)公开出售了44 000多枚比特币,这些比特币存放在乌尔布里希特的一台电脑的钱包文件中,乌尔布里希特还拥有参与洗钱的计算机硬件比特币(Computer Hardware Bitcoin)。经美国和乌尔布里希特同意的一份法院命令规定,计算机硬件比特币将由美国法警署持有,并存入其账户。[18]

三、美国诉本特霍尔案

根据美国纽约南区地方检察官提起的诉讼,布莱克·本特霍尔(Blake Benthall)在2013年11月至2014年10月期间以"Defcon"这一假名进行毒品分销活动,试图重振"丝绸之路"网站,并在该期间被捕。针对本特霍尔的其他指控还包括电脑黑客攻击和使用虚假身份证件,据称,他运营了一个名为"丝绸之路 2.0"的地下网站,目的是向全球超过 15 万名购买者出售非法物品,每月收入 800 万美元。与乌尔布里希特一样,本特霍尔几乎是在政府关闭了乌尔布里希特创建的"丝绸之路"网站后,立即使用了 TOR 网络。原来的"丝绸之路"网站上写着网站已经被查封,而本特霍尔的网站上却写着"这个隐藏的网站又出现了"。

该网站与乌尔布里希特的网站几乎一模一样,向潜在购买者销售毒品。该网站使用了基于比特币的支付系统,购买者将比特币转移到本特霍尔的网站上以购买非法物质。"丝绸之路"使用了一个"翻滚器"(搅拌器),把比特币在区块链上的多个虚拟交易中转手,以此来隐藏当事人的身份。在国外执法部门的协助下,确定了"Defcon"与被告本特霍尔之间的联系,并对本特霍尔进行了逮捕。该案起诉书值得注意,因为它详细描述了比特币和 TOR 网络之间的联系,以及二者被用于非法目的。[19]虽然有传言称"丝绸之路 2.0"的一名工作人员布莱恩·法瑞尔(Brian Farrell)被判处 8 年监禁,但其实我们并不清楚此案背后发生了什么事情。[20]

四、美国诉史瑞姆和费埃拉案

在一份密封诉讼书中,美国诉史瑞姆案的被告查理·史瑞姆(Charlie Shrem)和罗伯特·费埃拉(Robert Faiella)被指控经营一家名为"丝绸之路"的无证货币传输企业,在两年内交易超过 100 万美元的比特币,违反了《美国法典》第十五编第 5330 条[21],该企业旨在支持贩毒活动。被告所面临的其他指控包括洗钱、从事阴谋活动等。据称,被告明知故犯地以"BTCKing"的用户名经营、控制和拥有网站,没有按照法律要求办理业务登记,在美国境内外从事货币传输活动。史瑞姆被指控在 2011 年至 2013 年期间,没有报告与多次购买比特币相关的可疑活动,这些活动违反了反洗钱法。他主导了一个在线黑市,并用其充当虚拟货币的交易所,这些虚拟货币主要用于非法贩毒活动。[22] 这些指控所带来的后果是,面对已经降级的协助和教唆无证货币传输服务指控,史瑞姆表示认罪,被判处两年监禁。[23]

五、美国诉佛斯[24] 以及美国诉布里奇斯案[25]

在一起与"丝绸之路"有关的案件中,曾调查过"丝绸之路"犯罪网络的两名分别来自美国缉毒署(U.S. Drug Enforcement Administration)和美国特勤局(U.S. Secret Service)的前联邦探员卡尔·M. 佛斯(Carl M. Force)和肖恩·W. 布里奇斯(Shaun W. Bridges),因在调查过程中窃取比特币,于 2015 年 3 月被控洗钱和电信诈骗。据称,佛斯将发现的比特币转到了自己的个人账户,而作为计算机取证专家的布里奇斯也被指控在调查乌尔布里希特和其他当时与"丝绸之路"有关的人时,将价值约 800 000 美元的比特币转到了自己的控制之下。佛斯使用诺布(Nob)作为化名,与"可怕的海盗罗伯茨"(乌尔布里希特的化名)沟通,向其提供政府调查内幕信息,以此勒索钱财,得到了当时价值 50 000 美元的比特币,后来被兑换成价值近 800 000 美元的比特币,转入佛斯的个人账户。[26] 布里奇斯对洗钱和妨碍司法的罪名表示认罪,被判处了 71 个月的监禁。在他即将开始服刑的前一天,他又因盗窃 1 600 个比特币而被捕,增加了两年的刑期。[27] 卡尔·M.

佛斯被判处 78 个月的监禁，并被勒令向两名受害者支付金钱赔偿。[28]

六、比特币是否是货币

最初，证券交易委员会对采取行动表现出犹豫的态度，但在这之后，委员会积极地对那些没有遵守 ICO 注册要求的人开展执法行动，因为这些 ICO 发行的可能是证券，可能是欺诈性发行和涉及虚假陈述。关于比特币是否是货币的问题，似乎存在很多困惑，这可能与根据联邦和州刑事法规所提出的指控高度相关。国税局（Internal Revenue Service，IRS）将比特币和其他虚拟货币视为财产。一方面，正如上文引用的美国诉莫吉欧一案中所述，法院认定比特币是货币，因此比特币属于要求货币传输交易所登记的法规范畴。法院拒绝按照被告律师的要求去驳回两项指控，这两项指控涉及莫吉欧使用 Coin.mx 作为无证交易所。法院指出，根据要求货币传输企业必须获得许可证的法规，虚拟货币属于"资金"的定义范畴。[29]

另一方面，在对佛罗里达州一名开发商提起的诉讼中，佛罗里达州法院的一名法官裁定，比特币不是钱，因此被告没有违反反洗钱法规。该开发商被控洗钱和充当未经授权的货币传输者，他被指控通过一个比特币销售网站向卧底警察出售价值 31 000 美元的比特币。法院指出，由于流动性不足、未来价值的不确定性以及缺乏稳定机制，比特币的价值变化很大。[30] 基于上述案件，法院提出了一项修改该州法规的法案，将虚拟货币列为"货币工具"，并将出于非法目的、在知情的情况下从事未经授权的虚拟货币传输行为定为重罪，该法案于 2017 年 7 月 1 日签署成为法律并生效。修改后的法规中对"虚拟货币"的定义是:"不是美国或任何其他国家的硬币或货币的电子或数字格式的交易媒介"。[31]

七、执法部门的诉讼困难

由于虚拟货币用户的分散性和隐蔽性强,执法人员面临许多挑战,皆有记录证明。[32] 根据联邦调查局的一份报告,这些挑战包括:在许多没有反洗钱法和客户身份识别方案或相关法规、方案不完善的国家,合规标准存在差异,犯罪分子会去这些国家居住,导致诉讼难度增大;交易的混淆和匿名性让用户调查变得非常复杂;由于虚拟货币系统可全球通用,因此即使在警惕性高的国家,也很难查明犯罪时间和起诉犯罪交易。与比特币相关的犯罪包括"被盗钱包""僵尸网络""挖矿""勒索软件"以及大量利用比特币为毒品贩卖和其他非法活动提供资金的犯罪行为。用恶意软件攻击受害者的电脑,侵入比特币钱包服务商或交易商的系统,就可获取用户的私钥,进而盗取该用户的比特币钱包。此后,犯罪分子利用"翻滚器"或"混合"服务,重新分配来掩盖自己的身份和交易。调查方法包括盗窃案件中的常规网络调查技术、对受害人的计算机系统进行成像并获取互联网服务提供商的日志,以及获取受害人的公钥以确定虚拟货币的发送地址。[33]

"追踪资金路线"这一经久不衰的技术促成了一些起诉。通常,在进行逮捕时,调查人员会收到有助于查明犯罪网络及其使用虚拟货币活动的信息。比特币在保护隐私的同时,也确实会留下足迹,因为它产生了很多数据,调查人员利用这些数据试图通过公开记录的交易和销售追踪网上毒品市场,然后再"追踪"卖家。如果使用了交易所或其他第三方，追踪就会变得容易得多。在上述乌尔布里希特案件中，调查人员之所以能够找到证据并给他定罪，并不是因为他们破解了比特币在隐私方面的技术，而是由于被告人粗心大意，多年来使用了同一个假名，联邦调查局这才得以追踪到旧金山的一家网吧。[34]

八、证券交易委员会的民事执法行动

在相当缓慢地开始对违反证券法的人提起诉讼后，证券交易委员会积极采取行动，终止违反证券法的公司的业务。在刑事方面，则将案件交由总检察长办公室（Attorney General's Office）进行调查和起诉。由于在这类案件中，增加了排除合理怀疑的举证责任标准，首选的方法是启动民事诉讼，因为民事诉讼的举证责任相对较轻。

九、证券交易委员会诉 PlexCorps 公司案

在一次紧急行动中，证券交易委员会对加拿大魁北克省的多米尼克·拉克鲁瓦（Dominic Lacroix）及其合伙人萨布丽娜·帕拉迪斯－罗杰斯（Sabrina Paradis-Rogers）提起了违反美国证券法的民事诉讼。据称，二人从 2017 年 8 月到 2017 年 12 月 1 日诉讼开始之前，通过在名为"PlexCoin"或"PlexCoin 代币"的证券 ICO 中的欺诈行为以及未注册发行和销售，向数千名投资者筹集了约 1 500 万美元。他们涉嫌做出虚假和误导性陈述，包括"在 29 天内，回报率为 1 354%"的虚假承诺。此前，他们曾被加拿大魁北克特别法庭禁止从事此种行为，但后来他们又在美国做出了相同的事情。ICO 的目的

是获得基于区块链技术的代币，允许投资者"控制"自己的资金。承诺的回报来自代币的使用和"FlexCorps 公司"的管理付出所带来的价值投资升值。据称该公司由一个专家团队组成，因此，证券交易委员会向法庭寻求初步和永久禁令，以停止此类销售，并寻求其他救济令，包括冻结资产、支付民事罚款并禁止被告担任证券公司的高级管理人员和参与任何数字证券的发行。[35] 随后，拉克鲁瓦于 2017 年 12 月 8 日被加拿大魁北克省高等法院判处两个月的监禁，并处罚款 110 000 加元。[36]

一位加拿大律师对此案曾发表评论说，此案的结果对加拿大人来说并不意外，因为加拿大证券管理联席委员会（Canadian Securities Administrators，CSA）向其工作人员发布了关于加密货币发行的第 46-307 号通知，该通知指出，将这些产品营销为软件产品，并不会使其免受加拿大证券法的约束。证券管理联席委员会在判断证券法是否适用于特定的 ICO 时，将看其实质，而非形式。加拿大的观点与美国证监会主席杰伊·克莱顿的观点几乎完全一致，他们都认为在判断发行是否适用证券法执法时，必须对每一个发行项目进行逐一审查，而不是设定一条"明线"规则。笔者认为，加拿大安大略省证券委员会（Ontario Securities Commission）于 2017 年 10 月 17 日批准了 Token Funder 有限责任公司的 ICO，这说明加拿大政府能够接受加密货币发行，但前提是发行人需按规则行事。[37]

十、证券交易委员会诉沃希斯案

在 2014 年 6 月 3 日的行政诉讼中，证券交易委员会指控两个比特币相关网站的共同所有者埃里克·T.沃希斯（Erik T.Voorhees）从2012年5月开始在没有注册的情况下发售网站的股票，违反了《1933年证券法》第5（a）条和第5（c）条规定，双方最终达成了同意令。沃希斯在互联网上发布招股书，招揽投资者购买SatoshiDICE和FeedZeBirds的股票并使用比特币支付。沃希斯因此获得了近16 000美元的利润，他同意交出这笔钱，接受35 000美元的罚款，并同意在5年内不参与未注册交易中的任何证券发行，以换取包括比特币在内的任何虚拟货币。沃希斯曾通过出售FeedZeBirds的30 000股股票，筹集了2 600个比特币，FeedZeBirds承诺向转发其赞助短信的推特用户支付比特币。在2012年8月至2013年2月的另外两次发行中，SatoshiDICE出售了1 300万股，筹集了50 600个比特币，在当时价值约为722 659美元。[38]

十一、证券交易委员会诉 Sand Hill 交易所案

在证券交易委员会对Sand Hill交易所、杰里特·霍尔（Gerritt Hall）和奥琳·欧（Olaine Ou）提起的禁止诉讼中，双方达成了和解，最终由证券交易委员会发布了一条命令。在这起诉讼中，被告被指控违反了《1933年证券法》第8条（注册要求）和《1934年证券交易法》第21C条（启动禁止程序），从2015年2月中旬开始，霍尔和欧开始买卖与流动性事件相关的协议，包括兼并、首次公开募股和公司解散等。他们招揽人们（主要是朋友和熟人）使用美元或比特币为Sand Hill交易所的账户提供资金。投资者买入和卖出与流动性事件以及公司及其证券价值挂钩的合同。据称二人违反的是《证

法》的修正条款《多德-弗兰克法案》，该条款限制了没有合约参与者资格的人参与基于证券的互换交易。他们还涉嫌夸大了 Sand Hill 的交易、运营、控制和资金支持。二人立即停止了业务，并被命令支付金额相对较小的罚款。[39]

十二、证券交易委员会诉威尔纳案

在一项未决诉讼中，证券交易委员会指控约瑟夫·P.威尔纳（Joseph P. Willner）在 2014 年 9 月至 2016 年 8 月期间，与另一位身份不明的人一起从事非法经纪账户接管和未经授权的交易计划，方法是未经授权地秘密进入约 100 个经纪账户，进行证券交易，以此人为地影响一些上市公司的股票价格。威尔纳被控违反了《1933 年证券法》第 17a 条（利用州际商业进行欺诈或欺骗）、《1934 年证券交易法》第 10b 条（证券欺诈性交易）和涉嫌洗钱。据称，为了掩盖付款，他将盈利交易的收益转移到一家数字货币公司，该公司可将美元兑换成比特币，然后将比特币转移到上述身份不明的第二方，二人之间有利润分配安排。因此，证券交易委员会要求法院下达永久禁令，禁止被告从事违反证券法的非法交易，要求被告交出所获利润，并给予其民事经济处罚。[40]

十三、证券交易委员会诉 UBI 区块链互联网有限公司案

为持续强制从事加密货币和区块链技术的公司做到合规经营，证券交易委员会提醒各公司严格遵守《证券法》有关规定。2018 年 1

月 5 日，委员会临时暂停了中国香港的 UBI 区块链互联网有限公司（UBI Blockchain Internet, Ltd.）的证券交易，该暂停令自 2018 年 1 月 8 日起生效，至 2018 年 1 月 22 日停止，原因是委员会质疑该公司提交的文件中关于公司业务运营陈述的准确性，以及担心从 2017 年 11 月起该公司 A 类普通股发生的异常和不明原因的市场活动。[41] 根据《1934 年证券交易法》第 12（k）条的规定，如有以证券价格突然普遍出现过度波动为特征的重大市场动荡，或存在重大威胁，威胁到公平有序的市场，当这些事件对股票和期权市场的影响仍未能确定时，证券交易委员会有权暂停、改变和限制证券的销售。[42]

十四、证券交易委员会诉 Arisebank 银行案

证券交易委员会于 2018 年 1 月对 Arisebank 银行提出诉讼，向法院寻求一份命令，要求被告 Arisebank 银行、老贾里德·赖斯（Jared Rice Sr.）和斯坦利·福特（Stanley Ford）立即停止其自称为世界上第一家"去中心化银行"的 ICO 发行，法院随后批准了委员会的请求。起诉书称，这家位于得克萨斯州达拉斯市的银行，提供并销售未注册的"AriscCoin"加密货币投资，这一加密货币可用于购买银行产品和服务，使用了 700 多种不同的虚拟货币。该银行利用社交媒体、名人代言和其他手段来推广这个基于算法交易应用程序的风险项目，该应用程序可以自动交易不同的加密货币。该银行还进一步声称，其目标是筹集 10 亿美元资金，并已在两个月内筹集了约 6 亿美元。其他的虚假陈述和信息遗漏行为包括：Arisebank 自称购买了一家由联邦存款保险公司承保的银行，该银行将为投资者提供联邦存款保险公司

的货币保护；Arisebank 自称其 Visa 信用卡可以用来购物；遗漏了主要管理人员的犯罪背景信息。起诉书称，所有这些都构成了对投资者的诈骗。

法院下令对被告进行紧急资产冻结，并指定一名接管人接管了 Arisebank 银行及其数字资产。在法院下达命令之前，该银行 ICO 发行的公开销售计划于 2017 年 12 月 26 日开始，到 2018 年 1 月 27 日结束。除停止令外，证券交易委员会还要求被告返还所有非法所得，包括利息和罚款，永久禁止个别被告担任上市公司的高管或董事，并禁止其今后发行数字证券。在法院收缴的加密货币中，有比特币、莱特币、Bitshares、狗狗币和 BitUSD。[43]

十五、商品期货交易委员会的民事执法行动

除了证券交易委员会的执法行动外，监管商品的商品期货交易委员会也积极追查不法分子的违法行为。

（一）商品期货交易委员会诉盖尔夫曼案

在一次要求对尼古拉斯·盖尔夫曼（Nicholas Gelfman）和盖尔夫曼蓝图有限责任公司（Gelfman Blueprint，Inc.）实施禁令和罚款的民事诉讼中，商品期货交易委员会在其提交给纽约联邦地区法院的诉讼书[44]中称，从 2014 年 1 月到 2016 年 1 月，被告盖尔夫曼蓝图有限责任公司及其首席执行官尼古拉斯·盖尔夫曼涉嫌经营了一个比特币庞氏骗局，他们诱骗投资者投资一个集合基金（Pooled Fund），号称该基金采用了一种高频、算法交易策略，由被告的名为"Jigsaw"的计

算机程序执行，用以交易虚拟货币比特币，而比特币被商品期货交易委员会指定为州际商业中的一种商品。据称，被告通过这些欺诈性招揽手段，从至少80名投资者那里获得了大约600 000美元。

起诉书还称，该策略是虚假的，所谓的业绩报告是伪造的，与所有其他庞氏骗局类似，向客户支付的所谓利润实际上是从其他客户处挪用的资金。据称，他们对"Jigsaw"的业绩和可靠性做了虚假和误导性的宣传以及瞒报信息，并试图通过发布虚假报告，虚报比特币余额每月增长的比例、公司资产和业绩及交易结果，以及伪造黑客攻击等方式来掩盖其计划。收到的钱被转入被告人自己的个人账户。

委员会要求法院发布一项命令，宣布被告违反了《商品交易法案》第6（c）（1）条及其相关条例，根据该法规，可以发出永久禁令、处罚款、没收被告所有收到的钱款、命令被告向该公司的客户全额退款以及发布其他相关救济令。该法规规定，任何人直接或间接地使用或试图使用违反了商品期货交易委员会规则和条例的任何操纵性或欺骗性装置或诡计，而这一行为又与任何掉期或与州际商业中的任何商品销售合同有关，或是为了未来交付或受制于任何注册实体的规则，则这一行为是非法的。截至本书撰写时，此案的结果尚待陪审团宣判。[45]

（二）商品期货交易委员会诉麦克唐纳案

商品期货交易委员会于2018年1月18日在纽约一家联邦法院发起了两起民事诉讼，指控被告犯下欺诈行为。在起诉帕特里克·K.麦克唐纳（Patrick K. McDonnell）和Cabbage Tech公司（Cabbage Tech, Corp.——以Coin Drop Markets的名义营业）的第一起案件中，委员会指控麦克唐纳设置了一个虚拟货币诈骗骗局,诱导客户向被告转钱和虚拟货币,用以购买关于比特币和莱特币等虚拟货币的交易建议,并在麦克唐纳的指导下,由麦克唐纳代表客户参与虚拟货币购买和交易。委员会称,上述招揽行为具有欺骗性和欺诈性,在获得资金后不久,被告就停止了与客户的沟通,客户因资金被被告挪用而遭受损失。被告利用了社交媒体、广告和宣传材料进行诈骗。因此,与上述的盖尔夫曼案一样,他们被指控违反了《商品交易法案》第6(c)(1)条。委员会向法院寻求的救济令包括永久禁令、民事处罚、没收所有利益、赔偿、对所有收到钱款的说明以及其他相关救济令。[46]

(三)商品期货交易委员会诉迪恩案

在同日同地提起的第二起诉讼中,商品期货交易委员会对狄龙·迈克尔·迪恩(Dillon Michael Dean)和创业总部有限公司(Entrepreneurship Headquarters Limited)提起了民事诉讼,指控被告迪恩从2017年4月开始,通过其公司向约600名公众征集了至少价值110万美元的比特币,用于参与集合投资工具,交易商品证券。据称,迪恩和公司没有将客户资金从比特币兑换成货币,而是像庞氏骗局式一样挪用资金,并在账户余额问题上欺骗客户。他们在向资金池参与者招揽资金时,存在重大虚假陈述和信息遗漏行为,包括虚报迪恩的交易业绩,谎称为了客户利益,客户40%的资金将被集中起来,用于投资二元期权等项目,储备资金以比特币形式存在,以便为客户提供资金提现服务。然而根本没有这样的交易和服务,据称反映客户账户信息的电子账户报表也是假的。此外,被告没有向商品期货交易委员会注册为商品基金经理(Commodity Pool Operator,CPO)。委员会向法院寻求的救济令,与麦克唐纳案相当。[47]

(四)商品期货交易委员会诉 My Big Coin Pay 有限责任公司案

商品期货交易委员会于 2018 年 1 月向美国马萨诸塞州联邦法院寻求针对 My Big Coin Pay 有限责任公司(简称 MBP 公司)和其他多名被告的多项救济令。[48]指控内容为,被告公司、兰德尔·克雷特(Randall Crater)和马克·吉莱斯皮(Mark Gillespie)借助公司网站以及大量招揽材料和交流机会,从 2014 年 1 月至 2017 年 6 月左右,获得了约 600 万美元,方法是通过欺诈性招揽,在价值、使用情况和交易状况这些方面,向至少 28 名客户做出虚假和误导性声明以及遗漏信息。该公司自称有黄金支持,在报告中虚报每日交易价格,但实际上并不存在所谓价格,并且通过精心设计的庞氏骗局,用来自其他 MBC[①] 客户的资金来支付款项。当客户对他们的账户提出疑问时,被告试图通过向该客户提供额外货币的方法,来掩盖其欺诈行为,并谎称他们已与另一家交易所达成交易 MBC 的协议。他们还要求客户在其持有的货币在新交易所上市交易之前,不要赎回这些货币。然后,被告通过购买珠宝、奢侈品、家具、其他个人物品和服务的方式,挪用了几乎所有的 600 万美元。

因此,被告被控做出虚假和误导性陈述以及遗漏重大信息,诉讼书中详细列出了这些行为,称其违反了《商品交易法案》第 6(c)(1)条以及与挪用资金相关的法规。向法院寻求的救济令包括永久禁令、禁止被告从事不法行为、禁止在任何交易所进行交易、禁止进行任何

---

① MBC(My Big Coin)是 MBP 公司发行的一种虚拟货币。

商品交易、禁止申请公司注册、缴纳罚款、退还收到钱款、全额赔偿以及其他相关救济令。在举行听证会和做出进一步裁决之前，法院批准了一项临时禁令。[49]

因此，激进的执法行动看似已经在证券交易委员会和商品期货交易委员会这两大政府战线上展开，二者根据证券交易委员会的证券法和条例，以及商品期货交易委员会的商品交易法和条例，各自主张其管辖权。预计随着虚拟货币的广泛交易，这两家机构将站在防止不法行为的最前沿，而对于那些认为自己可以实施非法行为、不必担心遭受刑事起诉和民事诉讼的犯罪分子，两家机构也将站在起诉和诉讼的最前沿。

第五节　民事诉讼

鉴于以区块链为基础的技术的性质，截至本书撰写时出现的私人民事案件非常稀少。一个涉及位于纽约的诉讼人的重要案件是R3 LRC有限责任公司（R3 LRC LLC）和Ripple Labs公司（Ripple Labs Inc.）之间的诉讼，两家公司都是由主要银行资助的。诉讼已在特拉华州衡平法院（Chancery Court）启动，在本案中，总部位于纽约的R3起诉竞争对手Ripple Labs，案件涉及R3自称拥有的购买50亿XRP的权利，XRP是一种在加密货币交易所对美元交易的虚拟货币，R3称其有权以每单位0.008 5美元的价格购买该虚拟货币，该权利的有效期至2019年9月。Ripple Labs的首席执行官寻求终止该期权合同，而 R3 称其有合法权利，要求执行该合同。诉讼寻求的是要求司法部门确定这一期权合同是否可以执行。据称，Ripple 拒绝执行合同的一个可用依据是，XRP 的价值已经急剧上升到每单位 0.21 美元，这使得该期权的价值超过了 10 亿美元。[50]

Ripple Labs 也于 2017 年 9 月 8 日在旧金山高等法院对 R3 提起诉讼，声称 R3 误导 Ripple Labs 签署了多项协议，然后又违反了上述协议。[51] 所谓的虚假陈述包括 R3 表示其是一个大型银行财团，Ripple Labs 可以与之合作并推广其技术。在 R3 表示自己未能跟进兑现其承诺后，Ripple Labs 随后取消了协议。Ripple Labs 还对 R3 提出了欺诈性隐瞒信息、过失性虚假陈述、违反合同、违反默系诚信契约（implied covenant of good faith）等指控。R3 还在纽约郡最高法院（一个初审法院）对 Ripple Labs 提起第三项诉讼，也主张在特拉华州诉讼中提出的指控。[52] 截至本报告撰写时，这些案件的结果还有待进一步确定。关于特拉华州诉讼的结果，人们提出了相互矛盾的主张，其中一位观察员主张以缺乏管辖权为由将其予以驳回，并退回旧金山法院，而另一位观察员则表示，纽约和旧金山法院都可以行使管辖权。[53]

看来，这些诉讼应该合并起来，由联邦法院根据当事方的多样性进行裁决。应当指出的是，美国总统科技顾问委员会（President's Council of Advisers on Science and Technology，PCAST）将 R3 称为世界上最大的银行分布式账本联盟，有 50 家主要银行成员。[54]

在接下来的《虚拟货币的众筹和税收》一章中，我们会讨论虚拟货币的税收问题，该问题引发了很多评论和争议，涉及：如何报告税收交易、使用何种税收基础、是将虚拟货币当作财产还是货币、难以确定参与交易的各方、隐私问题、关于外国税收的考量，以及其他与税收有关的问题。我们将重点介绍这些问题以及最新的政府指导和行动。

参考文献及注释：

1. 该表部分内容摘自美国司法部关于以下案件诉讼的新闻公报：*U.S. v. Vinnik*, U.S. Dept. of Justice, Northern District Ca., *Russian National and Bitcoin Exchange Charged in 21-Count Indictment for Operating Alleged International Money Laundering Scheme and Alleged Laundering From Hack of Mt. Gox,* News Release, Jul. 26, 2017, https://www.justice.gov/usao-ndca/pr/russian-national-and-bitcoin-exchange-charged-21-count-indictment-operating-alleged.

2. 《美国法典》第十八编第 470 — 477 条（18 U.S.C. §§470 – 477）将国内和国际上的以下造假行为定为刑事犯罪，包括使用、交易、拥有用于伪造证券的模板、石头、模拟或电子图像；第 485 — 489 条（§§485-489）关于制作、拥有或制作被当成货币使用的模具、代币或纸张。

3. 关于联邦和各州对关于造假行为（包括虚拟货币造假）的法规条例的精彩回顾，参见 Ralph E. McKinney, R. E., Shao, L. P., Shao, D. H., Rosenlieb Jr., *The evolution of financial instruments and the legal protection against counterfeiting: a look at coin, paper, and virtual currencies,* Journal of Law, Technology, & Policy, 2015(2), 273–313, http://mds.marshall.edu/cgi/viewcontent.cgi?article=1146&context=mgmt_faculty.

4. 15 U.S.C. §45(a)(1).

5. U.S. Federal Trade Commission, *Operators of Bitcoin Mining Operation Butterfly Labs Agree to settle FTC Charges They Deceived Customers* (Feb. 18, 2016), Press Release, https://www.ftc.gov/news-events/pressreleases/2016/02/operators-bitcoin-mining-operation-butterfly-labs-agree-settle.

6. Sealed Complaint, *U.S. v. Murgio*, No. 15-MAG-2508 (S.D.N.Y., Jul. 17,

2015), https://www.justice.gov/usao-sdny/file/830616/download.

7. Jonathan Stempel, *UPDATE 1-Bitcoin exchange operator tied to hacks gets 5-1/2 years U.S. prison* (Jul. 27, 2017) Reuters, https://www.reuters.com/article/cyber-jpmorgan-murgio/update-1-bitcoin-exchange-operator-tied-to-hacks-gets-5-1-2-years-u-s-prison-idUSL1N1JO1BH. 关于电子支付相关行动（包括比特币）的讨论，参见 Sarah Jane Hughes, Stephen T. Middlebrook, and Tom Kierner, *Developments in the Law Affecting Electronic Payments and Financial Services (2107)*, at 259–261, Articles by Maurer Faculty, 2445, http://www.repository.law.indiana.edu/cgi/viewcontent.cgi?article=-3445&context=facpub.

8. U.S. v. BTC-e, No. CR 16-00227-SI (N.D. Ca., Jan. 17, 2017), sealed indictment, https://www.justice.gov/usao-ndca/press-release/file/984661/download.

9. Nikhilesh De, *Alleged BTC-e Operator Claims Innocence in New Interview*, CoinDesk, Sept. 11, 2017, https://www.coindesk.com/alleged-btc-eadministrator-i-do-not-consider-myself-guilty/.

10. U.S. Department of Justice, *Manhattan U.S Attorney Announces Charges Against Liberty Reserve, One of the World's Largest Digital Companies, and Seven of Its Principal Employees For Allegedly Running a $6 Billion Money Laundering Scheme* (May 28, 2013), Press Release, https://www.justice.gov/usao-sdny/pr/manhattan-us-attorney-announces-charges-againstliberty-reserve-one-world-s-largest.

11. Sealed indictment, *United States v. Liberty Reserve*, No. 13cr368 (DLC) (D.C. N.Y. Sept. 23, 2015), https://www.justice.gov/sites/default/files/usao-sdny/legacy/2015/03/25/Liberty%20Reserve%2C%20et%20al.%20Indictment%20-%20Redacted.pdf.

12. U.S. Department of Justice, *Liberty Reserve Founder Arthur Budovsky Sentenced In Manhattan Federal Court to 20 Years for Laundering Hundreds of Millions of Dollars Through His Global Digital Currency Business*, Press

Release, May 6, 2016, https://www.justice.gov/usao-sdny/pr/liberty-reserve-founder-arthur-budovsky-sentenced-manhattan-federal-court-20-years.

13. *U.S. v. Cazes,* No. 1:17-at-00597 (N.D. Ca., Jul. 17, 2017), https://www.justice.gov/opa/press-release/file/982821/download. 同时可参见 *commentary by the Department of Justice, AlphaBay, the Largest Online 'Dark Market' Shut Down,* Justice News, Jul. 20, 2017, https://www.justice.gov/opa/pr/alphabay-largest-online-dark-market-shut-down.

14. 哈伯德承认有罪的三项罪行是：根据《美国法典》第二十一编第841(b)(1)(E)条［21 U.S.C. §841(b)(1)(E)］，共谋分销导致严重身体伤害和死亡的管控物质；根据《美国法典》第二十一编第841(b)(1)(E)条，分销导致死亡的管控物质；以及根据《美国法典》第十八编第1956条（18 U.S.C. §1956），合谋洗钱。https://www.ice.gov/sites/default/files/documents/Report/2017/CSReport-13-2.pdf.

15. TOR, *Tor Overview,* https://www.torproject.org/about/overview.html.en.

16. *United States v. Ulbricht,* 14-cr-68 (KBF) (S.D.N.Y., Sept. 27, 2013).

17. U.S. Bureau of Investigation, *Manhattan U.S. Attorney Announces the Indictment of Ross Ulbricht, the Creator and Owner of the Silk Road Website,* Press Release, Feb. 4, 2014, https://archives.fbi.gov/archives/ newyork/press-releases/2014/manhattan-u.s.-attorney-announces-theindictment-of-ross-ulbricht-the-creator-and-owner-of-the-silk-road-website.

18. *United States v. Ulbricht,* 1-13 06919-JPO Civ. (D.C.N.Y. Jan. 27, 2014), https://www.usmarshals.gov/assets/2015/dpr-bitcoins/sale-order.pdf.

19. *U.S. v. Benthall,* 14 MAG 2427 (S.D.N.Y. 2016), http://documents.latimes.com/united-states-america-vs-blake-benthall/.

20. Nate Raymond, *An alleged staff member of Silk Road 2.0 was sentenced to 8 years in prison,* Reuters, 被引用于《商业内幕》网站（Business Insider），Jun. 4, 2016, http:// www.businessinsider.com/r-key-player-in-silk-road-successor-site-getseight-years-in-us-prison-2016-6.

21. 《美国法典》第三十一编第5330条（31 U.S.C. §5330）中，有关货币传输企业注册的部分规定如下：

(a) 必须向财政部长登记。（1）一般而言，任何拥有或控制一家货币传输企业的人，均应向财政部长登记该业务（无论该企业是否在所有州获批成为货币传输企业），且在从以下日期开始的第180天之前完成登记——

（A）《1994年禁止洗钱法》的颁布日期；或（B）企业成立的日期……

22. *U.S. v. Faiella*, No. 14 MAG 0164 (S.D.N.Y., Jan. 24, 2013), https://www.justice.gov/sites/default/files/usao-sdny/legacy/2015/03/25/Faiella%2C%20Robert%20M.%20and%20Charlie%20Shrem%20Complaint.pdf.

23. *U.S. v. Ulbricht*, 15-1815 (2d Cir. Mar. 31, 2017), http://caselaw.findlaw.com/us-2nd-circuit/1862572.html.

24. *U.S. v. Force*, No. 3:15-cr-01319-RS-2 (N.D. Ca., Oct. 20, 2015).

25. *U.S. v. Bridges*, No. 1:15-mj-02125-BPG (D.C.Md., Oct. 17, 2016).

26. Benjamin Weiser and Matt Apuzzo, *Inquiry of Silk Road Website Spurred Agents' Own Illegal Acts*, Officials Say, New York Times, Mar. 30, 2015, https://www.nytimes.com/2015/03/31/nyregion/silk-road-case-federalagents-charges.html.

27. Andrew Blake, *Ex Secret Service agent sentenced again for stealing from the government*, The Washington Times, Nov. 8, 2017, https://www.washingtontimes.com/news/2017/nov/8/shaun-bridges-ex-secret-service-agent-sentenced-ag/.

28. Stan Higgins, *Rogue Silk Road Agent Carl Force Jailed for 78 Months*, Coindesk, Oct. 19, 2015, https://www.coindesk.com/rogue-silk-roadagent-carl-force-jailed-for-78-months/.

29. CNBC, *Bitcoin is money, US judge says in case tied to JPMorgan hack*, Reuters, Sept. 20, 2016, https://www.cnbc.com/2016/09/20/bitcoin-ismoney-us-judge-says-in-case-tied-to-jpmorgan-hack.html.

30. Rob Price, *Bitcoin isn't money, a Florida judge rules*, Business Insider, Jul. 26, 2016, http://hp.myway.com/flightsearch/ttab02/index.html?n=7839260

D&p2=%5EC73%5Exdm007%5ETTAB02%5Eus&ptb=C444429A-0C1B-499B-8321-E6C4D6EF256B&si=CIO_kYacvdECFZmKswodM-4Gcw&coid=52bafe06493b4978be01745e48707b39.

31. Florida Money Laundering Act, Ch. 2017-155, § 896. 101 as amended, eff. Jul. 1, 2017, https://www.flsenate.gov/Session/Bill/2017/1379/BillText/er/PDF

32. 此前有报告显示，在调查涉及虚拟货币的犯罪时，联邦调查局感到非常沮丧。有关该报告，参见 *(U) Bitcoin Virtual Currency: Unique Features Present Distinct Challenges for Deterring Illicit Activity* (Apr. 24, 2012), FBI Intelligence Assessment, http://www.sciencemag.org/news/2016/03/why-criminals-cant-hide-behind-bitcoin.

33. Bret Nigh and C. Alden Pelker, *Virtual Currency: Investigative Challenges and Opportunities*, U.S. Bureau Of Investigation, Sept. 8, 2015, https://leb.fbi.gov/articles/featured-articles/virtual-currency-investigative-challenges-and-opportunities.

34. John Bohannon, *Why criminals can't hide behind Bitcoin*, Science Magazine, Mar. 9, 2016, http://www.sciencemag.org/news/2016/03/why-criminals-cant-hide-behind-bitcoin.

35. *SEC v. PlexCorps,* 17-Civ-7007 (E.D.N.Y., Dec. 1, 2017), https://www.sec.gov/litigation/complaints/2017/comp-pr2017-219.pdf.

36. Autorite Des Marches Financiers, Dossier PlexCoin, Dominic Lacroix condamne a la prison, https://lautorite.qc.ca/grand-public/salle-depresse/actualite/fiche-dactualite/dominic-lacroix-condamne-a-la-prison/.

37. Lisa R. Lifshitz, *Cracking Down on a Bad Coin Offering*, Canadian Lawyer, Dec. 11, 2017, http://www.canadianlawyermag.com/author/lisa-r-lifshitz/cracking-down-on-a-bad-coin-offering-15064/.

38. Voorhees, SEC 3-15902, (2014). 同时可参见 U.S. Securities and Exchange Commission, *SEC Charges Bitcoin Entrepreneurs with Offering Unregistered Securities*, Press Release, 2014-111, https://www.sec.gov/news/press-release/2014-111.

39. *In re Sand Hill Exchange*, SEC 3-16598 (2015), https://www.sec.gov/litigation/admin/2015/33-9809.pdf.
40. *SEC v. Willner*, 1:17-cv-06305 (E.D.N.Y., Oct. 30, 2017), https://www.sec.gov/litigation/complaints/2017/comp-pr2017-202.pdf.
41. Securities and Exchange Commission, Release No. 82452, Jan. 5, 2018, https://www.sec.gov/litigation/suspensions/2018/34-82452.pdf.
42. Securities and Exchange Commission, Release No. 44791, Sept. 14, 2001.
43. *SEC v. Arisebank, No.-cv-* (N.D.Tx, filed Jan. 2018). 有关该案的总结，参见 Securities and Exchange Commission, *SEC Halts Alleged Initial Coin Offering Scam*, Press Release, Jan. 20, 2018, https://www.sec.gov/news/press-release/2018-8. 有关该投诉的副本，参见 https://www.sec.gov/litigation/complaints/2018/comppr2018-8.pdf.
44. *CFTC v. Gelfman Blueprint, Inc.*, No. 1-17-cv-07181 (S.D.N.Y., filed Sept. 21, 2017).
45. 同上。
46. *CFTC v. McDonnell*, No. 18-cv-0361 (E.D.N.Y., Jan. 18, 2018), http://www.cftc.gov/ide/groups/public/@lrenforcementactions/documents/legalpleading/enfcdmcomplaint011818.pdf.
47. *CFTC v. Dean*, No. 18-cv-00345 (E.D.N.Y., Jan. 18, 2018).
48. *CFTC v. My Big Pay, Inc.,* No. 18-cv-10077-RWZ (D.C. Ma. Jan. 16, 2018), http://www.cftc.gov/idc/groups/public/@lrenforcementactions/documents/legalpleading/enfmybigcoinpaycomplt011618.pdf.
49. *Order Granting Plaintiff's Motion, for an Ex Parte Temporary Restraining Order*, Jan. 16, 2018, http://www.cftc.gov/idc/groups/public/@lrenforcementactions/documents/legalpleading/enfmybigcoinpayorder011618.pdf.
50. Reuters, *Blockchain Startup R3 Sues Rival Ripple Labs*, Fortune, Sept. 8, 2017, http://fortune.com/2017/09/08/blockchain-r3-sues-ripple-labs/.
51. *Ripple Labs Inc. v. R3 LRC LLC*, No. CGC 17-561205 (Sup. Ct. San Fran. Sept. 8, 2017). 关于该投诉的副本以及其他法庭文件，参见 XRP Chat,

Ripple Labs v. R3 (actual court documents) (Sept. 19, 2017), https://www.xrpchat.com/topic/9857-ripple-labs%C2%A0vr3-actual-court-documents/.

52. *R3 Holdco LLC v. Ripple Labs, Inc.*, No.655781/17 (Sup. Ct. N.Y. Cty). 关于已提交文件的副本，参见 https://www.xrpchat.com/topic/9857-ripple-labs%C2%A0v-r3-actual-court-documents/.

53. Jeff John Roberts, *Ripple Claims Early Victory in Court fight with Blockchain Rival R3*, Fortune, Oct. 13, 2017, http://fortune.com/2017/10/13/blockchain-ripple-r3/.

54. President's Council of Advisers on Science and Technology, *R3 and Distributed Ledger Technology*, May 2016, https://obamawhitehouse.archives.gov/sites/default/files/microsites/ostp/PCAST/10.40%20D%20Gran.pdf.

第七章 虚拟货币的众筹和税收

鉴于分布式账本技术的固有性质,税务机关担心难以确定分布式账本技术交易应该如何纳税,这是可以理解的。这让人联想到在网络法背景下所产生的管辖权问题,在此种情况下,司法权威的来源常常受到质疑。[1] 鉴于分布式账本技术的匿名性和可能跨境发生的个人对个人交易,确定对谁、何时和如何对此类交易进行征税,对于政府部门来说仍然是关键问题,因为不同机构对应纳税事件的分析可能不同。正如国际货币基金组织(IMF)所指出的那样,向国家实体提出的问题包括:是将虚拟货币作为一种非货币财产的形式还是作为一种货币财产的形式来处理,如何处理通过"挖矿"新产生的虚拟货币的税务,以及如何处理交易的增值税和销售税。IMF还指出,税务机关的记录保存要求及其复杂性,可能会降低虚拟货币对日常商业交易的吸引力。[2]

第一节 众筹和虚拟货币[3]

我们首先讨论一下众筹,因为这是一种新型的、独特的资本来源,已经成为许多加密货币产生的源头。众筹产生的虚拟货币包括以太坊等。[4] 众筹是投资,但不同于传统筹集资金的方式,众筹指的是大众就特定的、大多是新兴的项目进行的投资。在过去的几年里,这类融资最常见的是由风险资本家进行投资,他们承担了巨大的风险,希望通过投资那些看起来有经济价值的创新想法,获得更多的经济回报。虽然风险投资仍然是新兴商业风险项目的重要资金来源,但现在众筹已经超过风险投资,成为一种主要的融资来源。据统计,众筹资金从2013年的61亿美元上升到了2014年的162亿美元,在2015年达到了343亿美元。在可比时间框架内,风险投资约占300亿美元,不过到2017年,这一金额已大幅增加(大约为700亿美元)。[5]《福布斯》(*Forbes*)杂志因此估计,到2025年,该数字将增长到3 000亿美元。[6]

众筹构成了一种资本投资,其目的是通过他人的努力获得利润,因此符合豪威公司案中对证券的鉴定标准——除非获得豁免,否则需要向证券交易委员会登记。[7] 众筹可属于这种登记要求的豁免情况,源自2012年颁布的《工商初创企业推动法》。[8] 该法共有七编,"众筹"构成了第三编。[9] 从本质上讲,该法批准了一种豁免情况,在该情况下可不用遵守《1933年证券法》第4条规定的向证券交易委员会提交实质性文件的要求。[10]

《工商初创企业推动法》第三编第302节修订了《1933年证券法》第4条,给第4(a)条[11]增加了第(6)条豁免条款,规定了额外的注册豁免情况,具体如下:

(6)涉及发行人(包括受发行人控制或与发行人共同控制的所有实体)提供或出售证券的交易,前提条件为:

(A)发行人出售给所有投资者的总金额,包括在该项交易发生前的 12 个月内出售的、依据本款规定的豁免情况出售的任何金额，总计不超过 1 000 000 美元；

（B）发行人向任何投资者出售的总金额，包括在该项交易发生前的 12 个月内出售的、依据本款规定的豁免情况出售的任何金额，而且：

（i）如果该投资者的年收入或资产净值少于 100 000 美元，则上述总金额不得超过 2 000 美元或该投资者年收入或资产净值的 5%（如有则适用），以较高者为准；

（ii）如果该投资者的年收入或资产净值等于或大于 100 000 美元，则上述总金额不得超过该投资者的年收入或资产净值的 10%（如有则适用），最高不得超过 100 000 美元。[12]

因此，国会通过以下方式限制财务风险和可能造成的损失：（1）将初创企业在 12 个月内可筹集的金额限制为 100 万美元；（2）如果投资者年收入低于 100 000 美元，其个人投资在 12 个月内不得超过 2 000 美元，或不得超过个人投资者资本净值的 5%，以两者中的较高数额为准，以保护不太成熟的投资者；（3）如果投资者年收入为 100 000 美元或以上，则上述额度为不得超过投资者年收入的 10%，向投资者出售的金额不得超过 100 000 美元。

一、证券交易委员会的《最终规定》

根据《1933 年证券法》的众筹修正案，证券交易委员会发布了于 2016 年 5 月 16 日生效的《最终规定》（*Final Rule*），《最终规定》长达 685 页，其中包含的规则和注释详细规定了对发行人、中介机构的要求以及其他要求，目的是限制不成熟投资者面临的风险敞口，以及提供一个注册框架，让注册集资门户、经纪人和经销商将其作为中介使用。[13]

二、投资限制

由此出现的问题是，中介机构该如何确定投资者的净资产。《最终规定》规定，该人的年收入和资产净值的计算方法，应基于确定合格投资者①身份时所计算的价值（即净资产超过100万美元，年收入超过20万美元）。[14]发行人可借助中介机构的能力，确保遵守了适当的投资限制。[15]该豁免仅适用于涉及由非投资公司机构在美国境内组织的证券销售或发售的交易，且发行人在其他情况下也有资格出售证券。

三、对发行人的要求

发行人的定义会因其所在的上下文语境不同而有所不同。就众筹而言，根据《1934年证券交易法》第2（4）条，发行人被定义为"发行或拟发行任何证券的个人"，但有一些例外不适用于这种情况。《JOBS法案》第三编要求提供或销售证券的发行人向委员会备案，并向投资者、相关经纪人或集资门户提供，向潜在投资者披露有关发行

---

① 合格投资者（accredited investor）是指有着丰富投资经验并能够自负盈亏的专业投资人士。在美国，确定这一身份的标准为净资产超过100万美元，年收入超过20万美元。

人的名称、法律地位、实体地址和网站地址、董事和高管的姓名以及持有发行人 20% 或以上股份的人员的详细信息。其他要求包括对业务和商业计划进行描述、列出有关风险或投机的重要因素；如果目标发行金额为 100 000 美元或以下，需提供经发行人的首席执行官证明过的发行前 12 个月的财务状况，包括纳税申报表；如果目标发行金额超过 100 000 美元但低于 500 000 美元，则需提供独立公共会计师所做的财务报表；如果超过 500 000 美元，则需提供经审计的结算清单；说明募集资金的目的和预定用途；标明向公众发行的价格；说明发行人的所有权和资本结构；提供有关价格结构、取消投资时的资金返还、主要股东的权利和其他相关数据等许多细节信息。因此，随着目标投资额的增加，需要提交给投资者和中介机构的信息也呈指数级增加。[16]

发行人在发售证券时，必须向委员会提交发售声明，以及任何修订、进度更新和年度报告。[17] 潜在发行人的广告仅可用于引导潜在投资者进入中介机构的平台，并应包括发行声明、中介机构的名称、发行条款、有关拟议业务和地点的事实信息，以及与中介机构的沟通方式。[18] 发行人可以向推广者提供报酬，但报酬力度要通过中介机构披露。[19]《最终规定》有一个附录，展示了按规定要求填报的表格，即用于发行声明、进度更新、发行声明修正、年度报告和修正，以及终止报告的表格。

四、对中介的要求（经纪人和集资门户）

投资者一般通过中介进行证券买卖。这些中介必须向证券交易委员会注册,要么是被定义为"为他人进行证券交易业务"的经纪人[20],要么是被定义为"在涉及为他人提供或出售证券的交易中充当中间人,但不提供投资建议,不对购买或出售证券进行招揽,也不持有或管理这类证券"的集资门户。[21] 这些人或实体还必须向任何适用的自律组织①[22](一般是美国金融业监管局)登记,还需向投资者披露风险和证券交易委员会要求披露的其他教育材料,以确保每个投资者都能查阅关于众筹发行的相关信息,确认其了解与投资相关的风险,包括资金可能会全部损失的风险,了解适用于投资的风险水平以及流动性不足的风险。[23]

在接受任何投资和额外投资之前,中介必须有合理的理由相信投资者符合上述有关投资者的限制条件,中介机构可以依靠投资者的陈述做出判断,如其年收入、净资产和其他投资金额等信息,除非中介机构有理由质疑客户陈述的可靠性。中介必须从投资者那里获得一份陈述,说明投资者已经阅读了中介的教育材料,了解可能会损失全部投资资金,以及投资者有足够的经济能力承担损失。从投资者处获得的其他数据,包括投资者填写的调查表,证明其了解取消投资的限制或转售上述证券的困难,以及投资者在其他情况下无法承受的损失风险。[24]

与中介有关的其他规定包括:要求委员会采取措施,减少欺诈行为,方法是对于每个根据《JOBS 法案》发行证券的发行人,要规定对与之相关的每个高管、董事和持有其 20% 以上发行股权的人进行背景调查和监管历史调查;规定只有在达到目标发行额时,发行人才

---

① 自律组织(self-regulatory organization),指对一类行业或专业拥有某种程度的监管权限的组织。

能给予和使用发行的所有收益,并允许投资者在未达到目标发行额的情况下撤回其收益;从投资者那里收集信息;保护推广人、寻找人或潜在客户开发者。[25] 中介的任何董事、高级职员或合伙人不得在发行人处有经济利益关系(定义为"直接或间接拥有发行人的任何类别的证券,或在其任何类别的证券中拥有经济利益"),包括向中介机构提供服务的报酬。中介也不得在发行人处拥有经济利益,除非是中介为特定类别的集资证券的出售或公开发售提供了服务,因此获得报酬。[26]

条例要求中介采取措施减少欺诈风险。中介必须有合理的理由相信,发行人已遵守众筹法规的要求;发行人可以保存其将通过中介平台发售和出售的证券的持有人的准确记录;当中介有合理的理由相信发行人(或其高管)资格要被取消时,必须拒绝发行人进入其平台。[27] 中介必须保证投资者已在中介处开设账户,已同意进行电子交割,并在其平台上向投资者提供了中介要求的所有信息,包括:解释发行程序、风险、发行的证券类型、转售限制、可投资金额限制和其他相关信息的教育材料;说明是否使用了推广者及使用其的报酬;披露中介的报酬。[28]

中介必须在其平台上提供沟通渠道,使人们能够相互沟通以及能够与发行人的代表沟通,除非该中介是一个除了提供沟通指南和删除滥用或潜在的欺诈性沟通外,不参与沟通的融资平台;要允许公众查看沟通渠道中的讨论;限制那些在该中介平台上开设账户的人发表评论;要求发布评论的人清楚地说明,他们是否是在做促销活动的发行人的创始人或雇员,或是否可以因其评论而获得报酬。[29] 当投资者收到发行人的投资承诺时,中介必须立即向投资者提供投资承诺的美元数额、证券价格(如果知道的话)、发行人的名称以及投资者可以取消承诺的日期和时间。[30]

同时还是注册经纪人的中介，必须遵守关于传递或维持证券包销相关付款的条例。该条例规定，根据《证券法》，任何参与证券分销的经纪人或经销商，如果接受其所分销的证券以任何价格售出之后的收益，即为"欺诈、欺骗或操纵行为或活动"，除非：(a) 中介把所收到的钱或其他对价[①]迅速转交给其合法所有人；或 (b) 如果不能把钱支付给委托中介分销证券的人，则把所收到的钱或其他对价迅速存入一个单独的银行账户，中介作为代理人或受托人，帮拥有受益权的人代管。[31]

作为集资门户的中介必须引导投资者将资金或其他对价转交给合格的第三方（可持有此类资金的注册经纪人或经销商、投保银行或信用社），该第三方须已获得书面同意，可代表有权获得资金的人持有资金。当投资承诺总额达到发行目标金额时，资金应该转给发行人，但不得在中介向公众提供发行人信息后的21日之内转给发行人。如果投资承诺已被取消，则在未能完成发行之时，应将资金返还给投资者。投资者将收到中介的确认书，确认书中应披露交易日期、购买的证券种类、投资者身份、证券价格和数量等相关信息。[32]

五、针对注册集资门户的特别规定

如上所述，集资门户必须在证券交易委员会注册，并成为国家证券协会（如金融业监管局）的成员。其作为集资门户的活动可使其豁

---

① 对价（consideration）是英美合同法中的一个重要概念，其内涵是一方为换取另一方做某事的承诺而向另一方支付的金钱代价，或为得到该种承诺所做出的承诺。

免遵守经纪人注册要求。[33] 当集资门户作为众筹中介参与证券的发售或销售时，不得提供投资意见或建议；不得招揽购买、销售或自行购买其平台上展示的发售证券；也不得因此类招揽而向他人提供报酬。集资门户不得持有、管理、拥有或以其他方式处理投资者的资金或证券。不过，集资门户可以：

- 决定允许发行人在其平台上发售和出售证券的条款。
- 合理设计其平台，以凸显发行人的发行运用，还可使用客观标准来凸显其平台上的发行。
- 提供搜索功能或其他工具，让投资者可以利用这些功能或工具审查通过集资门户平台提供的发行。
- 提供沟通渠道，让投资者可以就发行事宜相互沟通以及与发行人代表沟通。
- 就发行人的发行结构或内容向发行人提供建议，包括协助准备发行文件。
- 如第三方将某人推荐给集资门户，可给其报酬，条件是该第三方没有向该门户提供可认出任何潜在投资者的个人身份信息，且该报酬不是基于购买或出售众筹证券，也不包括支付给注册经纪人的报酬。
- 根据书面协议，就众筹证券的发售或销售向注册经纪人或经销商支付报酬，且这些服务和报酬符合集资门户所加入的注册国家证券协会的规则。
- 为销售或发售上述证券提供服务，并从经纪人或经销商处获得报酬。

- 广告宣传集资门户的存在，并按照某些指定的标准确定一个或多个可用的发行人或发行。
- 在认为某发行人的证券发行可能存在欺诈的情况下，为了保护投资者，拒绝该发行人进入平台或取消其发行。
- 代表发行人接受其所提供的众筹证券的投资承诺。
- 指导投资者在哪里转移和汇出与上述证券有关的资金和款项。
- 在众筹发行完成后，指示第三方向发行人发放收益。[34]

六、非本土集资门户要求

非本土集资门户的定义是：在美国境外注册或组织的集资门户，或其主要营业地在美国境外的集资门户。非本土集资门户的注册，要以证券交易委员会与非本土集资门户管辖区的主管监管机构之间的信息共享安排为条件。集资门户必须有指定的美国代理人，以接受任何法律程序、诉状或其他文件的送达；必须保存账簿和记录，包括指定美国代理人的书面同意书和授权书，保存年限为与代理人的协议终止后的三年。所有账簿和记录均应可供证券交易委员会查阅，并由律师出具意见书，证明该门户在外国法域内也能够提供此类记录供委员会查阅。

七、完成发行和取消发行

投资者可在发行材料中确定的截止日期前 48 小时内，以任何理由取消投资承诺。如果发行条款或发行人提供的信息发生重大变化，则中介应将该变化告知投资者，并通知投资者该投资承诺被取消，除非投资者在收到通知后 5 个工作日内再次确认该投资承诺。[35] 如果在发行材料中确定的截止日期前达到目标发行金额，发行人可以在截止日期前结束发行，但必须满足某些要求，即：发行必须持续 21 天，通知潜在投资者新的截止日期以及告知其有权在新的截止日期前 48 小时内取消投资，确定在截止日期后 48 小时内是否允许有任何额外的投资承诺。[36]

八、适用于集资门户网站的各项条款

集资门户须接受证券交易委员会和注册国家证券组织的检查和审查。有关投资者购买或试图购买众筹证券的记录，与此类发行的发行人有关的记录，关于平台的通信及使用通信渠道推广发行人的证券的相关记录，对发行人和投资者的通知，与发行有关的书面协议，所有交易受影响的日、月及季度摘要，组织文件，财务记录和关于货币及外国交易的报告，这些记录应保存五年（若存放在容易查阅的地方，只需保存两年）。[37]

九、限制转售和取消资格的规定

满足众筹豁免条件发行的证券，自证券发行之日起一年内，任何购买者不得转让证券，除非是将证券转让给发行人、合格投资者，作为向证券交易委员会发售的一部分，或转让给购买者的家庭成员。[38] 如果发行人或其前任、高管、董事、普通合伙人或管理成员，或发行人已发行的 20% 或以上的有表决权股权证券的任何受益人，在发行声明公布之前的 10 年内被判定犯有与销售或购买证券有关的任何重罪或轻罪，或向委员会提交了任何虚假文件，或被任何有管辖权的法院禁止购买或销售证券，则发行人不能获得集资豁免资格。该禁令也适用于被证券交易委员会暂停或撤销注册及受到其他限制的人。[39]

十、众筹平台

截至本书撰写时，已有数百种众筹平台[40]或方法（模式）可供寻求资金的人使用，这些平台或方法（模式）已为初创公司筹集了超过 650 亿美元的资金，通过法定程序创造了超过 270 000 个就业岗位。[41]其主要模式可以总结如下，其中前两种模式是主要类型。

（一）奖励模式

基于奖励的众筹模式会向非合格投资者提供一定的福利，如 T 恤、电影票、免费软件等，投资者只需支付很少的费用，但不能取得任何公司的所有权。

（二）股权模式

股权模式给合格投资者提供了一个投资新公司的机会，这些公司拥有独特的产品，未来可能会有可观的金钱回报。

股权模式最著名的例子是 Kickstarter。Kickstarter 于 2009 年 4 月 28 日在纽约市布鲁克林区由三个人发起，以一家公益公司的形式成立。[42]这家公司，靠 1 000 万人的投资，筹集了超过 21 亿美元的资金，已经资助了近 10 万个项目。该公司宣称其使命是将创意项目变为现实。[43]公司推出的项目集中在艺术、时尚、音乐、食品、出版、电影、戏剧等值得关注的领域。其他平台也为同类项目筹集了约 100 亿美元的资金。[44]

（三）慈善模式

这种模式通过向有价值的非营利组织捐款，以促进社会企业的发展，为投资者提供道德上的满足，而不是金钱或其他奖励。慈善众筹的一个例子是笔者任教大学的网站，该网站鼓励捐助者为众多学生的项目和实践捐款，包括本科生的研究旅行、在非营利组织和社会企业的实习以及在古巴的环境研究。[45]

（四）债务模式（个人对个人）

在众筹债务模式中，投资者将资金集中到一个基金中，该基金根据潜在借款人的信用风险投资组合，在线向其借出无担保资金，允许投资者收取利息。这种模式为借款人提供了其他选择，特别是在他们无法从银行或抵押贷款公司获得资金的情况下。

（五）诉讼模式

诉讼模式众筹的资金是用来启动或继续对一些公司的诉讼，这些公司被认为有不当行为和其他相关的渎职行为。投资者可在诉讼可能得到的最终结果中获利。这种模式的一个例子是 LexShares，据其网站介绍，其筹集的资金可用作诉讼费用，如律师费、聘请专家证人的费用、庭审证据和法庭费用；用作租金、用品和其他业务相关费用的周转资金；用于诉讼当事人的个人费用；还可作为获取高质量法律人才的一种手段，如此便可减少以低于预期结果的钱达成案件和解的必要。[46]

（六）产品预售模式

产品预售模式使投资者能够在产品上市前以折扣价获得正在生产中的产品。[47]它与奖励模式有某种程度的相似之处。

十一、执法行动

只要有金钱投资，就不可避免地会有因过失行为或企业犯罪而产生的权力滥用。2015年6月，联邦贸易委员会在联邦贸易委员会诉埃里克·谢瓦利埃（Erik Chevalier）一案[48]中启动了第一起关于众筹的执法行动，联邦贸易委员会在该案中向法院寻求针对被告的永久禁令和其他救济令，因为被告违反了《联邦贸易委员会法》第5（a）条[49]，该条款禁止对与个人众筹活动有关的未交付产品收取佣金，禁止"在商业中做出不公平或欺骗性行为，或做出能影响商业的此类行为"。具体而言，被告以Forking Path公司（Forking Path, Co.）的名义开展业务，被指控利用一款所谓的棋盘游戏筹集资金。

据称，被告表示，如果达到35 000美元的众筹目标，投资者将获得某些奖励品，如棋盘游戏的副本和某些手办。被告从1 246名投资者那里筹集了约122 000美元，然后通知投资的消费者，该游戏将不会生产，并将办理退款。但很少有投资者收到任何退款，甚至可能根本没有投资者收到退款。[50]

诉讼的结果是达成了和解协议和法院命令，根据协议，谢瓦利埃此前未能履行发行中所陈述的退款政策，被禁止对任何众筹活动做出虚假陈述。被告被禁止披露客户的个人信息或以其他方式从客户的个人信息中获益，但此前被告未能妥善处置这些信息。此外，被告还被处以 111 793.71 美元的罚款，但由于谢瓦利埃声称无力支付，罚款已被暂停，但如果法院确定被告虚报了自己的财务状况，罚款则会恢复。[51]

众筹一直是虚拟货币实现增长的主要方式。美国国家税务局澄清了其关于众筹的税务处理的立场，更具体地说，就是通过出资购买一家公司的众筹，在资金被用于购买该公司之前，出资人就收到了所出资金的推定收入①，这种情况下该笔收入是否要纳税。美国国家税务局在指导信中指出，美国《国内税收法典》（*Internal Revenue Code*）第 61（a）条规定，总收入包括来自任何来源的所有收入，无论其是以现金、财产还是其他经济利益形式获得的收入。众筹收入，如果不是：（1）必须偿还的贷款；（2）为交换或换取实体股权而向实体出资的资本；或（3）不附带任何"交易条件"（quid pro quo）的礼物，则不需计入总收入。因提供服务或出售财产而获得的众筹收入，一般必须计入总收入。根据美国国家税务局相关条例，如果在应税年度内，纳税人以推定性的方式收到了收入，且收入已记入其账户，或可从其账户中提取，则该收入可计入总收入。[52]

---

① 推定收入（constructive receipt）是一个税收术语，规定纳税人对尚未实际收到但已记入其账户或以其他方式成为其未来可利用的收入负有纳税责任。设置推定收入的目的是防止纳税人对他们尚未使用的收入或报酬推迟纳税。

第二节　出于征税目的将虚拟货币认定为财产

美国国家税务局在其关于虚拟货币的指导意见中采取的立场是，出售或交换可兑换的虚拟货币，或将其用于购买商品或服务可能会产生纳税义务。美国出于税收目的，没有把虚拟货币看作一种可产生外币收益或损失的货币，相反，虚拟货币被视为"财产"，与其他形式的财产一样，需要纳税。虚拟货币具有可确定的价值，可以换成货币或其他资产。因此，收到用以换取其商品或服务的虚拟货币的纳税人，在计算总收入时必须将虚拟货币的公允市场价值包括在内。计税基础是虚拟货币在付款或收款之日，以美元计算的公允市场价值。如果是在交易所上市，则决定计税基础的方法是按虚拟货币的汇率折算成美元。应税收益或损失取决于所收财产的公允市场价值。收益或损失可能取决于虚拟货币是否为资本资产，或者虚拟货币交换是否涉及股票、债券或其他投资财产。支付给应纳税收款人的贸易或商业款项，有600美元的征税门槛。[53]另外，封闭（不可兑换）的虚拟货币不被视为财产，无须纳税，因为此种虚拟货币没有兑换功能，仅能在高度限制的范围中使用，如用于游戏的代币、飞行常客里程数、店内礼品卡等。

根据美国国家税务局的规定，"开采"虚拟货币的纳税人，必须将虚拟货币的公允市场价值计入收到货币之日的总收入。如果"开采"构成了贸易或商业活动，且该活动不是以雇员身份进行的，则该活动产生的自我雇佣净收入被视为自我雇佣收入，需要缴纳自雇税。

雇主作为劳务报酬支付的虚拟货币，在就业税上构成工资。使用该货币支付的款项，需要进行信息报告和后备预扣①，与法律法规规定的用其他财产支付一样。54 尽管有人就此提出了批评意见，但美国国家税务局并未对其《2014年指导意见》（以下称《指导意见》）做进一步更新。

该《指导意见》引起了很大的争议，评论者也普遍对比特币或其他虚拟货币"基础"的确定提出了批评。人们反复强调，如果一个纳税人以不同的价格、从不同的来源、在不同的时间购买虚拟货币，要计算其纳税基础，是非常麻烦的。有一位评论员提出了一个难以计算纳税基础的例子：某"矿工"某天以一种价格"开采"了10个比特币，第二天以另一种价格"开采"了10个比特币，第三天又以另一种价格"开采"了10个比特币，此后"矿工"又卖出10个比特币。如果"矿工"无法确定此笔交易的计税基础，那么"矿工"该如何准确地报税？55 另一位评论员谈到了类似的问题并对此表示关切，指出美国国家税务局的《指导意见》没有涉及比特币的估值、比特币的"开采"、比特币支付的扣缴、比特币在P2P交易中的使用、比特币作为资本资产的使用、比特币作为礼物或捐赠的使用以及比特币交易的核查等问题。56

另一位评论员担心，虚拟货币的用户可能不清楚适用于虚拟货币交易的税收法律和法规，甚至连税务专业人士都不清楚，因为相关法律法规十分复杂。他指出，美国国家税务局、州政府以及地方政府以

---

① 在美国的税收管理中，后备预扣（backup withholding）是指纳税人为某些交易收入设置的预扣比例（在2018—2025纳税年度为24%，此前为28%），用于向国家税务局纳税。

不同的方式征税，税率不同，还要考虑交易的性质。这其中有以虚拟货币支付的工资如何征税的问题，有依赖销售点税（即按照商品销售点的税率缴纳销售税）的销售税问题，有股票和其他投资的问题，有国外购买问题，还有其他交易问题。这些是应该作为普通收入征税，还是作为资本损益征税？由于比特币和同类虚拟货币被视为财产，那么问题就变成了这些资产的持有时间是超过一年，因此要按较低的资本利得税税率征税，还是不足一年，要按普通应税税率征税。判断的依据是如何计算虚拟货币的买卖，这将是一项繁重的任务，很难完成。笔者注意到，美国国家税务局将比特币视为财产的决定，有利于投资者，而不是有利于将比特币作为货币的日常用户。这样一来，当比特币在市场上使用而不是用于投资时，就会面临很多困难。日常交易将被征收适用的销售税，同时还需作为资本损益，这要求用户确定货币在使用日期的公允市场价值。最终的结果是不鼓励人们使用虚拟货币，因为给日常用户带来很多不便，而且美国国家税务局在执行裁决时会面临极大的困难。[57]

美国国家税务局将比特币和其他虚拟货币作为财产处理，由此产生的另一个问题是1031延税法（得名于美国税务法第1031条第一款的规定）的适用问题。该条款规定，所出售财产的应税收益，如果在一定的时间限制内换取了类似的投资财产，那么该应税收益可以推迟交税。如前所述，美国国家税务局将比特币和其他虚拟货币作为财产处理，相关收益就可以获得1031延税法规定的延迟交税待遇。然而，专家们质疑，货币兑换（例如，从欧元到美元或从一种虚拟货币到另一种虚拟货币）是否属于这部分法规的范畴。人们担心的是，如果没有正确报告应税的收益和损失，可能会受到刑事和/或民事处罚。[58] 新的税收立法似乎证实了评论员对1031延税法不适用问题的担忧，尽管美国国家税务局将虚拟货币视为财产。根据新税法的相关规定，只有不动产才有资格获得延迟交税待遇，将比特币兑换为以太币和其他加密货币则无法获得延迟交税待遇。这一税收转变，发生于美国国家税务局加紧调查个人纳税申报中潜在的未报告虚拟货币（也称为加密货币或数字资产）收益之际。此类货币的任何交换都将被视为应税事件，并需要承担适用的税收责任。[59]

美国注册会计师协会代表其成员及其成员所服务的客户，对此表示相当震惊。据称，其中一个担忧，是美国国家税务局在处理虚拟货币时的自相矛盾，美国国家税务局认为虚拟货币不是真实的货币，又出于税收目的将其视为财产，这就意味着，记录资本损益时，应该将其当作涉及财产的交换，但如果是为了转售而持有，则将其视为库存。这样一来，将会产生普通的收益或损失，但如果用于支付，那么虚拟货币应该像任何其他货币一样，必须在交易所进行兑换并检查其公允市场价值。如果雇员收到比特币作为对其工资的支付，虚拟货币被视为真实货币；如果比特币用于支付给独立承包商，则需要缴纳自雇税。当比特币在交易所买入或卖出时，收益或损失就是收到时的价值和卖出时价值之间的差额。如果纳税人无法确定交易的基础是什么，就无法确定需要缴纳的资本利得税。[60]

美国注册会计师协会还代表其公司高管和审计员，谈到了进一步的关切。对后者而言，新技术的复杂性，特别是分布式账本技术上交易的记录及其对内部控制的应用，可能导致重大错报。对于公司高管来说，把比特币作为真实货币处理，要求必须考虑其在资产负债表日期上的汇率，并调整录入以反映其对美元的兑换价值。[61] 美国注册会计师协会在2016年6月16日给美国国家税务局的一封信中,要求对《指导意见》作进一步细化和明确,截至本书撰写时,以下内容仍不清楚。

- 可接受的估值和文件——纳税人必须以合理的方式计算虚拟货币的公允市场价值。由此提出的问题是,纳税人是否需要使用一个交易所的市场价值或可以使用的几个交易所的平均价值,以及使用哪一个时间框架。
- 获取虚拟货币的费用——就如何处理"开采"和获取虚拟货币的成本以及获取虚拟货币的任何成本在何时(如果有的话)资本化,美国国家税务局应就此提供指导意见。
- 具体识别计算收益和损失时的挑战——美国注册会计师协会建议允许采用另一种方法来处理可兑换虚拟货币,因为纳税人必须具体识别每笔交易使用了哪一批虚拟货币,以确定每笔交易的收益或损失,但纳税人可能无法追踪某笔交易使用了哪些虚拟货币。
- 关于财产交易规则的一般指导——如果美国国家税务局确定财产交易规则,如1031延税法,应以不同的方式适用于虚拟货币,应提供额外指导,例如,为投资或业务而持有的虚拟货币交易,可与另一种虚拟货币同等处理。
- 商家持有的虚拟货币的性质——在确定商家持有的虚拟货币是资本资产还是普通资产这一问题上,美国国家税务局需要提供指导意见。当商家使用该虚拟货币向雇员和供应商支付款项时,就会出现这一问题。
- 慈善捐款——当捐赠给慈善机构的虚拟货币金额超过5 000美元时,是否需要进行合格的评估,以证实该金额为慈善捐款,美国国家税务局需要就这一问题提供指导意见。
- 作为"商品"的虚拟货币——根据美国国家税务局的规定,虚拟货币是否被视为按市值计价(mark-to-market accounting)①的商品。
- 需要进行最低限度的选择——美国国家税务局有关法规规定,对于外汇汇率收益,如果该收益来自个人交易,那么每笔交易最多可允许有 200 美元的扣除额;对于拥有最低数量的货币并将其用于小额购买的纳税人来说,跟踪公允市场价值将与计算最低限度损益一样,成为过重的负担。能否将 200 美元规则适用于这些虚拟货币交易?
- 退休账户——要求美国国家税务局提供指导,说明是否允许退休储蓄账户持有虚拟货币投资。
- 对虚拟货币的外国报告的要求——就对虚拟货币账户的报告以及虚拟货币适用《海外账户纳税法案》(*Foreign Account Tax Compliance Act*,FATCA)的情况,要求美国国家税务局提供指导意见。[62]

第三节 《海外账户纳税法案》[63]

应纳税情况取决于若干因素。位于美国境外的发行人可能不需要向美国纳税,除非它在美国境内有实质性的存在。根据《海外账户

---

① 按市值计价是一种会计操作方法,涉及调整资产的价值以反映当前市场条件所确定的资产价值。

纳税法案》，某些在美国境外持有金融资产的美国纳税人，必须使用美国国家税务局指定的表格向美国国家税务局报告这些资产，否则将受到严重处罚。纳税人还必须使用指定的美国金融犯罪执法网络局表格报告外国金融账户。外国金融机构也可能会被要求向美国国家税务局报告由美国纳税人持有或由美国纳税人持有大量所有权权益的外国实体所持有的金融账户的信息。外国金融机构不仅包括银行，还包括其他金融机构，如投资实体、经纪人和某些保险公司。[64]《海外账户纳税法案》是 2010 年《恢复就业激励雇佣法案》（Hiring Incentives to Restore Employment Act, HIRE）的一部分。[65]

一位对逃税和其他渎职行为感到担忧的评论员表示，《海外账户纳税法案》并没有要求虚拟钱包提供商向美国国家税务局报告，因此，美国国家税务局应对加密货币、虚拟钱包和虚拟钱包提供商进行界定，将其纳入监管范围，应将它们定义为外国金融资产、外国金融账户和外国金融机构。[66]

第四节　美国国家税务局条例执行行动

一、利用法院传票来调查税收欺诈案

美国国家税务局对虚拟货币交易征税的立场，引发了许多混乱和不确定性。在将虚拟货币作为货币还是财产处理这一问题上存在着大量讨论，核算此类交易和跟踪报告中所使用的基础也引发了争议，人们因此要求美国国家税务局作进一步明确。我们注意到调查加密货币交易难度很大,因为参与买卖的各方都是匿名的。虽然政府调查人员目前可能无法确定去中心化虚拟货币用户的身份,但仍有一些行之有效的技术可以规避这个障碍。在一个成为全国性新闻的案件中,其中一种方法得到了讨论,尽管该案件涉及中心化虚拟货币,但有第三方参与其中并拥有交易记录。当美国国家税务局试图获取 Coinbase 账户持有人的记录时,隐私问题是最重要的,因为当互联网开始在全球范围内应用时,隐私问题随之出现。据 Coinbase 官网介绍,Coinbase 总部位于旧金山,成立于 2012 年,是一个数字钱包和交易平台,商家和消费者可以通过这个平台用虚拟货币进行交易,交易币种包括比特币、以太币、莱特币和其他类似货币。该公司称其拥有超过 1 000 万用户,交易了 500 亿美元的货币资产。

二、美国诉 Coinbase 案

在美国诉 Coinbase 案[67]中,美国国家税务局向 Coinbase 公司发出传票,要求 Coinbase 公司几乎所有的客户提供 2013 年 1 月 1 日至 2015 年 12 月月底期间有关可兑换虚拟货币交易的记录。该传票的目的,是确定利用 Coinbase 传输服务的人员的身份及其可能需向联邦缴纳所得税的责任,美国国家税务局认为这些交易的资本利得被大幅少报。该局要求提供九类文件,包括当事人的用户资料、交易记录、处理的支付记录、第三方访问、账户或发票报表、支付记录和其他文件。Coinbase 公司拒绝按照传票要求提交文件,由此引发了诉讼,美国国家税务局据此寻求强制执行传票。美国国家税务局向联邦法院申请并获得授权,向 Coinbase 公司发出"无名氏"(John Doe)传票①,要求提供该网站的用户和交易信息。Coinbase 网站使用复杂的跟踪软件来确定从事比特币和类似交易的各方未报告的收益和损失。[68] 它雇用了承包商 Chain analysis 公司,该公司有一个"Reactor"工具,可用于跟踪和分析比特币交易。该软件的用户包括执法机构、银行和监管机构。[69] 随后,美国国家税务局修改了对约 14 355 个 Coinbase 账户持有人的要求,涉及 890 万笔交易。

美国加利福尼亚州旧金山的联邦地区法院批准了政府的部分请求。法院指出,修改后的请求涉及在某一年内每笔至少价值 20 000 美元的比特币交易。Coinbase 认为,美国国家税务局发言人的指控没有个人信息的支持,是一个仅有结论的指控,没有事实和其他依据的支持。法院不同意这一观点,认为该代表作为美国国家税务局虚拟货币调查组的高级代表,有权利提出请求,并驳回了 Coinbase 的其他主张,称政府已经满足了请求传唤的最低义务标准。法院命令 Coinbase 提供用比特币交易达 20 000 美元或以上的人的身份信息,包括纳税人身份证号、姓名、出生日期、地址、交易记录以及定期报表和发票。法院驳回了披露其他信息的请求,包括账户开户记录、护照和驾照复印件、钱包地址和所有钱包/金库的公钥。[70]

该决定使得美国国家税务局和其他政府执法人员能够破解这块保护守法的和不守法的虚拟货币用户的区块链盾牌。因此,位于加州旧金山、从事全球数字货币以及法币买卖的数字资产经纪公司 Coinbase,其用户维持客户隐私的能力将大大受限。客户之前认为他

---

① "无名氏"传票指的是发送该传票时,接收人身份仍不确定的传票。

们的交易是秘密进行的，信息不会泄露，但如果向美国国家税务局披露全部或大部分信息的请求被批准，他们将面临巨额罚款。[71]

三、Chainalsis 公司与美国国家税务局

为了确定购买和出售比特币客户的纳税义务，美国国家税务局与 Chainalsis 有限公司（Chainalsis Inc.）签订了合同，该公司是一家在纽约设有办事处的瑞士公司，将协助美国国家税务局识别数字钱包的所有者。[72] 该公司声称，它能够识别 25% 的比特币地址，这些地址占所有交易量的 50%。此外，它还拥有超过 400 万个比特币地址的标签，这些标签来自网络论坛和已泄露的数据源，这些数据源来自网络黑市论坛以及 Mt.Gox（一家比特币交易所）的存款和提款信息。如此看来，被盛传的比特币匿名性，现在已经可归入伪匿名的范畴。[73]

四、关于对虚拟货币交易征税的国会提案

国会有一些关于虚拟货币的提案，其中包括虚拟货币的交易税收。其中有一项是名为《2017 年加密货币税收公平法案》（*Cryptocurrency Tax Fairness Act of 2017*）[74] 的国会法案，由科罗拉多州众议员贾里德·波利斯（Jared Polis）和亚利桑那州众议员大卫·史威克（David Schweikert）提出，二人是国会区块链核心小组的联合主席。该法案解决了美国国家税务局将数字货币归为财产，即使最小额的数字货币交易也包含在内，从而抑制客户使用数字货币购买商品和服务的这一问题。该法案将创建一个架构，对用加密货币购买的商品征税，类似

于外币交易，允许客户使用加密货币进行小额购买而无须遵守报告要求。据提案人称，该法案的意图是允许人们使用数字支付方式购买报纸和进行其他小额购买，而不必担心这些小额购买会影响到纳税。[75]

另一项提案是众议院的一项法案，聚焦虚拟货币对国家安全的威胁。该法案将指示负责情报搜集和分析的国土安全部副部长与其他联邦机构、州和地方当局协调，就个人利用虚拟货币进行恐怖活动或为这种活动提供物质支持所造成的实际和潜在威胁进行评估，并公布评估结果。[76]

在国际上，与美国一样，税务机关要求以电子方式报税。例如，墨西哥要求公司所得税以电子方式申报，税务机关进行电子审计。在进行审计时，当局会向纳税人发送一份预评估，纳税人有15天的时间用证据反驳预评估结果或缴税。全球的趋势是利用区块链来加快申报速度，实现完全透明。未来在税款的计算和汇算、调整、质量控制等方面，资源的利用将更加快捷高效。困难会出现在过渡期，税务专业人员将被迫学习新技术，需要全面了解未来几年内将修改和改变的区块链编码技术。当税务机关也要求他们遵守新程序时，他们还需要全面了解税务新规。这样做的好处是，在额外要求、付款和退款方面可以有即时反馈。[77]提供会计课程的大学将不得不适应新技术，在教学中纳入信息系统及相关课程，以更好地培训未来的专业人员。

在接下来的《国际层面的监管》一章中，我们注意到，美国政府对不法行为的执法因虚拟货币交易的国际化和匿名化而面临严重阻碍。各国政府有责任相互合作，遏制全球范围内发生的犯罪、欺诈和避税行为。我们会讨论，截至本书撰写时，各方为了监管这项革命性新技术的许多参与者和呼吁这些参与者承担起责任所做的一些努力。

参考文献及注释：

1. 有关讨论，参见 Roy J. Girasa, Cyberlaw: National and International Perspectives, Ch. 2, Prentice-Hall, 2010.

2. Dong He，见前文第一章标注 24，Dong He, Karl Habermeier, Ross Leckow, Vikram Kyriakos-Saad, Hiroko Oura, Tahsin Saadi Sedik, Natalia Stetsenko, Concepcion Verdugo-Yepes, *Virtual Currencies and Beyond: Initial Considerations*, IMF Discussion Note SDN/16/03, Jan. 2016, at 30–31, https://www.researchgate.net/publication/298915094_Virtual_Currencies_and_Beyond_Initial_Considerations.

3. 关于众筹的讨论部分来自本文作者撰写并最初发表在 2017 年《东北法律研究杂志》(*North East Journal of Legal Studies*) 上的一篇论文，获得沙琳·麦克沃伊 (Sharlene McEvoy) 博士许可后，该文又重新发表。

4. Jim Manning, *Vega Fund: Ethereum Venture Capital Crowdfunding Platform*, ETH News, Mar. 12, 2017, https://www.ethnews.com/vega-fund-ethereum-venture-capital-crowdfunding-platfom.

5. Massolution, *2015CF: The Crowdfunding Industry Report*, http://www.crowdsourcing.org/editorial/global-crowdfunding-marketto-reach-344b-in-2015-predicts-massolutions-2015cf-industry-report/45376. 也可参见评论文章 Chance Barnett, *Trends Show Crowdfunding to surpass VC in 2016*, Forbes, Jun. 9, 2015, http://www.forbes.com/sites/chancebarnett/2015/06/09/trends-show-crowdfunding-to-surpass-vc-in-2016/#18e99839444b.

6. Nav Athwal, *Real Estate Crowdfunding: 3 Trends to Watch in 2017*, Forbes, Feb. 17, 2017, https://www.forbes.com/sites/navathwal/2017/02/17/real-estate-crowdfunding-3-trends-to-watch-in-2017/#40de83b93b4b.

7. *Securities and Exchange Commission v. W. J. Howey Co.*, 328 U.S. 293 (1946).

8. 第 112—106 号公法（Pub.L. 112–106），于 2012 年 4 月 5 日成为法律。

9. 该法第 301 条规定，第三编的全称是《2012 年网上筹集资金以及阻止欺诈和不道德的不披露行为法案》或《众筹法案》。

10. 15 U.S.C. § 77(d).

11. Securities Act of 1933, 15 U.S.C. § 77(d)(a)(6).

12. § 4(a)(6) of the Securities Act of 1933.

13. U.S. Securities and Exchange Commission, 17 C.F.R. 200, 227, 239, 240, 249, 269, 274 2016.

14. Rule 17 CF.R. § 230.501.

15. 17 C.F.R. § 227.100(a)(2)(ii).

16. Final Rule, § 227.201(r).

17. Final Rule, § 227.203.

18. Final Rule, § 227.204.

19. Final Rule, § 227.205.

20. Securities Act of 1934, § 3(a)(4)(A).

21. Securities Exchange Act of 1934, § 3(a)(80).《最终规定》第 227.300(a) (2) 条 [final rule, § 227. 300(a)(2)] 将融资门户定义为"在涉及证券发售或销售的交易中作为中介的经纪人,依据《证券法》第 4(a)(6) 条,不得 (i) 提供投资建议或推荐; (ii) 招揽他人购买、销售或自行购买其平台上展示的证券; (iii) 基于在其平台上展示或参考的证券的销售,向雇员、代理人或其他人就此类招揽支付报酬; 或 (iv) 持有、管理、处理或以其他方式处理投资者资金或证券"。

22. 根据《1934 年证券法》第 3(a)(26) 条 [Securities Act of 1934, § 3(a) (26)],"自律组织"被定义为"任何国家级证券交易所、注册证券协会或注册结算机构"。

23. 《乔布斯法案》第 302(b) 条对《1933 年证券法》(15 U.S.C. 77a et seq.) 进行了修订,增加了第 4A 条——《对于某些小额交易的要求》。

24. Final Rule, § 227.303(b).

25. 同上。

26. Final Rule, § 227.300(b).

27. Final Rules, § 227.301.

28. Final Rule, § 227.302(b).

29. Final Rule, §227.302(c).
30. Final Rule, §227.302(d).
31. 17 CFR §240.15c2-4.
32. Final Rule, §227.302(e)(f).
33. Final Rule, §227.401.
34. Final Rule, §227.402.
35. Final Rule, §227.304(a)(c).
36. Final Rule, §227.304(b).
37. Final Rule, §227.404.
38. Final Rule, §227.501.
39. Final Rule, §227.503.
40. 平台被定义为"可通过互联网或其他类似的电子通信媒介访问的程序或应用程序，注册经纪人或注册资金门户网站通过使用该程序或应用程序，在涉及证券发行或销售的交易中担任中介，《证券法》第4(a)(6)条对这类发行或销售有规定"［15 U.S.C. 77d(a)(6), Final Rule §227.300(4)］。
41. Martin Zwilling, *Will These 5 Models of Crowdfunding Replace Angel and VC Investors*, Entrepreneur, Feb. 3, 2015, https:www.entrepreneur.com/article/242767
42. "公益公司"是一种相对较新的商业公司类型，其目的是在实现商业目的之外创造"一般公共利益"。"一般公共利益"是指"根据第三方标准进行评估，从公益公司的业务和运作角度出发，对社会和经济整体产生的实质性积极影响"。"具体的公共利益"目的包括但不限于："（1）为低收入或服务不足的个人或社区提供有益的产品或服务；（2）促进个人或社区的经济机会；（3）保护环境；（4）改善人类健康；（5）促进艺术、科学或知识进步；（6）增加流向具有公益目的的实体的资本；（7）为社会或环境实现任何其他特殊利益。"在纽约，公益公司受《纽约商业公司法》第17条的约束。有关这些目的，可参见 New York BCL §1702(e), http://www.dos.ny.gov/corps/benefit_corporation_formation.html。大约有

20 个州承认公益公司，包括特拉华州、加利福尼亚州和纽约州。

43. https://www.kickstarter.com/about?ref=nav.

44. 关于众筹参与者选择投资众筹平台的出色评论，以及一份说明可选项的彩色图表，可参见 Eric Markowitz, *22 Crowdfunding Sites (and How To Choose Yours!)*, http://www.inc.com/magazine/201306/eric-markowitz/how-to-choose-a-crowdfunder.html.

45. Pace Crowd Funding, https://crowdfunding.pace.edu/.

46. LexShares, https://www.lexshares.com/pages/plaintiffs?gclid=CMG22JCku8sCFRMlgQodwSYG1Q.

47. Markowitz，见前文标注 44。

48. *FTC v. Chevalier*, No. 3:15-cv-01029 (D.C. Or., Jun. 10, 2015).

49. 15 U.S.C. § 45(a).

50. U.S. Federal Trade Commission, *Crowdfunding Project Creator Settles FTC Charges of Deception*, https://www.ftc.gov/news-events/pressreleases/2015/06/crowdfunding-project-creator-settles-ftc-chargesdeception.

51. *FTC v. Chevalier*，见前文标注 48。

52. U.S. Internal Revenue Service, Letter. No. 2016-0036, March 30, 2016, https://www.irs.gov/pub/irs-wd/16-0036.pdf.

53. U.S. Internal Revenue Service, *IRS Virtual Currency Guidance: Virtual Currency is Treated as Property for U.S. Federal Tax Purposes; General Rules for Property Transactions Apply*, Mar. 24, 2014, Notice 2014-21, https://www.irs.gov/newsroom/irs-virtual-currency-guidance.

54. 同上。

55. Jose Andre Roman, *Bitcoin: Assessing the Tax Implications Associated with the IRS's Notice Deeming Virtual Currency Property*, 34 Developments in Banking Law, 2014–2015, at 451, 454–456, http://www.bu.edu/rbfl/files/2015/07/Roman.pdf.

56. Elizabeth E. Lambert, *The Internal Revenue Service and Bitcoin: A Taxing Relationshi*p, 35 Virginia L Rev., No. 1, Summer, 2015, https://www.jmls.

edu/academics/taxeb/pdf/lambert.pdf.

57. Scott A. Wiseman, *Property or Currency? The Tax Dilemma Behind Bitcoin*, 2 Utah L Rev. 417–440 at 430–436, https://dc.law.utah.edu/ulr/vol2016/iss2/5/.

58. David Klasing, *Virtual Currency and Section 1031- A Retraction and New Position*, Sept. 1, 2017, https://klasing-associates.com/virtual-currencysection-1031-retraction-new-position/.

59. Michaela Ross, Bitcoin, *Cryptocurrency Trades Face New Liability in Tax Bill*, Bloomberg Law Big Law Business, Dec. 20, 2017, https://biglawbusiness.com/bitcoin-cryptocurrency-trades-face-new-liability-intax-bill/.

60. Rick Barlin, *Bitcoin: Rise of Virtual Currency and its Downfalls: IRS Regulations and Other Drawbacks For Bitcoin*, The CPA Journal, Oct. 2, 2017, https://www.cpajournal.com/.

61. 同上。

62. Troy K. Lewis, *Comments on Notice 2014–21: Virtual Currency Guidance*, AICPA Letter, Jun. 10, 2016, https://www.scribd.com/doc/315796895/AICPA-Comments-on-Notice-2014-21-Virtual-Currency-Guidance.

63. 有关本文讨论的一些税收问题，可参见 Elena Eyber, *The Rise and Regulation of Virtual Currency* (Jan. 23, 2017), CCH Group, http://news.cchgroup.com/2017/01/23/rise-regulation-virtual-currency/.

64. U.S. Internal Revenue Service, *Summary of FATCA Reporting for U.S. Taxpayers*, https://www.irs.gov/businesses/corporations/summaryof-fatca-reporting-for-us-taxpayers.

65. Pub.L. 111–147, 124 Stat. 71, enacted Mar. 18, 2010, H.R. 2847.

66. Elizabeth M. Valentine, *IRS, Will You Spare Some Change? Defining Virtual Currency for the FATCA*. 50 Valparaiso U. L. Rev. 863–911 at 865, Sp. 2016.

67. *U.S. v. Coinbase*, No. 17-cv-01431-JSC (D.C.N.D.Ca. Nov. 28, 2017).

68. *John Doe*, No. 3:a16-CV-06658-JSC (N.D. Ca. Nov. 17, 2016). 有关评论，可参见 Robert W. Wood, *IRS Hunts Bitcoin User Identities With Software In*

Tax Enforcement Push, Forbes, Aug. 24, 2017, https://www.forbes.com/sites/robertwood/2017/08/24/irs-hunts-Bitcoin-useridentities-with-software-in-tax-enforcement-push/#534172159cd0.

69. Joseph Cox, *IRS Now Has a Tool to Unmask Bitcoin Tax Cheats*, The Daily Beast, Aug. 22, 2017, https://www.thedailybeast.com/irs-now-has-atool-to-unmask-Bitcoin-tax-cheats.

70. 同上。

71. Joel Rosenblatt, *Coinbase Likely to Lose Fight to Block IRS Customer Probe*, Bloomberg, Nov. 9, 2017, https://www.bloomberg.com/ news/articles/2017-11-10/coinbase-likely-to-lose-bid-to-block-irsprobe-of-customer-gains.

72. 有关合同副本，可参见 https://assets.documentcloud.org/documents/3935924/IRS-Chainalysis-Contract.pdf.

73. Jeff John Roberts, *The IRS Has Special Software to Find Bitcoin Tax Cheats*, Fortune, Aug. 22, 2017, http://fortune.com/2017/08/22/irs-tax-cheats-bitcoin-chainalysis/.

74. H.R. 59 and H.R. 3210.

75. Jaren Polis, *Creating tax parity for cryptocurrencies*, Press Releases, Sept. 7, 2017, https://polis.house.gov/news/documentsingle.aspx?Document ID=398438.

76. *Homeland Security Assessment of Terrorist Use of Virtual currency Act (An Act to direct the Under Secretary of Homeland Security for Intelligence and Analysis to develop and disseminate a threat assessment regarding terrorist use of virtual currency)*, H.R. 2433, https://www.comgress.gov/bill/115th-congress/house-bill/2433/text.

77. Simon Jenner, *Blockchain: The Digital Tax Function's Leading-Edge Technology?*, Tax Notes International, at 1087–1089, Dec. 11, 2017, https://www.taxnotes.com/document-list/tax-topics/tax-policy.

第八章　国际层面的监管

最初由互联网所引发的金融创新，是全球支付系统变革的基础，金融创新的出现和发展不可避免地引起了执法机构对犯罪活动的严重关切。其中包括各国中央银行对将新货币纳入全球金融网络的关切，以及政府在努力保护其公民免受有害投资影响时的担忧。各国和国际机构为了鼓励金融创新和挫败不可避免的有害活动，正在努力了解此类货币和制定应对措施。

第一节　国际清算银行

国际清算银行[1]通过其支付和市场基础设施委员会（Committee on Payments and Market Infrastructures）于 2015 年 11 月发布了一份关于数字货币的报告。在报告中，国际清算银行列出了可能影响货币未来发展的供给侧因素，这些因素主要有：因流通的数字货币众多而造成的碎片化；可扩展性和效率，在本报告发布时，数字货币的规模小于传统支付系统；由于分布式账本通常是公开的，因此存在伪匿名性；因恶意行为者使用伪造账本而产生的技术和安全问题；今后商业模式将难以实现商业可持续性。国际清算银行还注意到了需求侧的安全、成本、可用性、波动性、损失风险、不可撤销性、处理速度、跨境覆盖、数据隐私以及营销和声誉影响等问题。

国际清算银行处理的监管问题，是位于全球和国家层面的监管问题。该行建议采取五类行动，即：(1)普及相关信息，使用户认识到参与数字货币交易的风险；(2)监管具体实体，如交易所、接受数字货币的商业设施和数字钱包应用程序；(3)解释现有条例，以确定是否需要因新技术的兴起而更新这些条例；(4)扩大监管范围，将适用于传统支付方法和中介的条例扩大到包括这些新货币；(5)各国推出禁令。[2]

国际清算银行还讨论了虚拟货币对中央银行的影响，以及国际清算银行在适应虚拟货币方面的作用。国际清算银行强调的是对消费者的保护，这一价值观以用户对价值的认知为前提。鉴于虚拟货币的分散性，央行将很难预测到可能会出现的干扰。由于缺乏一个法律结构来管理虚拟货币的使用，所以存在法律风险。由于虚拟货币对零售支付系统、中央银行的流动性以及传统货币和非传统货币用户之间的相互联系程度有影响，对金融稳定和货币政策也有影响，今后的行动方针可能包括银行自己对支付系统中的分布式分类账展开调查。[3]

第二节 欧洲联盟

一、欧洲中央银行

早在 2012 年 10 月，欧洲中央银行（European Central Bank，ECB）

在虚拟货币发行后不久就对其表示关注,鉴于虚拟货币在两个方面的特点:类似货币、拥有自己的零售支付系统,将其称为"虚拟货币计划"。在回顾了虚拟货币的特点之后,欧洲央行指出了这些虚拟货币产生和增长的商业原因,即为了让虚拟社区用户参与其中,给虚拟货币所有者创造收入,根据其商业模式和战略控制这些虚拟货币,以及为了与欧元和美元等传统货币竞争。[4]

在回顾了案例研究、央行面临的风险和其他考虑因素后,欧洲央行的结论是:在报告发布的时候(2012年10月),只要虚拟货币保持在一个相对较低的水平上,就不会对价格稳定构成风险;虚拟货币由于数量少,缺乏广泛的接受度,往往具有内在的不稳定性和低风险;在报告发布时,虚拟货币还没有受到监管;犯罪分子、洗钱者和诈骗分子使用虚拟货币,可能会给公共机构带来挑战;如果公众认为虚拟货币的滥用是由于缺乏央行的干预,可能会对央行造成影响;当虚拟货币成为支付系统的一部分时,就进入央行的权限范围。[5]

欧洲央行在2015年的一份报告中指出,去中心化虚拟货币的数量急剧增加,支付系统面临的危险增加,也许更重要的是,用户暴露在汇率、波动性、与收款人匿名有关的交易对手、投资欺诈等其他风险之下。国家机构缺乏为降低这些风险而开展的政府协调行动,欧洲央行对此表示了关切,称应开展相关行动,如发出警告和声明、阐明货币的法律地位,以及对虚拟货币活动实施许可制和进行监督。因此,欧洲央行会建议立法、管理和监督部门对其之前在报告中讨论过的各种计划,出台协调应对措施。[6]

二、欧盟反洗钱令

欧盟于 2015 年 5 月 20 日颁布了《欧盟反洗钱第四号指令》(Fourth Anti-Money Laundering Directive)①。该指令有两个任务:一是打击出于犯罪目的的洗钱行为;二是打击资助恐怖活动的行为[7],要求成员国在 2016 年 12 月月底前让这一指令生效。此后,欧盟委员会对该指令做了一些修改,包括要将虚拟货币兑换平台纳入指令中。该指令将虚拟货币兑换平台与虚拟货币托管钱包区分开来,虚拟货币兑换平台是用虚拟货币换取真实(法币)货币的货币兑换处,而虚拟货币托管钱包的供应商代表客户持有虚拟货币账户,可以进行付款或收款。

虚拟货币兑换平台可以被视为"电子"货币兑换处,用虚拟货币换取现实货币(或所谓的"法定货币",如欧元)。虚拟货币托管钱包的提供商通过提供虚拟钱包,代表客户持有虚拟货币账户,支付或接收虚拟货币。在"虚拟货币"世界里,二者分别相当于银行和提供支付账户的支付机构。[8] "各成员国要确保虚拟货币和法币之间的兑换服务提供商、托管钱包提供商、货币兑换和支票兑现处以及信托或公司服务提供商已获得许可证或已经注册……"[9]

有趣的是,欧盟委员会在一份报告中似乎得出结论:即使虚拟货币具有匿名性的特点,但似乎犯罪组织很少使用虚拟货币,主要原因是虚拟货币的使用方法缺乏复杂性。[10] 其他举措,特别是在 2017 年 5 月 12 日勒索软件攻击事件之后推出的举措,包括 TITANIUM(Tools for the Investigation of Transactions in Underground Markets——地下市

---

① 《欧盟反洗钱第五号指令》于 2018 年颁布。

场交易调查工具)项目,在该项目中,来自四个执法机构的研究人员聚集在一起,开发和应用工具,以打击洗钱计划和其他犯罪活动,同时保障个人隐私和其他基本权利。项目旨在分析法律和道德要求,并制定刑事调查所需的数据、信息和知识的储存及处理准则。[11]

欧洲议会在 2016 年 5 月 26 日关于虚拟货币的一项决议中呼吁,在阐述广泛使用虚拟货币和分布式账本技术所带来的监管挑战时,应采取不扼杀创新或不增加成本的适度监管方式。欧洲议会呼吁在互联网治理论坛(Internet Governance Forum)上成立一个区块链技术动态联盟,并要求欧盟委员会推动分布式账本技术的共享和包容性治理,以避免欧盟在监管互联网时所面临的问题。欧洲议会建议,欧盟的主要立法,包括《欧洲市场基础设施条例》(European Market Infrastructure Regulation,EMIR)、《中央证券存管条例》(Central Securities Depositories Regulation,CSDR)、《社会发展基金》(Social Fund for Development,SFD)、《金融工具市场指令和条例》(Markets in Financial Instru-ments Directive and Regulation,MiFID/MiFIR)、《可转让证券集合投资计划》(Undertakings for Collective Investments in Transferable Securities,UCITS)、《另类投资基金管理人指令》(Alternative Investment Fund Managers Directive,AIFMD)等,可以为虚拟货币和分布式账本技术的治理提供一个与已开展的活动相一致的监管框架,不管它们采取了何种底层技术。即使随着虚拟货币和基于分布式账本技术的应用扩展到新市场,并扩大了活动范围,也可能需要更多为其量身定制的立法。至于旨在终止与此类平台相关的匿名性的《反洗钱指令》(Anti-Money Laundering Directive),欧洲议会希望在这方面的任何建议都将是有针对性的,通过充分分析与虚拟货币相关的风险来证明其合理性，并以彻底的影响评估为基础。[12]

三、欧洲证券和市场管理局

欧洲证券和市场管理局（The European Securities and Markets Authority，ESMA）是一个独立的欧盟机构，通过加强对投资者的保护，促进金融市场的稳定有序，为维护欧盟金融体系的稳定做出贡献。[13]该局曾在2015年开展了一项名为"证据征集"的虚拟货币研究。管理局指出，虚拟货币投资产品包括两种不同的类型，即集体投资计划（Collective Investment Scheme，CIS）和提供不同类型虚拟货币衍生品的交易所平台。管理局确定了12个集体投资计划，两家位于欧洲的受监管公司——这两家公司提供比特币和莱特币的金融差价合约（Contract for Difference，CFD），17个提供比特币或莱特币的金融差价合约或二元期权的活跃平台，以及一些提供期货和其他衍生品的交易所平台，这些平台不受监管，地点不明。

欧洲证券和市场管理局聚焦三个问题：一是以虚拟货币作为基础融资平台的投资产品；二是对以虚拟货币为基础的资产/证券的投资，以及这些资产/证券的转让；三是分布式账本在投资方面的其他用途。其文件在提出这些问题的同时，也征求了投资者和其他参与者的意见。具体而言，管理局指出，对于第一个问题，有一些传统投资可能会接触到虚拟货币，如集体投资计划或潜在的非注册衍生品，如期权和差价合约。对于第二个问题，即用传统资产交换虚拟货币，以及第三个问题，即除虚拟货币外，可能适用于投资者的其他用途，管理局要求，要对一系列问题做出评论和答复，这些问题表达了管理局对基于分布式账本技术用途的规模和数量、投资者的情况，以及其他相关问题的关切。[14]

2016年6月，管理局公布了对2015年4月提出的问题的答复，描述了分布式账本技术对欧盟境内证券市场的好处和风险。指出的好处有：

- 便于清算和结算——速度和效率有所提高，消除多个第三方，并可能实现一步到位的清算和结算过程。
- 便于资产的所有权记录和保管——推广一个独特的数据库，通过智能合约消除合同的模糊性、提高自动化程度，直接发行数字证券，跟踪所有权，并可作为一个可信的来源。
- 便于报告和监督——通过使用一个单一的来源，促进数据的收集、整合和共享。
- 降低交易对手风险（counterparty risk）——缩短交易的结算周期，而且由于结算有即时性，可能不再需要中央清算设施。
- 高效的抵押品管理——减少和/或消除现金/即期交易的交易对手风险，并改善处理过程或减少抵押品移动的需要。
- 提升可用性——可以全天候不间断地进行交易。
- 提升安全性和可靠性——抵押品交易是高度安全的，可以抵御网络攻击。
- 降低成本——通过减少对个人分类账和业务连续性计划的需求，大幅降低成本。
- 额外的好处——增强了交易前的信息交流，方便了广告宣传，为买卖双方牵线搭桥，验证了所有权。[15]

根据 2016 年的讨论文件，面临的问题和风险有：

- 技术问题——与现有系统的相互操作性，以及不同网络之间的相互操作性；需要使用中央银行的货币和资源机制进行结算；头寸净值化；保证金融资和卖空。
- 治理和隐私问题——需要为非许可系统和许可系统制定规则，以验证交易、最低资本要求，对预防欺诈或错误、纠正机制和惩罚，以及可能的知识产权侵犯的关注；对隐私的侵犯可能出现在"了解你的客户"要求，以及私人数据的存储中。
- 监管和法律问题——将分布式账本技术纳入现有监管框架，分布式账本技术上保存的记录的合法性和可执行性，以及对分布式账本技术网络的监管。
- 主要风险——网络风险，欺诈和洗钱风险，操作风险，市场波动性、相互关联性等新风险，扰乱公平竞争和有序市场的风险。
- 其他风险——加密技术的复杂性，以及分布式账本技术迁移到新环境后可能产生的不确定性。[16]

四、欧盟的区块链新举措

欧盟委员会在欧盟议会的支持下，启动了欧盟区块链观察站论坛（E.U. Blockchain Observatory and Forum），其目标是"突出区块链技术的关键发展，促进欧洲行为体在这一方面的发展，并加强与参与区块链活动的多个利益攸关方的接触"。[17] 在认识到该技术是一个"重大突破"、将不可避免地改变金融活动众多领域的商业模式后，该组织指出，区块链所产生的利益将降低成本，同时提高信任度、可追溯性和安全性。观察站论坛将监测区块链的发展、资助项目、与现有的欧盟国家倡议和企业倡议合作、确保跨国合作、整合专业知识、解决在区块链使用中出现的挑战。它将与ConsenSys[18]开展合作，ConsenSys已成为区块链生态系统中的一个全球领先企业。

五、欧洲法院裁决

《增值税指令》（*VAT Directive*，以下简称《指令》）第2条规定，要对在欧盟成员国境内有偿提供商品和/或服务的行为征税。根据这一规定，用法币兑换可比价值的比特币虚拟货币，是否构成应缴纳增值税的交易，或反之亦然？2015年10月22日，应瑞典最高行政法院对一项初步裁决的请求，欧洲法院做出了判决。欧洲法院指出，《指令》第14（1）条规定，货物供应，应指所有人对有形个人财产的处置权，第24（1）条将服务供应定义为不构成货物供应的任何交易。[19]

欧洲法院指出："首先，在交换交易中，与传统货币交换的、有双向流动性的'比特币'虚拟货币，不能被定性为《指令》第14（1）条所规定的'有形财产'，因为虚拟货币除了作为支付手段外，没有其他目的"，而传统货币是作为法偿货币的货币。因此，涉及货币交换的交易，不构成第14（1）条所规定的"货物供应"。就应缴纳增值税的"服务供应"而言，在提供的服务和纳税人收到的报酬之间，必须有直接联系。法院进一步认定，该交易属于第24（1）条规定的服务供应，然而，上述货币交换也属于《指令》第135（1）e条规定的豁免情况,第135(1)e条规定对支付手段免征增值税。比特币既不是赋予财产权的证券,也不是拥有类似性质的证券,也不是会使其被纳入征税范围的经常账户或存款账户。[20]

这一判决的影响是,为比特币提供兑换服务的服务与其他兑换外币的兑换服务一样,可以免征增值税。一名评论员建议,由于比特币用户和参与比特币兑换的人可以匿名,因此应对该豁免情况进行审查。[21]

六、经济合作与发展组织

经济合作与发展组织(Organisation for Economic Cooperation and Development,OECD)[22]似乎没有就虚拟货币表明官方或建议的立场,但在几篇经合组织工作人员的授权文章中,提到了其观点。在一份工作文件中,经合组织幕僚长讨论了加密货币的性质和估值、风险事件、市场波动、欺诈、比特币的替代品以及政府实体正在采取的各种监管措施。他指出了一个悖论,即在匿名使用加密货币的行为中出现越多的非法和错误行为,政府就越有可能被激励对其进行干预。他在总结发言中指出,需要解决的一般性政策问题包括:是否禁止加密货币、保护消费者的最佳登记做法、金融领域所有参与者的公平竞争环境、政府对货币的支持、对不遵守法规的补救措施。[23]

七、联合国

联合国(United Nations,UN)对恐怖主义背景下的虚拟货币表示关切。除了发布谴责恐怖主义的决议外,联合国还开启了一个名为

"技术反恐"的联合项目，合作双方是联合国反对恐怖主义委员会执行局（UN Counter-Terrorism Committee Executive Directorate）和瑞士非政府组织信息通信技术和平基金会（ICT4Peace）。这一公私领域跨界合作项目的目标是防止恐怖主义通过互联网蔓延，项目内容包括限制恐怖组织使用虚拟货币。[24]

八、二十国集团（G20）

虚拟货币，特别是比特币，似乎将会被列入于 2018 年 11 月 30 日至 12 月 1 日在阿根廷布宜诺斯艾利斯举行的 G20 会议[25]的议程。法国财政部长布鲁诺·勒·梅尔（Bruno Le Maire）提出，对比特币的监管将被提上议程，对其他虚拟货币的监管也很可能会被讨论，这表明国际社会在关注新技术和新货币对国家和国际经济的影响。[26]

九、国际证监会组织

国际证监会组织（International Organization of Securities Commissions，IOSCO）已开始研究虚拟货币底层技术的影响和后果。各国证券委员会负责人组织了国际会议，讨论了分布式账本技术和金融科技的好处和风险，以及各国政府应该考虑的挑战和应开展的监管工作。[27]2018 年 1 月 18 日，国际证监会组织董事会发布了一份警告，该警告指出，以比特币或以太币甚至是法币进行交换的首次币发行（ICO），一般存在着明显的风险。人们担心的是，这些发行往往在客户的法律管辖范围之外，从而引起投资者的忧虑。警告提到了 2017 年

10月17日至19日国际证监会组织董事会的一次会议，该会议认为使用ICO来筹集资金的情况越来越多，应加以关注。[28]

许多其他国际组织也开始讨论虚拟货币的发展及其对相关领域的影响，提出有可能采纳的建议并发表评论。似乎在可预见的未来，只有各国政府和非政府实体之间开展有效合作，才能减少ICO和虚拟货币交易过程中的不法行为。

第三节　允许虚拟货币存在或对其进行监管的国家和地区[29]

一、阿根廷

阿根廷确实允许虚拟货币交易，但也认识到在使用虚拟货币时，执行反洗钱条例是有困难的。该国的《Unidad de Informacion Financiera》法案于2014年7月4日公布，要求所有金融服务公司必须开始报告所有虚拟货币交易，因为犯罪分子有可能会利用P2P交易作掩护来隐瞒其金融交易，由此会产生威胁。阿根廷将比特币和其他虚拟货币当作受其监管框架管辖的货币。[30]

二、澳大利亚

澳大利亚自2014年开始，颁布了一系列关于虚拟货币的法规。

2014年8月20日，澳大利亚税务办公室（Australian Taxation Office）发布了一系列关于虚拟货币税务处理的裁决，并于2014年12月17日最终确定下来。办公室裁定，比特币不被视为货币或外币，而是在税务问题上被视为易货协定，在资本利得税上被视为资产。购买数字货币的个人需要缴纳澳大利亚的商品和服务税，而从事包括比特币在内的数字货币买卖交易服务的企业，需要对所得利润缴纳所得税。

澳大利亚储备银行（Reserve Bank of Australia）是澳大利亚支付系统的主要监管机构，该银行坚持认为，数字货币由于使用有限，没有引起重大关切，尽管如此，银行正在评估现行监管框架是否能够适应这种新的另类交易媒介。澳大利亚证券和投资委员会（Australian Securities and Investments Commission）已就从事虚拟货币交易的风险发出警告，但没有发布条例，因为委员会不认为这种交易是在提供金融服务，而为他人提供咨询和交易安排的公司可能会面临委员会对金融产品的监管。[31]

三、奥地利

奥地利金融市场管理局（Financial Market Authority of Austria）没有发布任何有关比特币和其他虚拟货币的法规，但与其他国家的央行类似，管理局对可能出现的加密货币欺诈行为发出了警告，并敦促投资者保持极其谨慎的态度，因为虚拟货币相关交易缺乏政府干预和监督，投资者可能无法获得补偿。管理局注意到了诸如谢尔盖·马夫罗迪（Sergei Mavrodi）的庞氏骗局。奥地利的检察官正在与该局一起调查欺诈活动，以减少此类活动。[32]

四、比利时

比利时虽然对从事虚拟货币交易的危险发出了警告，但没有颁布任何禁止或管制虚拟货币使用的条例。比利时国家银行（Belgian National Bank）警告说，虚拟货币作为一种支付手段缺乏合法性，任何损失都不在该国存款担保计划的范围之内。比利时国家银行将等待进一步发展，然后再采取进一步行动。[33]

五、白俄罗斯

白俄罗斯政府在 2017 年 12 月 22 日由总统亚历山大·卢卡申科（Alexander Lukashenko）签署的《关于数字经济发展的法令》（*On Digital Economy Development Ordinance*）中，以及在白俄罗斯国家银行（National Bank of Belarus）早前的公告中，正式承认加密货币，特别是比特币和 ICO，允许用其兑换政府的法定货币。该法令使白俄罗斯成为第一个承认虚拟货币为合法货币的欧洲国家。所有这些交易所将在 5 年内（即 2018—2023 年）免税。[34]

六、巴西

巴西中央银行与大多数其他国家的央行一样，再次发出了关于数字货币的警告，再次提到了担保缺失，还提到数字货币由非金融实体代理、具有不稳定性、会受到非法活动的影响，并发布了其他一些常见的警告。该行指出，这些货币并没有对巴西的金融系统构成威胁，但他们正在关注事态发展，今后可能会据此颁布监管条例。[35] 巴西的证券交易委员会（CVM）发布了一项禁止当地投资基金购买加密货币的禁令，声称加密货币不被认为是金融资产。该委员会在 2017 年 12 月与央行的联合声明中，对潜在风险发出警告，但截至本书撰写时，巴西的立法机构还没有颁布任何法规。[36]

七、保加利亚

保加利亚的条例涉及虚拟货币在税务问题上的处理。比特币和其他虚拟货币似乎被当作货币处理，此类交易的收入所得须作为销售和兑换所得进行征税。此类收入应在纳税人的年度纳税申报表上申报。[37]

八、加拿大

加拿大证券管理机构（Canadian Securities Administrators，CSA）在第 46-307 号员工通知[38]中承认了加密货币发行的增加，其中包括 ICO、ITO（首次代币发行）和加密货币基金销售。加拿大证券管理机构虽然承认这些产品在集资方面为企业提供了新机会，但对其波动性、透明度、估值、保管和流动性，以及使用不受监管的加密货币交易表示了关切。因此，该机构建议实行相关法规，要求企业获得监管部门批准，并向投资者提供招股说明书，除非获得豁免。关于加密货币，加拿大证券管理机构特别规定，由平台促进交易的币/代币，可能是需要遵守政府法规的证券，除非获得豁免。提供作为证券的加密货币的加密货币交易所，必须确定自己是否是一个市场，如果是，则必须遵守管理交易所或其他交易系统的规则。

该机构进一步指出，企业通过互联网发起的以交换法定货币或比特币等加密货币的方式向投资者筹集资金的ICO和ITO，与传统的公司发行类似，因为这些货币的价值可能增加或减少，这取决于商业计划的执行情况。虽然企业可能认为交易所可以免于遵守政府为保证企业合规所采取的措施，但是在以交易的经济现实和对发行目标的目的性解释为基础、对交易整体进行审查时，一种币或代币可能被视为证券。因此，在判断投资合同是否存在时，政府采用了类似于美国豪威公司案的检验标准，即：（1）用钱进行投资；（2）投资于一个共同的企业；（3）期望获得利润；（4）利润明显是来自他人的劳动付出。[39]

除非获得豁免，如与合格投资者进行独家交易，或者发行人依靠使用《发行备忘录》（*Offering Memorandum*）与不合格投资者进行交易，否则必须按规定向投资者提供某些细节信息，具体包括业务性质、使用的生态系统类型、最低和最高发行金额、预期用途、到期时间以及其他重要细节。判断法人是否以经营为目的进行证券交易所需要登记的指示性因素有：（1）招揽广泛的投资者群体，包括散户投资者；（2）利用互联网，包括公共网站和讨论板，接触大量的潜在投资者；（3）参加公共活动，包括会议和见面会，积极宣传币/代币的销售；（4）从大量投资者那里筹集大量资金。属于注册要求范围内的人员将要遵守严格的标准。[40]

九、哥伦比亚

哥伦比亚的央行（Banco de la Republica de Columbia）发布了一

份意见，意见指出，只有哥伦比亚比索可以作为交易媒介，这实际上是禁止在国内使用加密货币。该行确实允许哥伦比亚居民在国外购买这些货币作为投资，但对随之而来的风险也发出了警告。[41]

十、克罗地亚

克罗地亚国家银行（Croatian National Bank）注意到克罗地亚国内已经发生了几笔比特币交易。克罗地亚正在遵循欧盟的建议，认为使用虚拟货币是合法的，但不认为虚拟货币是法偿货币。该国正在等待，看看其央行是否会做出进一步指示。[42]

十一、塞浦路斯

塞浦路斯在其证券交易委员会发出常规风险警告[43]后，似乎对比特币和其他虚拟货币表示了欢迎。Coinbase 和 Gdax 于 2018 年 1 月在塞浦路斯第二大城市利马索尔推出了比特币现金①大使馆，以此作为社区中心，让据称来自金融科技公司 Hello Group 的专家在此主持关于比特币的讨论。利马索尔还因在 2017 年 12 月推出第一台比特币 ATM 机而受到关注。[44] 塞浦路斯是一个金融中心，据称还是避税天堂，对全世界而言，虚拟货币在此蓬勃发展，这点应该不足为奇。

---

① 比特币现金（Bitcoin Cash，BCH）是从比特币（BTC）分叉出的另一种加密货币。

十二、捷克

比特币以及莱特币等其他虚拟货币不仅在捷克共和国境内合法，而且可用于购买各种商品和服务，从餐馆到出租车服务，都可以使用虚拟货币。这被称为"比特币狂热"。[45]

十三、丹麦

丹麦的金融监督委员会（Financial Supervisory Authority）在早些时候曾表示，虽然加密货币不安全，但它不打算监管加密货币或其交易所。[46] 不过，该局指出，在支付替代品投入运营之前，只要是用于购买商品和服务的支付替代品，都要通知消费者监察专员（Consumer Ombudsman）。支付服务和电子货币的提供者必须得到委员会的授权。使用支付替代品（似乎包括虚拟货币）必须遵守《支付服务法》（Payment Service Act）的规定，其中包括按要求向用户提供信息，以及责任条例、收费条例和对任何剩余款项的赎回条例。[47]

十四、爱沙尼亚

爱沙尼亚观察到比特币和其他加密货币的显著崛起，决定在2017年底推出国家虚拟货币。该国正在考虑将这一货币的三种模型命名为"爱沙币"（estcoin），并与欧元挂钩。爱沙尼亚"电子居民"计划的总经理表示，爱沙尼亚并不打算违背欧洲央行的声明，而是允许其居民成为全球商业界的一部分，并为该国参与全球商业提供便利。[48]

此外，欧洲央行行长马里奥·德拉吉（Mario Draghi）在谈到爱沙尼亚的倡议时，明确表示："欧元区的货币是欧元"。[49]

十五、芬兰

据芬兰银行（Bank of Finland）的监管负责人介绍，与其他许多国家一样，芬兰将虚拟货币视为一种商品而非货币，因为虚拟货币不符合货币的定义。居民可以自由参与比特币的购买和交易，但会被告知随之而来的风险。[50]

十六、法国

法国经济和财政部（French Ministry for the Economy and Finance）在 2014 年 7 月 11 日的公报中制定了四项措施，以应对非法和欺诈性使用比特币和其他虚拟货币所带来的风险。为了应对虚拟货币匿名性带来的问题，该部要求比特币的发行商识别和核实需要缴纳资本利得税的用户，征收边际税率的门槛为 5 000 欧元，并制定可能实行的消费上限，以保护虚拟货币的用户和投资者。[51]

该部在注意到虚拟货币的多功能性所带来的风险后，发布了一份报告，提出了一些防止欺诈和洗钱的建议。在这些建议中，有三种可行的策略，即：（1）限制虚拟货币的使用；（2）监管与合作；（3）认知与合作。在限制使用方面，经济和财政部建议在开设虚拟货币账户时，用户必须提供身份证明，这些账户需按规定申报、严格规定可以使用虚拟货币支付的金额上限、使用可靠的方法检查交易方的身份。

在监管和合作方面，该部建议统一欧盟和国际上关于虚拟货币交易所的法规、防止位于国外但拥有法国用户的虚拟交易所规避法国法律、在服务提供商开设账户时设定最低要求。关于最后一项建议：认知和调查，它建议调整法律框架和调查方法，提升对于该领域的认知、完善风险监测。[52]

十七、德国

德国认为虚拟货币，特别是比特币，是记账单位，即类似于外汇的金融工具，但根据《德国支付服务监管法》（*German Payment Services Supervision Act*），虚拟货币不是法偿货币。虚拟货币可以私下作为易货交易中的支付手段，也可以作为私法上的合同替代货币。虚拟货币与电子货币等数字货币不同，电子货币的确有一个中央主管部门，且被视为法定货币。当虚拟货币在私下作为现金的替代品，或在交换交易中存入货币用于出售或收购虚拟货币，或通过自己"挖矿"获得的虚拟货币，这些虚拟货币不需要政府授权。然而，当通过平台、以商业模式进行交易时，则需要政府的全面授权，还要履行纳税义务和受其他政府应用支配。[53]

十八、希腊

除了提醒潜在用户注意随之而来的风险外，希腊没有颁布任何关于虚拟货币的立法或条例。希腊确实可能有适用于监管虚拟货币的反洗钱法律和条例，但在可预见的将来，除非发生欺诈和其他渎职行为，否则，希腊用户都可以进行虚拟货币交易，不必担心监管问题。[54]

十九、匈牙利

匈牙利在 2018 年启动了《区块链和虚拟货币条例》（*Blockchain and Virtual Currency Regulation*）的立法工作。[58]该条例相当详细地涵盖了影响区块链技术和货币的全部法律问题。此前，匈牙利中央银行（Central Bank of Hungary）发布了有关新技术相关风险的常见警告，对虚拟货币容易被盗、波动性大和缺乏政府支持的风险提出告诫。[59]

二十、冰岛

冰岛经历过一场严重的金融危机，其银行系统岌岌可危。根据该国第 87/1992 号《外汇法》（*Foreign Exchange Act*）实施的资本管制在 2016 年年底得到修正（第 826/2017 号），允许使用冰岛货币进行几乎不受限制的投资和购买。据推测，这将包括购买可能被视为商品的虚拟货币。[60]

二十一、印度

在印度，对于是否允许加密货币的交易，以及如果允许此类交易，将实施何种监管要求，存在很大的困惑。虽然银行业官员对此表示了担忧，但比特币和其他加密货币的购买、销售和兑换似乎仍在蓬勃发展。印度央行曾多次警告投机者不要购买比特币，因为交易中产生的泡沫可能会带来重大损失，而且泡沫也让投资者在印度境内购买比特币比在印度境外购买要面临高出 20% 的溢价。[61] 一种新型的加密货币 Laxmicoin 似乎是数字货币中最新的投机主体，它的操作方式和比特币一样，也是以区块链技术为基础，供币总量为 3 000 万枚，截至本书撰写时，正在等待印度储备银行（Reserve Bank of India）的批准。[62]

二十二、印度尼西亚

印度尼西亚银行表示，包括比特币在内的虚拟货币在印度尼西亚不被承认为合法货币，并被禁止用作支付手段。印度尼西亚的第 7/2011 号货币法规定，货币应是印度尼西亚共和国发行的货币，在印度尼西亚共和国境内进行的以支付为目的的每项交易，或需要用货币履行的其他义务，或其他金融交易，必须用印尼盾来完成。在注意到虚拟货币的有关风险后，根据《印度尼西亚银行关于实施支付交易处理的第 18/40/PBI/2016 号条例》（*Bank Indonesia Regulation No. 18/40/PBI/2016 on Implementation of Payment Transaction Processing*）和《印度尼西亚银行关于实施金融技术的第 19/12/PBI/2017 号条例》（*Bank Indonesia Regulation No. 19/12/PBI/2017 on Implementation of Financial Technology*），印尼禁止该国所有的支付系统和金融技术运营商，包括银行和非银行机构，使用虚拟货币处理交易。[63] 由此看来，比特币和其他此类货币本身可以买进卖出，但不得用来购买商品或服务。

二十三、伊朗

伊朗曾禁止加密货币，但现在改为对虚拟货币进行审查，在允许使用虚拟货币方面,该国态度似乎变得更加宽容。伊朗中央银行(Central Bank of Iran)副主任纳塞尔·哈基米(Naser Hakimi)虽然警告了使用虚拟货币存在风险和不确定性,但还是设想了积极的一面,称虚拟货币为无法获得信贷的交易者提供了获得投资资本的替代手段。[64]

二十四、爱尔兰

爱尔兰国会下议院(Dáil Éireann)是爱尔兰国会(Oireachtas)的主要议院,曾援引爱尔兰中央银行(Central Bank of Ireland),称该行不对比特币进行监管,比特币在欧盟内不被认为是法定货币。税务局(Revenue Commissioners)认为,在因使用虚拟货币而产生的任何收益以及增值税这一方面,可能存在逃税行为,并对此表示担忧。该局认定目前逃税的情况并不多,但仍将继续监测虚拟货币的使用情况。[65]

二十五、以色列

以色列虽然提醒其公民在投资新货币时要谨慎,但还没有颁布监管虚拟货币的相关法律。一个可能的原因是由于以色列在高科技领域占据领先地位,该国采取了一种倾向于放手的方式。在以色列银行(Bank of Israel)、以色列资本市场管理局(Capital Market Authority)、以色列证券管理局(Israel Securities Authority)和以色列反洗钱和恐怖融资管理局(Israel Money Laundering and Terror Financing Prohibition Authority)的联合声明中,以色列表示正在监测虚拟货币的使用和交易及其宏观影响、风险、恐怖融资和税收问题。[66]

二十六、意大利

欧洲央行发布建议后,意大利央行立即发布了一系列关于虚拟货币的声明。在其于 2015 年 1 月 30 日发布的关于使用虚拟货币的警告和关于使用虚拟货币的通知中,意大利央行显然响应了欧洲银行业管理局(European Banking Authority,EBA)和金融行动特别工作组(Financial Action Task Force)的建议,还表示承认使用虚拟货币及其兑换非法定货币金额的合法性,但同时建议金融机构在用以监管虚拟货币兑换的正式法律框架建立之前不要购买或投资这些货币。该行于 2015 年 2 月 2 日发布的《关于报告虚拟货币的中央部门通知》(Notice of Central Authority for Reporting on virtual currencies)与其他的监管部门有所不同,不同之处在于,虽然金融机构要遵守现有的反洗钱或"了解你的客户"要求,但参与使用虚拟货币的企业不需要遵守上述要求。[67]

二十七、日本

2017 年 4 月 1 日,日本政府通过修订《银行法》(Banking Act),增加了被称为"虚拟货币法"的第 3 条,对虚拟货币给予了认可。该法承认虚拟货币是指以电子方式记录的"资产类价值",不包括日币、外币和以货币计价的资产,可作为支付手段向"不确定方"购买商品或服务,并可通过电子数据处理系统进行传输。[68] 虚拟货币虽然在法律上不被视为货币,但被认为是一种支付方式,与其他资产交换类似,也是一种需要纳税的资产。《银行法》将虚拟货币与数字货币区分开来,后者被定义为以货币计价资产,可用于支付租约款项（monetary obligation）或还款。⁶⁹ 提供虚拟货币和实际货币兑换服务的虚拟货币交易所也得到了承认，并须遵守《修正结算法案》（Amended Settlement Act）规定的广泛登记要求条例。⁷⁰

二十八、约旦

和其他许多国家的央行一样，约旦中央银行（Central Bank of Jordan）警告称，比特币和其他虚拟货币不是法定货币，可能会给用户带来无法弥补的巨大损失。约旦央行支付服务执行董事马哈·巴胡（Maha Bahu）向该国各银行发出通知，禁止所有银行、交易服务机构、金融公司和支付服务公司处理上述虚拟货币。有证据表明，两家交易所曾遭到黑客攻击，这让人们对使用虚拟货币感到不安。⁷¹

二十九、黎巴嫩

黎巴嫩央行——黎巴嫩银行（Banque du Liban）——的行长里亚德·萨拉曼（Riad Salameh）同样警告了虚拟货币的风险，禁止使用虚拟货币，并提到了约旦央行的立场。但他指出，电子货币将在未来发挥突出作用，因此宣布计划推出黎巴嫩银行自己的基于区块链技术的数字货币。⁷²

三十、立陶宛

立陶宛（中央）银行发表了一份关于虚拟货币的比较全面的审查

报告并表明了立场。其结论如下：(1) 提供金融服务的金融市场参与者不得参与和虚拟货币有关的活动，或提供与虚拟货币有关的服务；(2) 金融市场参与者应确保把提供金融服务的活动与和虚拟货币有关的活动实际分开，并确保针对金融市场参与者提供的服务的性质，进行适当和非误导性的沟通；(3) 在向从事与虚拟货币有关活动的客户提供金融服务时，金融市场参与者应确保遵守反洗钱和反资助恐怖主义的立法要求，并采取适当措施管理洗钱和/或资助恐怖主义的风险。在提到 ICO 时，该行指出，当 ICO 具有证券的特征时，需要遵守立陶宛有关证券的法律。当 ICO 具有众筹、集体投资事业、投资服务或金融工具的特征时，也要受到适用法律的监管。[73]

三十一、卢森堡

卢森堡大公国通过其金融监管机构金融监管委员会（Commission de Surveillance du Secteur Financier，CSSF）所采取的立场是，根据于 1993 年 4 月 5 日颁布的相关法律，未经财政部长许可，任何人不得在金融领域开展活动。因此，将虚拟货币作为支付、创建或交换手段进行交易的人，必须获得财政部长的授权。其新闻稿确实表明金融监管委员会愿意对新货币进行监管，但与其他国家不同，委员会将比特币视为账目货币（scripturale money）①，而非商品。[74] 由此看来，卢森堡并非不欢迎虚拟货币的使用，一些评论家认为，该国可以作为新货币的枢纽。[75]

---

① 账目货币是指客户在商业银行持有的现金往来账户中的存款。

三十二、马来西亚

马来西亚中央银行（Malaysian Central Bank）正在拟议加密货币监管法规，以规范加密货币的使用。该行行长表示，他关切可能会出现的犯罪和其他非法使用加密货币的情况，因为这种货币将受到马来西亚《2001年反洗钱、反恐怖主义融资和非法活动收益法》(*Anti-Money Laundering, Anti-Terrorism Financing and Proceeds of Unlawful Activities Act of 2001*)的制约。加密货币的使用显然没有被禁止，但将受到政府的严格监管。[76]

三十三、墨西哥

墨西哥不承认虚拟货币为货币，特别是比特币，因为虚拟货币没有央行的支持。然而，截至本书撰写时，该国一直允许购买和交易加密货币。目前，有一些拟议的立法行动，承认在转变和升级经济的技术金融领域方面，数字资产有一定的价值。[77] 墨西哥财政部和央行在最近的声明中，警告投资者和用户注意加密货币的风险，ICO和为其筹集资金的尝试可能会违反该国的市场和证券法，尽管截至本书撰写时墨西哥还没有任何ICO。[78]

三十四、荷兰

荷兰银行（Bank of the Netherlands）于2014年5月8日发表了一份名为《虚拟货币不是可行的替代品》(*Virtual Currenciers are not* a Viable Alternative)的声明。在声明中,荷兰银行提醒说,虚拟货币不太可能取代当前的金融体系和货币(欧元),而且先天就充满了风险。该行指出,"无论是央行还是其他任何官方机构,都没有要求任何与比特币相关的业务获得许可证,或要求它们面临任何类型的官方审查"。荷兰银行一直愿意参与和新形式货币有关的业务,监管机构也没有对比特币初创企业行使权力,从而使技术得以发展和壮大。看来,荷兰政府在新技术的发展中充当了先锋。[79]

三十五、新西兰

新西兰对加密货币采取的是不干涉政策。新西兰储备银行(New Zealand Reserve Bank)代表托比·菲恩斯(Toby Fiennes)在2018年年初表示,即使考虑到勒索软件和使用加密货币所带来的其他威胁,该行也不会发布针对与加密货币有关的渎职行为的法规。报道援引他的话说:"有活力的网络环境意味着组织必须灵活地处理网络安全问题——专注于结果,而不是一味地提出规范性要求……展望未来,储备银行和其他监管机构将需要确保新西兰的监管制度在任何新的商业模式成为系统性模式的情况下,具有适应性,同时不会过度损害创新。"[80]

三十六、挪威

挪威似乎对比特币的接受度较高,对其他虚拟货币可能也是这一态度。挪威至少有一家银行——Norwegian Skandianbanken 银行,现在允许客户将其持有的比特币钱包与法币存款整合在一起,使他们能够同时检查其持有货币的价值。[81]2013年，挪威税务局（Norwegian Tax Administration）表示，从这种销售中获得的利润属于一种资本财产，需要纳税。[82]

三十七、菲律宾

菲律宾中央银行（Bangko Sentral Ng Pilipinas）于2017年发布了一份通告，规定了管理菲律宾境内虚拟货币交易所的准则。该行指出，其政策旨在提供一个鼓励创新的环境，同时确保虚拟货币不会被用于洗钱或恐怖主义融资，同时也确保客户得到充分保护。菲律宾中央银行特别清楚地认识到，虚拟货币有可能使金融服务的提供方式发生革命性的变化，可以在国内和国际上更快、更经济地转移资金。因此，菲律宾央行打算对其进行监管，以确保上述政策目标的实现。交易所必须从银行获得注册证书，才可以从事货币转账业务。[83]

三十八、波兰

波兰央行——波兰国家银行（National Bank of Poland）和波兰金融监管局（Polish Financial Supervision Authority）虽然没有禁止使用加密货币，但都对加密货币的风险表示非常担忧，并参与了一场劝阻居民进行加密货币交易的活动。[84]该行有一个名为"警惕加密货币"（watch out for cryptocurrencies）的网站，其中包含了对加密货币投资危险的警告、关于加密货币缺少政府保护和担保的常规评论，以及对其他一些风险的警告。[85]

三十九、葡萄牙

葡萄牙银行（Banco de Portugal）发布了关于虚拟货币伴生风险的常规警告，这些警告很可能遵循了欧盟理事会和议会的指令。该银行的一位董事表达了银行的关切，他指出，虚拟货币，特别是比特币，是一种惯例，是一种基于非常强大的技术基础的计算机化解决方案，区块链是一个梦幻般的网络，它允许在没有中介的情况下进行支付。他表明葡萄牙银行正在审查评估这一新现实的措施，以管控非法使用虚拟货币和区块链的行为。[86]

四十、沙特阿拉伯

沙特阿拉伯对 ICO、比特币和其他虚拟货币采取了放手不管的态度，认为这些货币的市场在沙特国内还太不成熟，不适合监管。沙特阿拉伯货币管理局（Saudi Arabia Monetary Authority）正在监测虚拟货币，可能未来当它们变得更加突出时，会采取措施对其进行监管。[87]

四十一、塞尔维亚

塞尔维亚国家银行（National Bank of Serbia）参考了欧洲银行管理局的意见，发布了常规警告，明确第纳尔是塞尔维亚的货币，以及所有付款均应用以第纳尔为单位的支付手段结算。虚拟货币须遵守《支付交易法》（Law on Payment Transactions）和《外汇业务法》（Law *on Foreign Exchange Operations*）。根据《关于可在外汇市场上买卖的外汇和外国现金种类的决定》(*Decision on Types of Foreign Exchange and Foreign Cash to be Purchased and Sold in the Foreign Exchange Market*），银行和特许外汇交易商只能以该决定规定的货币购买和出售外国现金。由此看来，在塞尔维亚，人们可以在私下购买比特币和其他虚拟货币，但将其兑换成塞尔维亚的货币可能会违反该国的法律和监管规定。[88]

四十二、新加坡

新加坡金融管理局（Monetary Authority of Singapore，MAS）表示，如果数字代币被认为是《证券与期货法》(*Securities and Futures Act*）中规定的"产品"，那么数字代币的发售或发行将受到新加坡金融管理局的监管。与所有其他国家实体一样，新加坡关注的是洗钱和恐怖主义融资。金融管理局在2014年3月13日的第一次声明中，指出虚拟货币本身不受监管的特点，而其于2017年8月1日发布的解释性公报则详细说明了政府对新货币的兴起和风险的关注，以及所需的监管程度。公报称，数字代币的功能已经超越了虚拟货币的功能，或许可以代表发行者资产或财产的所有权或担保权益，而这只是其中一个例子。因此，数字代币可被视为集体投资计划中的股份或单位发行，从而受新加坡《证券和期货法》的约束。数字代币也可能构成债务，从而属于《证券和期货法》中规定的债券。如果是这样，那么数字代币的发行将必须取得许可和符合其他法定要求及监管要求。当局告诫发行人应就注册要求是否适用的问题寻求适当的法律意见。[89]

四十三、斯洛文尼亚

斯洛文尼亚还就虚拟货币的风险发出了全面警告。一个令人关切的问题是比特币和其他此类货币交易的税收问题。从本质上讲,斯洛文尼亚税务局的立场是,根据该国法律,虚拟货币不是货币资产,因此,个人出售比特币不需要缴纳资本利得税或所得税。然而,"矿工"获得的奖励等,可能会像其他任何交易和"开采"比特币产生的利润收入一样被征税。[90]

四十四、南非

南非储备银行(South African Reserve Bank)发布了一份《关于虚拟货币立场的文件》(*Position Paper on Virtual Currencies*)。[91] 该文件指出,根据《南非储备银行法》(*South African Reserve Bank Act*),只有银行可以发行纸币和硬币。文件重申了伴随着虚拟货币而来的风险,它们缺乏法定货币的地位和政府支持。文件还指出,目前虚拟货币并不对国家货币构成实质性风险,但仍需要监测以确定二者之间的相互联系。该文件确实强调了新技术和新货币的潜在积极影响。南非储备银行虽然保留改变立场的权利,但它暂时不会制定任何阻碍虚拟货币兑换的法规。

四十五、韩国

韩国对虚拟货币持保守态度,正在权衡是完全禁止还是严加监管虚拟货币。2017年9月,水原地方法院在警方扣押比特币一案中,对一名经营非法色情网站4年之久的个人做出了不利于政府的判决。法院表示,政府当局扣押比特币的行为,在法律上并不妥当,因为比特币是以电子文件形式存在,并不像现金一样具有实物状态,所以不能假设其具有任何客观标准价值。[92]时任韩国法务部长官朴相基(Park Sang-ki)表示,在对涉嫌逃税的虚拟货币交易银行进行了一系列突击检查后,法务部正在准备一项禁止加密货币交易的法案。这一发言引发的一个直接结果是,比特币在韩国国内的价值暴跌。[93]除了逃税问题,金融服务委员会(Financial Services Commission)和金融监督院(Financial Supervisory Service)还联合检查了6家银行,以确定其是否存在洗钱活动、使用假名开户等问题,并就如何更好地监管洗钱活动向银行提供指导。[94]

在该国的反虚拟货币条例实施后,有人立即依据宪法提出上诉,指控加密货币不是法定货币,而是可以通过合法货币换取其他具有经济价值的商品的财产或资产。[95]

四十六、西班牙

西班牙政府的税务局(General Directorate of Taxes)于2015年3月30日发布了一项具有约束力的裁决,指出购买和销售虚拟货币,即比特币,可免征增值税,因为这些行为构成了金融服务。该裁决引用了2006年11月28日发布的欧盟理事会第2006/112/EC号指令,该指令规定此类交易可免征增值税。我们已在本章的第二节中讨论过这一问题。[96]

四十七、瑞典

瑞典央行——瑞典银行（Sveriges Riksbank）表示，比特币和以太币是特殊形式的货币，不受监管，发行者也不受金融监管。该行表示，比特币和其他虚拟货币的交易对瑞典财政影响不大，因此不需要对其进行干预。瑞典银行已经注意到了虚拟货币给投资者带来的风险，这些风险是私人性质的，当局已经事先就投资者们会面临的虚拟货币危险发出了警告。[97] 随着瑞典法定货币克朗的使用率大幅降低，瑞典正在考虑发行一种新的国家数字货币——电子克朗（e-krona），以作为克朗的补充，为用户多提供一种支付选择。[98]

四十八、瑞士

瑞士联邦委员会（Swiss Federal Council）在关于虚拟货币的报告中，得出了以下结论："目前,虚拟货币作为支付手段的经济重要性相当微不足道，联邦委员会认为这种情况在可预见的将来不会改变"。因此，瑞士国家银行（Swiss National Bank）不打算发布任何限制此类交易的法规，它将依靠现有的法规来防范犯罪活动和洗钱活动，这需要核实合同方和受益人的身份。此外，基于虚拟货币的某些商业模式会受到有关金融市场法律的约束，可能需要金融市场监督。与所有其他讨论一样，委员会注意到消费者面临的风险，以及建议他们采取适当措施以防止损失。委员会将继续监测虚拟货币的使用情况，以后可能会对其进行政府干预。[99]

四十九、泰国

泰国中央银行(Bank of Thailand)最初在2013年将比特币作为非法货币予以禁止,而且据此可以推断,其他加密货币在泰国应该也是非法货币。Bitcoin Co. 有限公司(Bitcoin Co. Ltd.——泰国的一家加密货币交易所)曾试图就其在泰国国内交易比特币的权利进行谈判,但泰国的外汇管理和政策部(Foreign Exchange Administration and Policy Department)表示,这种交易可能会产生违反现行法规的财务后果。[102]2014年2月,泰国中央银行改变了其立场,允许该公司恢复运营。在给该公司的一封信中,泰国中央银行表示,Bitcoin Co. 有限公司的兑换业务不受财政部法规的约束,除非是提供外币进行兑换。比特币等加密货币并不被视为货币或法定货币,而是被视为先天没有价值的电子数据。[103]

五十、土耳其

土耳其银行业监督管理局(Banking Regulation and Supervision Agency,BRSA)在于2013年11月25日发布的一份新闻稿中,就比特币和其他虚拟货币的风险,包括犯罪活动、数字钱包被盗和波动性发出了常规警告。此后,该局进一步指出,由于虚拟货币不被视为电子货币,"似乎不可能在《支付、证券结算系统、支付服务和电子基金机构法》(The Law on Payment and Securities Settlement Systems, Payment Services and Electronic Fund Institutions)的范围内对其进行监督和审计"。[104]

五十一、阿拉伯联合酋长国

阿拉伯联合酋长国虽然最初看起来也是要禁止虚拟货币,该国在 2017 年 1 月 1 日实施了包含"禁止所有虚拟货币(及其交易)"字样的法规,但后来又对该法规做出了澄清。阿联酋央行明确表示,并没有禁止包括比特币在内的虚拟货币,而是正在审查其使用情况,有关虚拟货币的具体定位将根据未来发布的法规而定。虚拟货币使用者的律师被告知,要在法规明确之前谨慎行事。[105]

五十二、英国

根据苏格兰场(伦敦都市警部的代称)的说法,英国,特别是伦敦,作为其他商业活动中心,已经成为用虚拟货币进行洗钱的中心,苏格兰场呼吁全面改革有关非法使用虚拟货币的法规。[106] 英国似乎没有直接的立法来监管虚拟货币,截至本书撰写时,虚拟货币一直不在英国支付系统的范围内,而英国作为全球金融中心,其支付系统可以与美国相媲美。和美国一样,英国有反洗钱法规,政府打算把这一法规应用于虚拟货币,这将符合欧盟对《欧盟反洗钱第四号指令》的修正建议。英国的各家银行明显感受到了威胁,因此反对英国为虚拟货币提供监管环境的务实措施,英格兰银行已采取措施要创建自己的虚拟货币,这将成为其审查实时结算系统的一部分。与欧盟一样,在英国,虚拟货币的"挖矿"没有增值税,但个人和企业在拥有和出售虚拟货币时,如果出现了收益或损失,可能会产生相应的税务,这些收益或损失的处理方式与法定货币交易的收益或损失类似。[107]

2015年，英国财政部应提供信息之要求，发布了一份报告，概述了虚拟货币的好处和风险。[108] 其中提到的好处与其他各方已经列举过的好处（速度快、安全性高、更广泛地使用分布式账本技术进行证券的转移和记录等）有所重复，此处无须赘述。值得注意的是，其中列出的虚拟货币的风险有：为犯罪行为提供匿名性，跨境转账使非法活动难以控制，犯罪分子可以使用勒索软件中断他人计算机并以此进行勒索，洗钱，逃避税收和处罚，给英国和欧盟的金融和货币稳定带来风险。尽管分布式账本技术带来了风险，但英国得出的结论是，该国会致力于鼓励创新的新支付和技术发展；执行反洗钱条例；提供执法工具和支持，以打击利用分布式账本技术进行犯罪的行为；与英国标准学会（British Standards Institution）和数字行业合作，为保护消费者制定开创性的自愿标准；提供可与现有分布式账本技术竞争的创新支付选择；与科学和工程公司开展协作，以应对新技术带来的挑战；中央银行启动数字货币发行。[109]

五十三、越南

越南也向居民发出了关于投资虚拟货币的常规警告。越南公安部（Ministry of Public Security）对在全球范围内造成重大经济损失的庞氏骗局发出警告，并对交易平台和投资计划进行监控，已经逮捕和关闭了一些有违法行为的个人和公司。尽管如此，越南有比特币社区银行和交易所，如 Airbitclub 和 BitKingdom，它们被允许在没有政府干预的情况下公开运营。[110] 截至本书撰写时，越南正在考虑制定可能对虚拟货币产生实质性影响的法规。[111]

第四节 禁止比特币和其他虚拟货币的国家

一、孟加拉国

孟加拉银行宣布,该银行和其他政府机构不承认虚拟货币的合法性,虚拟货币在孟加拉国内不被批准用于支付或其他用途。交易者如果从事比特币的兑换,可能面临最高 12 年的监禁。[112]

二、玻利维亚

玻利维亚的央行——玻利维亚中央银行(Banco Central de Bolivia,BCB)已禁止虚拟货币的流通和使用。根据第 044/2014 号决议,玻利维亚在 2014 年 5 月 6 日颁布条例,规定虚拟货币的使用为非法行为。玻利维亚金融系统监督管理局(Bolivian Supervisory Authority of the Financial System)拘留了约 60 名加密货币推广者,他们被警察当局逮捕。据称,这些推广者正在培训其他人从事被禁止的加密货币交易。[113]

三、中国

中国央行宣布数字代币销售的 ICO 为非法时,引起了比特币价值的暴跌。中国禁止将货币转换为数字代币，从事此类发行的公司必须退还销售所得的所有资金，并会因发行而面临罚款。[114] 对此，中国发布了《中国人民银行等七部委关于防范代币发行融资风险的公告》（以下简称《公告》）和《关于对代币发行融资开展清理整顿工作的通知》（以下简称《通知》）。[115] 七部委发出的《公告》指出，通过使用虚拟货币而开展的融资活动包括非法销售代币、非法发行证券、非法集资等行为，而且虚拟货币不属于法定货币，因此，各类代币发行活动在本质上都是非法行为，参与代币发行活动的单位和个人要退出发行和融资活动，政府主管部门要查处相关违法行为。交易所的所有交易将立即停止，并不提供与之相关的服务。金融机构和非金融支付机构不得提供账户或承保、保险，并应报告所有与虚拟货币有关的交易。[116]

在《通知》中提出，各地的互联网金融风险专项整治工作领导小组要对ICO发行和活动进行调查，并在2017年9月4日前将结果报送辖区内的地方办事处，同时抄送中国银监会、中国保监会、中国证监会。各地办事处对违规行为进行查处，查处措施包括约谈、监控账户、发现违规行为时冻结平台高管资产等。由于中国禁止销售虚拟货币，[117] 从事虚拟货币交易的中国投资者将目光投向了日本和其他认可数字资产转让的国家。[118]

四、厄瓜多尔

厄瓜多尔国民代表大会（National Assembly of Ecuador）禁止比特币和其他去中心化虚拟货币，并创造了一种由国家管理的新电子货币取而代之。根据政府的说法,其目标是帮助弱势人群,但也可能是为了削弱其法币与美元的联系。央行开发的电子货币将由厄瓜多尔中央银行(Banco Central del Ecuador)的资产支持。[119]

五、吉尔吉斯斯坦

吉尔吉斯共和国国家银行(National Bank of the Kyrgyz Republic)宣布,吉尔吉斯共和国的唯一法定货币是本国货币,使用虚拟货币,特别是比特币,作为支付手段,是违反该国法律的行为。参与使用虚拟货币的人将面临"因违反吉尔吉斯共和国法律而产生的所有可能的负面后果"。[120]

六、摩洛哥

摩洛哥虽然表示对虚拟货币的底层技术感兴趣,但仍宣布虚拟货币违反了其外汇条例,会让用户受到惩罚或面临罚款。摩洛哥央行马格利布银行(Bank Al-Maghrib)、摩洛哥外汇局(Morocco Office des Changes)与摩洛哥银行专业集团(Professional Group of Banks of Morocco)开展合作,一同指出任何与外国有关的虚拟货币使用,如果不通过该国授权的中介,将受到刑事处罚。[121]

七、尼泊尔

尼泊尔国家银行(Nepal Rastra Bank)发布了比特币禁令通知,

导致该国的 Bitsewa 数字货币交易所关闭。此前有不少人因从事比特币交易被逮捕,并被处以罚款和最高 3 年的监禁。[122]

第五节　另类的国家虚拟货币

面对制裁,俄罗斯和委内瑞拉正在探索虚拟货币的其他可能性。它们没有直接禁止虚拟货币,而是在探索是否有可能创建由自己国家支持的加密货币形式,模仿迄今为止比特币及其底层技术的成功。这个概念是创造一种新的货币,从而可以无视美元的力量,无视美国央行以及主要西欧国家央行的中央控制,因为这些国家参与了针对上述两国的禁令。俄罗斯和委内瑞拉提出,由两国石油和其他资源支持的新货币 Petro,再加上俄罗斯的加密卢布(crypto-ruble)——俄罗斯计划发行的法定数字货币,可以避免西方央行对主导货币的控制,从而规避对他们两国的禁令。[123] 虽然其他国家对数字货币的理念持赞成态度,但似乎信任和接受度是决定虚拟货币价值的根本,这可能会阻碍其他国家接受俄罗斯和委内瑞拉所做的这些尝试。

俄罗斯的尝试还更进了一步,俄罗斯央行的第一副行长奥尔加·斯科罗博加托娃(Olga Skorobogatova)建议金砖四国(巴西、俄罗斯、印度和中国)和欧亚经济联盟(Eurasian Economic Union,EEU)[124]创建自己的联合数字货币,而不是单个国家的虚拟货币。金砖四国和欧亚经济联盟成员国定于 2018 年的某个时间对这一概念进行正式讨论。此前,在 2017 年 9 月,俄罗斯直接投资基金(Russian Direct

Investment Fund)的负责人基里尔·德米特里耶夫（Kirill Dmitriev）也提出了类似建议，即金砖四国加南非将通过金砖国家新开发银行（New Development Bank），利用金砖五国银行间合作机制（BRICS Interbank Cooperation Mechanism），创建一种联合虚拟货币，让几国能够用以人民币为主导的货币取代美元和其他经常性货币，用于债务结算。[125]

参考文献及注释：

1. 国际清算银行成立于 1930 年 5 月 17 日，总部设在瑞士巴塞尔，是一个国际金融组织，成员包括 60 个国家的中央银行和中国的香港特别行政区，约占全球 GDP 的 95%。其使命是提供服务，帮助中央银行实现货币和金融稳定，促进这些领域的国际合作，并充当中央银行的银行。https://www.bis/org/cpmi/publ/d137.htm.

2. Committee On Payments and Market Infrastructures, *Digital currencies*, Bank for International Settlements, Nov. 2015, https://www.bis.org.cpmi/publ/d137.htm.

3. 同上。

4. European Central Bank, *Virtual Currency Schemes*, Oct. 2012, http://www.ecb.europa.eu/pub/pdf/other/virtualcurrencyschemes201210en.pdf.

5. 同上。关于欧洲央行的报告以及欧盟对虚拟货币的关注和监管的讨论，可参见 Aneta Vondrackova, *Regulation of Virtual Currency in the European Union*, Prague Law Working Papers Series 2016/III/3, 2016, http://prf.cuni.cz/en/workingpapers-1404048982.html.

6. *Virtual currency schemes – a further analysis*, European Central Bank, Feb. 2015, http://www.ecb.europa.eu/pub/pdf/other/virtualcurrencyschemesen.pdf.

7. 2015 年 5 月 20 日，欧洲议会和欧洲理事会关于防止利用金融系统洗钱或资助恐怖主义的第（EU）2015/849 号指令，修正欧洲议会和欧洲理事会第 648/2012 号条例，废除欧洲议会和欧洲理事会第 2005/60/EC 号指令和委员会第 2006/70/EC 号指令, http://eur-lex.europa.eu/legal-content/EN/TXT/?uri=celex%3A32015L0849.

8. European Commission, *Fact Sheet, Memo 16/2381*, http://europa.eu/rapid/press-release_MEMO-16-2381_en.htm.

9. 《欧盟反洗钱第四号指令》(*Fourth Anti-Money Laundering Directive*) 的拟议修正案, http://www.europarl.europa.eu/RegData/etudes/BRIE/2017/607260/EPRS_BRI(2017)607260_EN.pdf. 对（欧盟）2015/849 号文件进行修正的提案文本为：Eur. Parl. Doc. (COD) 2016/0208, http://ec.europa.eu/justice/criminal/document/files/aml-directive_en.pdf.

10. Stan Higgins, *EU Report: Digital Currency Use by Organized Criminals is Rare*, CoinDesk, Jul. 18, 2017, https://www.coindesk.com/eu-report-digital-currency-use-by-organized-criminals-is-rare/.

11. European Commission, *Project to prevent criminal use of the dark web and virtual currencies launched by international consortium*, Cordis News and Events, http://cordia.europa.eu/news/ren/141335-html.

12. Eur. Parl. Doc. (2016/2007(INI)) (May 26, 2016).

13. European Securities and Markets Authority, *About ESMA*, https://www.esma.europa.eu/about-esma/who-we-are.

14. European Securities and Markets Authority, *Call for Evidence: Investment using virtual currency or distributed ledger technology*, Apr. 22, 2015, ESMA/2015/532, https://www.esma.europa.eu/sites/default/files/library/2015/11/2015-532_call_for_evidence_on_virtual_currency_investment.pdf.

15. European Securities and Markets Authority, *Discussion Paper: The Distributed Ledger Technology Applied to Securities Markets*, Feb. 6, 2016, ESMA 2016/773, https://www.esma.europa.eu/press-news/esma-news/esma-assesses-usefulness-distributed-ledger-technologies.

16. 同上。

17. European Commission, *European Commission launches the EU Blockchain Observatory and Forum*, Press Release, Feb. 1, 2018, http://europa.eu/rapid/press-release_IP-18-521_en.htm.
18. ConsenSys, https://new.consensys.net/.
19. European Court of Justice, Judgment, Oct. 22, 2015, ECLI: EU: C: 205: 718, http://curia.eu/juris/document/document.jct?docid=170305&doclang=EN.
20. 同上。
21. Mirko L. Marinc, Koert Bruins, Roger van de Berg, and Esteban van Goor, *European Court of Justice decides on landmark case regarding the VAT treatment of bitcoin*, Lexology, Oct. 28, 2015, https://www.lexology.com/library/detail.aspx?g=f67931b0-9136-4a53-8b7c-47b762fe12f6.
22. 经合组织由35个国家组成，几乎全部是发达国家，如美国、加拿大、日本、韩国，墨西哥、智利和其他经济强国也是经合组织成员国。*OECD About*, http://www.oecd.org/about/.
23. Adrian Blundell-Wignall (2014), *The Bitcoin Question: Currency versus Trust-less Transfer Technology*, OECD Working Papers on Finance, Insurance and Private Pensions, No. 37, (2014), https://doi.org/10.1787/5jz2pwjd9t20-en.
24. United Nations Security Council Counter-Terrorism Committee, *Official Launch of Knowledge-sharing platform in support of the global tech industry tackling terrorist exploitation of the Internet*, (2017), https://www.un.org/sc/ctc/blog/event/official-launch-of-knowledge-sharingplatform-in-support-of-the-global-tech-industry-tackling-terroristexploitation-of-the-internet/.
25. 二十国集团由主要工业国家和欧盟的中央银行行长组成。所代表的国家有阿根廷、澳大利亚、巴西、加拿大、中国、法国、德国、印度、印度尼西亚、意大利、日本、韩国、墨西哥、俄罗斯、沙特阿拉伯、南非、土耳其、英国、美国。
26. *French finance minister calls for bitcoin debate at G20*, Reuters, Dec. 17, 2017, https://www.reuters.com/article/uk-markets-bitcoin-g20/french-finance-minister-calls-for-bitcoin-regulation-debate-atg20-idUSKBN1EB0SZ.

27. *IOSCO Plans to Research Blockchain Technology*, News BTC, Feb. 22, 2016, http://www.newsbtc.com/2016/02/22/iosco-plans-to-researchrobo-advisors-and-the-blockchain-technology/.

28. OICU-IOSCO, *IOSCO Board Communication on Concerns Related to Initial Coin Offerings (ICOs)*, Media Release, Jan. 18, 2018, http://www.iosco.org/news/pdf/IOSCONEWS485.pdf.

29. 关于一份出色的指南，参见 Robin Arnfield, *Regulation of Virtual Currencies: A Global Overview (2015), Virtual Currency Today*, http://www.nfcidea.pl/wp-content/uploads/2015/02/Regulation-if-VirtualCurrancies-by-Jumio.pdf.

30. La Unidad de Informacion Financiera, https://www.argentina.gob.ar/uif.

31. Chapter 2, *Overview and recent developments: What is digital currency?*, Parliament of Australia, https://www.aph.gov.au/Parliamentary_Business/Committees/Senate/Economics/Digital_currency/Report/c02.

32. *FMA in Austria Issues Warning against Fraudulent Virtual Currency Schemes*, News BTC, Nov. 15, 2016, http://www.newsbtc.com/2016/11/15/fma-in-austria-issues-a-warning-against-fradulentvirtual-currency-schemes/.

33. Simont Braun, *Virtual Currency in Belgium*, http://www.simontbraun.eu/fr/news/1954-virtual-currency-in-belgium.

34. *E-Money and virtual currencies*, Digitalwatch, Dec. 22, 2017, https://dig.watch/issues/e-money-and-virtual-currencies. 有关白俄罗斯国家银行新闻稿的未翻译版本，可参见 https://www.nbrb.by/Press/?id=6534, 被引用于 Coinformer 网站, *State Bank in Belarus Builds on Blockchain*, Coinfirmation, Jul. 19, 2017, http://coinfirmation.com/state-bank-of-belarus-builds-on-blockchain/.

35. Nermin Hajdarbegovic, *Brazilian Central Bank Outline Digital Currency Risks*, CoinDesk, Feb. 20, 2014, https://www.coindesk.com/brazilian-central-bank-outlines-digital-currency-risks/.

36. *Brazil regulator bans funds from buying cryptocurrencies*, Reuters, Jan.

12, 2018, https://uk.reuters.com/article/brazil-bitcoin/brazil-regulator-bans-funds-from-buying-cryptocurrencies-idUSL1N1P71DV.

37. r/bitcoin, *Tax authorities in Bulgaria say bitcoin is "virtual currency"*, Reddit, Apr. 2, 2014, https://www.reddit.com/r/Bitcoin/comments/ 220ek1/tax_authorities_in_bulgaria_say_bitcoin_is/.

38. Canadian Securities Adminsitrators, *Cryptocurrency Offerings*, Staff Notice 46-307, Aug. 24, 2017, http://www.osc.gov.on.ca/en/SecuritiesLaw_csa_20170824_cryptocurrency-offerings.htm.

39. 同上。

40. 同上。

41. Opinion No. JDS 14696, July 12, 2016, 被引用于以下文献：Carlos Fradique Mendez and Sebastian Boada Morales, *Columbia: Virtual currency regulation*, Intn'l Financial L. Rev., Sept. 26, 2016, http://www.iflr.com/Article/3588434/Colombia-Virtual-currency-regulation.html.

42. Maria Santos, *Croatia considers Bitcoin legal: 45 members of the Swiss parliament want the same*, Bitcoins, Mar. 17, 2015, https://99bitcoins.com/croatia-considers-bitcoin-legal-45-members-of-the-swiss-parliament-want-the-same/.

43. *CYSEC Announcement on Virtual Currency*, Global Banking and Finance Review, Nov. 21, 2017, https://globalbankingandfinance.com/cysec-announcement-on-virtual-currencies/.

44. *Bitcoin Cash Embassy to Open in Limassol, Cyprus*, Bitcoin.Com, Dec. 20, 2017, https://news.bitcoin.com/bitcoin-cash-embassy-open-limassolcyprus/.

45. tom93, *The Czech Republic is a Paradise for virtual currencies. You will pay Bitcoin in the village*, Steemit, 2017, https://steemit.com/bitcoin/@tom93/the-czech-republic-is-a-paradise-for-virtual-currenciesyou-will-pay-bitcoin-in-the-village.

46. *'We Don't do Bitcoin': Denmark's finance director exempts crypto-currencies from its function*, RT, Dec. 17, 2013, https://www.rt.com/news/bitcoin-

denmark-regulator-unsafe-395/.

47. Denmark's National Bank, *Virtual Currencies*, http://www.nationalbanken. dk/en/publications/Documents/2014/03/Virtual_MON1_2014.pdf.

48. Peter Teffer, *Estonia to launch own virtual currency*, EUobserver, Dec. 19, 2017, https://euobserver.com/economic/140344.

49. Francesco Canepa, *ECB'sDraghi rejects Estonia's virtual currency idea*, Reuters, Sept. 7, 2017, https://www.reuters.com/article/us-ecb-bitcoinestonia/ecbs-draghi-rejects-estonias-virtual-currency-ideaidUSKCN1BI2BI.

50. Kati Pohjanpalo, *Finland Central Bank Rules Bitcoin Is Not A Currency*, Bloomberg, Jan. 20, 2014, https://mashable.com/2014/01/20/bitcoin-commodity-finland/#9wUWMiSqYPqp.

51. Tanaya Macheel, *French Government Outlines New Regulations for Bitcoin Market Transparency*, Coindesk, July 11, 2014, https://www.coindesk.com/french-government-outlines-new-regulations-bitcoinmarket-transparency/.

52. Virtual Currencies Working Group, *Regulating Virtual Currencies*, Ministry for the Economy and Finance, Jun. 2014, https://www.economie.gouv.fr/files/regulatingvirtualcurrencies.pdf.

53. BaFin, *Virtual Currencies (VCs)*, Federal Financial Supervisory Authority, https://www.bafin.de/EN/Aufsicht/FinTech/VirtualCurrency/virtual_currency_node_en.html.

54. *The Legal Framework of Currency Exchange Licensing and Operation in Greece*, Law and Tech, Nov. 29, 2017, http://lawandtech.eu/en/2017/11/29/virtual-currency-exchange-licensing-in-greece/.

55. Samuel Haig, *Hong Kong Exchange Tidebit Seeks to Capitalize Upon Chinese Cryptocurrency Crackdown*, Bitcoin.Com, Oct. 4, 2017, https://news.bitcoin.com/hong-kong-exchange-tidebit-seeks-to-capitalize-upon-chinese-cryptocurrency-crackdown/.

56. *Jong Kong launches public education campaign on cryptocurrency and ICO risks*, Ecotimes, Feb. 2, 2018, https://www.econotimes.com/HongKong-

launches-public-education-campaign-on-cryptocurrency-andICO-risks-1130103.

57. Hong Kong Securities and Futures Commission, *SFC warns of cryptocurrency risks*, Feb. 9, 2018, https://www.iosco.org/library/ico-statements/Hong%20Kong%20-%20SFC%20-%20Warning%20of%20Cryptocurrency%20Risks.pdf.

58. *Hungary: Blockchain and Virtual Currency Regulation 2018*, Global Legal Insights, https://www.globallegalinsights.com/practice-areas/blockchain-laws-and-regulations/hungary.

59. Jonathan Millet, *Hungarian National Bank Considers Virtual Currency Like Bitcoin Risky*, NEWSBTC, Feb. 19, 2014, http://www.newsbtc.com/2014/02/19/hungarian-national-bank-considersvirtual-currency-like-bitcoin-risky/.

60. Ernst & Young, *Iceland Amends Foreign Exchange Act*, Global Tax Alert, http://www.ey.com/gl/en/services/tax/international-tax/alert--iceland-amends-foreign-exchange-act.

61. Dan Falvey, *'DON'T invest in Bitcoin' warns Indian central bank despite surge in cryptocurrency value, Express*, Dec. 9, 2017, https://www.express.co.uk/finance/city/890101/bitcoin-cryptocurrencyinvestment-india-bank.

62. Tarun Mittal, *What is Laxmicoin, possibly the first legal Indian cryptocurrency?,* Yourstory, Nov. 22, 2017, https://yourstory.com/2017/11/what-is-laxmicoin-indian-cryptocurrency/.

63. Bank Indonesia, Bank Indonesia Warns All Parties Not To Sell, Buy, or Trade Virtual Currency, Press Release, Jan. 18, 2018, http://www.bi.go.id/en/ruang-media/siaran-pers/Pages/sp_200418.aspx.

64. Joshua Althauser, *Central Bank of Iran Plans Comprehensive Review of Cryptocurrency Policy*, Cointelegraph, Nov. 15, 2017, https://cointelegraph.com/news/central-bank-of-iran-plans-comprehensivereview-of-cryptocurrency-policy.

65. *Regulation of Bitcoin in Selected Jurisdiction*, Library of Congress Law Library, https://www.loc.gov/law/help/bitcoin-survey/.
66. Moti Bassok, Shelly Appleberg, and Reuters, *Bitcoin Is Risky, Israel Warns Amid Talk of Regulating Virtual Currency*, Haaretz, Feb. 20, 2014, https://www.haaretz.com/israel-news/business/1.575233.
67. Stefano Capaccioli, *Central Bank of Italy Declares Virtual Currency Exchanges Are Not Subject to AML Requirements*, Bitcoinmagazine, Feb. 4, 2015, https://bitcoinmagazine.com/articles/central-bank-italydeclares-virtual-currency-exchanges-not-subject-aml-requirements-1423096093/.
68. 《金融交易法》(*Act on Financial Transactions*) 第 2 条第 5 款,《金融交易法》是《虚拟货币法》(*Virtual Currency Act*) 的一部分。*The Virtual Currency Act explained*, Bitflyer, https://bitflyer.jp/en/virtual-currency-act.
69. 同上。
70. Act on Settlement of Funds as amended (Act No. 59 of 2009 as amended),被以下文献引用: Makoto Koinuma, Koichiro Ohashi, and Yukari Sakamoto, *New Law & Regulations on Virtual Currencies in Japan*, Lexology, Jan. 24, 2017, https://www.lexology.com/library/detail.aspx?g=b32af680-1772-4983-8022-a2826878bcd5.
71. Omar Obeidat, *Central bank warns against using bitcoin*, The Jordan Times, Feb. 22, 2014, http://www.jordantimes.com/news/local/central-bank-warns-against-using-bitcoin.
72. Lisa Froelings, *Lebanese Central Bank Criticizes Bitcoin as "Unregulated" Commodities*, Cointelegraph, Oct. 29, 2017, https://cointelegraph.com/news/lebanese-central-bank-governor-criticizes-bitcoin-as-unregulated-commodities.
73. Board of Bank of Lithuania, *Position of Bank of Lithuania On Virtual Currencies and Initial Coin Offering*, Oct. 10, 2017, https://www.lb.lt/uploads/documents/files/Pozicijos%20del%20virtualiu%20valiutu%20ir%20VV%20zetonu%20platinimo%20EN.pdf.

74. Josee Weydert, Jad Nader, Vincent Wellens, and Nicolas Rase, *Luxembourg and European Developments on Bitcoins*, Lexology, Jun. 26, 2014, https://www.lexology.com/library/detail.aspx?g=78bd56d2-bf6b-4823-a23f-332d13f827ba.
75. Patrick Murck, *Luxembourg To Become European Virtual Currency Hub*, LuxembourgForFinance, Sept. 7, 2014, http://www.luxembourgforfinance.com/en/luxembourg-become-european-virtual-currency-hub.
76. Joshua Althauser, *Malaysian Central Bank To Issue Cryptocurrency Regulation in Early 2018*, Cointelegraph, Nov. 24, 2017, https://cointelegraph.com/news/malaysian-central-bank-to-issue-cryptocurrencyregulation-in-early-2018.
77. *Bank of Mexico Rejects 'Virtual Currency' as Legal Classification for Bitcoin*, News Bitcoin.Com, Jan. 6, 2018, Bitcoin.com, https://news.bitcoin.com/bank-of-mexico-rejects-virtual-currency-as-legal-classification-for-bitcoin/.
78. *Mexican authorities warn cryptocurrency offerings could be a crime*, Reuters, Dec. 13, 2017, https://www.reuters.com/article/us-marketsbitcoin-mexico/mexican-authorities-warn-cryptocurrency-offeringscould-be-a-crime-idUSKBN1E72GV.
79. Wendy Zeldin, *Netherlands: Central Bank Statement on Virtual Currencies*, Library of Congress Global Legal Monitor, Jun. 4, 2014, http://www.loc.gov/law/foreign-news/article/netherlands-centralbank-statement-on-virtual-currencies/.
80. Samuel Haig, *New Zealand Reserve Bank Lax on Cyber and Crypto Regulations*, Bitcoin.Com, Jul. 23, 2017, https://news.bitcoin.com/new-zealand-reserve-bank-rejects-need-for-expansive-cryptocurrencycyber-crime-regulations/.
81. *Norway's Largest Online Bank Adopts Direct Bitcoin Integration*, CCN, May 16, 2017, https://www.ccn.com/banking-bitcoins-age-norwaybank-adopts-

direct-bitcoin-integration/.

82. Elin Hofberberg, *Bitcoins Are Capital Property, Not Currency, Says Norwegian Tax Authority*, Library of Congress Global Legal Monitor, Dec. 11, 2013, http://www.loc.gov/law/foreign-news/article/norwaybitcoins-are-capital-property-not-currency-says-norwegian-tax-authority/.

83. Bangko Sentral NG Pilipinas, *Guidelines for Virtual Currency Exchanges*, Circular No. 944, Jan. 17, 2017, http://www.bsp.gov.ph/downloads/regulations/attachments/2017/c944.pdf.

84. Alan, *The Central Bank of Poland Starts Campaign Against Virtual Currencies*, bitGuru, Jan. 2, 2018, http://bitguru.co.uk/polish-centralbank-starts-campaign-against-virtual-currencies/.

85. Maryam Manzoor, *Polish Central Bank Creates Website Warning Investors Against Cryptocurrencies*, Cryptovest, Jan. 2, 2018, https://cryptovest.com/news/polish-central-bank-creates-website-warning-investorsagainst-cryptocurrencies/.

86. Francisco Memoria, *Portugal's Central Bank Director: Bitcoin Isn't A Currency*, CCN, Nov. 9, 2017, https://www.ccn.com/portugals-centralbank-director-bitcoin-isnt-currency/.

87. Gola Yashu, *Saudi Arabia's Regulators Not Looking to Regulate Bitcoin*, News BTC, Oct. 23, 2017, http://www.newsbtc.com/2017/10/23/saudi-arabia-not-looking-regulate-bitcoin/.

88. *NBA Warns That Bitcoin is Not Legal Tender in Serbia*, National Bank of Serbia, Oct. 10, 2015, http://www.nbs.rs/internet/english/scripts/showContent.html?id=7607&konverzija=no.

89. Monitory Authority of Singapore, MAS clarifies regulatory position on the offer of digital tokens in Singapore, Media Release, Aug. 1, 2017, http://www.mas.gov.sg/News-and-Publications/Media-Releases/2017/MAS-clarifies-regulatory-position-on-the-offer-of-digital-tokens-inSingapore.aspx.

90. Nermin Hajdarbegovic, *Slovenia Clarifies Position on Cryptocurrency Tax*,

CoinDesk, Dec. 24, 2013, https://www.coindesk.com/sloveniaclarifies-position-cryptocurrency-tax/.

91. South African Reserve Bank, *Position Paper on Virtual Currencies*, Position Paper No. 02/2014, Dec. 3, 2014, https://www.resbank.co.za/RegulationAndSupervision/NationalPaymentSystem(NPS)/Legal/Documents/Position%20Paper/Virtual%20Currencies%20Position%20Paper%20%20Final_02of2014.pdf.

92. *Korean Court Rules Bitcoin Seizure as Illegal Confiscation*, Bitcoin Law, Sept. 11, 2017, https://www.ccn.com/korean-court-rulesbitcoin-seizure-illegal-confiscation/.

93. *Why The Government Plans To Ban Cryptocurrency Trading, And What It Mean For Bitcoin*, Reuters quoted in Newsweek, Jan. 11, 2018, http://www.newsweek.com/why-south-korea-plans-ban-cryptocurrencytrading-and-what-it-means-bitcoin-777782.

94. Christine Kim, *South Korea inspects six banks over virtual currency services to clients*, Reuters, Jan. 8, 2018, https://www.reuters.com/article/us-southkorea-bitcoin/south-korea-inspects-six-banks-over-virtualcurrency-services-to-clients-idUSKBN1EX0BG.

95. Nam Hyun-woo, *Constitutional Court to decide on digital token*, The Korea Times, Jan. 1, 2018, http://www.koreatimes.co.kr/www/biz/2018/01/488_241850.html.

96. Alajandro Gomez de la Cruz, *Bitcoin is exempt from VAT in Spain*, Law & Bitcoin, Apr. 16, 2015, http://lawandbitcoin.com/en/bitcoinis-vat-exempt-in-spain/.

97. *Virtual Currencies*, Sveriges Riksbank, https://www.riksbank.se/en-gb/financial-stability/the-financial-system/payments/virtual-currencies/.

98. *Sweden could be first with national digital currency*, RT, Nov. 16, 2016, https://www.rt.com/business/367141-sweden-digital-currency-launch/.

99. Swiss Confederation, *Federal Council report on virtual currencies in*

response to the Schwaab (13.3687) and Weibel (13.4070) postulates, Jun. 25, 2014, http://www.news.admin.ch/NSBSubscriber/message/attachments/35355.pdf.

100. Leyva Guillermo Beltran, *Taiwan Declares Bitcoin an Illegal Asset*, Nov. 2, 2015, http://www.newsbtc.com/2015/11/02/taiwan-declaresbitcoin-illegal-asset/.

101. David Green, *UPDATE: Taiwan Must Be Brave on Cryptocurrency Stance*, The News Lens, Oct. 7, 2017, https://international.thenewslens.com/article/80463.

102. Kavitha A. Davidson, *Bank of Thailand Bans Bitcoins*, TheWorldPost, July 31, 2012, https://www.huffingtonpost.com/2013/07/31/thailandbans-bitcoins_n_3682553.html.

103. Cristoph Marckx, *Bank of Thailand issues another statement on Bitcoin*, CCN, Mar. 18, 2014, https://www.ccn.com/bank-ofthailand-issues-another-statement-on-bitcoin/.

104. Gonenc Gurkaynak, Ceren Yildez, and Ecem Elver, *Banking Regulation And Supervision Agency's Guidance: How To Deal With Global Players And Bitcoin In Turkey?*, Elig, Oct. 6, 2015, http://www.mondaq.com/turkey/x/432212/Financial+Services/Banking+Regulation+And+Supervision+Agencys+Guidance+How+To+Deal+With+Global+Players+And+Bitcoin+In+Turkey.

105. Ed Clowes, *UAE Central Bank clarifies virtual currency ban*, Gulf News, Feb. 1, 2017, http://gulfnews.com/business/sectors/banking/uaecentral-bank-clarifies-virtual-currency-ban-1.1971802.

106. *Bitcoin and other virtual currencies on Scotland Yard's radar because of money laundering*, MercoPress, Dec. 5, 2017, http://en.mercopress.com/2017/12/05/bitcoin-and-other-virtual-currencies-on-scotlandyard-radar-because-of-money-laundering.

107. Peter Howitt, David Borge, John Pauley, and Subherwal Patel, *Virtual*

Currencies in the UK, Ramparts Lexology, Oct. 16, 2017, https://www.lexology.com/library/detail.aspx?g=20736649-246a-4526-8ad0-3b4f309fc88d.

108. HM Treasury, *Digital currencies: response to the call for information*, March, 2015, https://www.gov.uk/government/uploads/system/uploads/attachment_data/file/414040/digital_currencies_response_to_call_for_information_final_changes.pdf.

109. 同上。

110. *Virtual Currencies and Ponzi Schemes in Vietnam*, News BTC, Oct. 7, 2016, https://www.newsbtc.com/2016/10/07/virtual-currenciesponzi-schemes-vietnam/.

111. Jamie Redman, *Vietnam May See Virtual Regulation Soon*, Bitcoin.Com, Dec. 6, 2016, https://news.bitcoin.com/vietnam-virtual-currencyregulation-soon/.

112. *Why Bangladesh will jail Bitcoin traders*, The Telegraph, Sept. 14, 2017, http://www.telegraph.co.uk/finance/currency/11097208/WhyBangladesh-will-jail-Bitcoin-traders.html.

113. Dan Cummings, *Bolivian Officials Detain Users of Virtual Currency*, ETHNews, May 31, 2017, https://www.ethnews.com/bolivianofficials-detain-users-of-virtual-currency.

114. Yulu Yilun Chen and Justina Lee, *Bitcoin Tumbles as PBOC Declares Initial Coin Offerings Illegal*, Bloomberg, Sept. 4, 2017, https://www.bloomberg.com/news/articles/2017-09-04/china-central-banksays-initial-coin-offerings-are-illegal.

115. *Notice of Seven Ministries Including the People's Bank of China on Guard against Risks of Token Offering and Finance* (Joint Notice) (Sept. 2, 2017). *Notice on the Rectification of Token Offering and Financing Activities*〔Zheng Zhi Ban Han (Sept. 4, 2017)〕, No. 99. 有关中文通知，可参见 Michael House, Geoffrey Vance, and Huijie Shao, *China Halts ICOs and*

Token Sales and China-Based Trading Platforms Suspend Trading Amid Reports, Perkins Coie Virtual Currency Report, Sept. 18, 2017, https://www.virtualcurrencyreport.com/2017/09/china-halts-icos-and-token-sales-and-china-based-tradingplatforms-suspend-trading-amid-reports-of-additional-governmentrestrictions/ of Additional Government Restrictions.

116. 同上。
117. 同上。
118. Lulu Yilun Chen and Yuji Nakamura, *China's bitcoin barons seek new life in Japan and Hong Kong*, Bloomberg, Oct. 29, 2017, https://www.japantimes.co.jp/news/2017/10/29/business/chinas-bitcoin-baronsseek-new-life-japan-hong-kong/#.Whq-Kk2WzIU.
119. Stan Higgins, *Ecuador Bans Bitcoin, Plans Own Digital Money*, CoinDesk, Jul. 25, 2014, https://www.coindesk.com/ecuador-bansbitcoin-legislative-vote/.
120. Kyrgyz Bank, *Warning of the National Bank of the Kyrgyz Republic on the spread and use of the 'virtual currency', in particular, bitcoins (bitcoin)*, Jul. 18, 2014, http://www.nbkr.kg/searchout.jsp?item=31&material=50718&lang=ENG.
121. Jon Southurst, *Using Bitcoin and Virtual Currencies Is Illegal, Says Morocco Central Bank*, Bitsonline, Nov. 20, 2017, https://t.me/bitsonline.
122. *Bitsewa Exchange Closes as Nepal Takes Hard Line on Bitcoin*, DCEBrief, Oct. 9, 2017, https://dcebrief.com/bitsewa-exchange-closes-as-nepaltakes-hard-line-on-bitcoin/.
123. Nathaniel Popper, *Russia and Venezuela's Plan to Sidestep Sanctions: Virtual Currencies*, New York Times, Jan. 3, 2018, https://www.nytimes.com/2018/01/03/technology/russia-venezuela-virtual-currencies.html?_r=0.
124. 欧亚经济联盟（EEU）由白俄罗斯、哈萨克斯坦和俄罗斯组成，根据2014年5月29日签署的条约组成，该条约于2015年1月1日生效，亚美尼亚和吉尔斯斯坦于2014年年底加入了该条约。

125. *Russia suggest creating single virtual currency for BRICS and EEU*, Reuters, Dec. 28, 2017, https://www.rt.com/business/414444-bricseeu-joint-cryptocurrency/.

结语　加密货币的未来

随着技术变得越来越复杂，毫无疑问的是，纸质货币和金属货币的使用可能会遭遇转型，通信部门已经见证过这种转型，纸质新闻产品和实体购物的衰落就是例证。银行和其他金融机构虽然在哀叹和贬低比特币和其他后起之秀——例如，摩根大通的著名CEO杰米·戴蒙（Jamie Dimon）将比特币定性为一种注定要失败的欺诈行为[1]——但是，它们也已经开始联合起来，集中资源来识别和评估这项技术及其潜在用途，以提高效率和安全性。摩根士丹利的CEO詹姆斯·戈尔曼（James Gorman）则采取了更为谨慎的立场，他表示比特币不仅仅是一时的狂热，并援引了其匿名性和隐私属性加以佐证。[2]

正如本书撰写时新就任的美联储委员会主席杰罗姆·鲍威尔所指出的那样，最新的技术创新应能使支付系统应对重大的法律风险、经营风险和金融风险以及信息安全和隐私问题。使用分布式账本技术的精简系统，将带来更快的处理速度，减少对账，并降低运营的资本和流动性成本。鲍威尔指出，与所有创新进展一样，数字货币很有可能成为洗钱等全球犯罪活动的潜在工具，会引起大众在隐私方面的顾虑，并会让银行与私营部门的产品和系统展开竞争。[3]杰米·戴蒙之所以会说出上述言论，可能部分原因在于其担心由于分布式账本技术可以在进行支付交易时避免使用第三方机制，再加上黑客入侵几乎不再可能，从而大大加强了对用户的保护程度,货币交易对银行的依赖程度将大大降低。因此,银行和其他金融机构将不得不适应新技术,以从中获益,而不是对新技术大加指责。[4]

有建议称,各国央行应该采用这些创新技术,发行自己的数字货币,用作 21 世纪纸币的模拟货币。美联储委员会理事兰德尔·K.夸尔斯提醒说:央行,特别是美国的央行,它们拥有高度发达的银行系统,对实体现金有强劲的需求,在这一方面应该缓慢进行,对法律问题、随之而来的固有风险、未经验证技术的部署、隐私问题、洗钱以及其他一系列困难,要进行广泛的审查和磋商。存在着的一个严重危险是,这种货币的发行可能会受到网络攻击,被用于恐怖主义融资,并对全球其他银行部门造成破坏。存款有可能会大幅缩水,从而导致银行无法发放贷款,无法为金融部门提供流动性。银行不应发行自己的虚拟货币,而应通过提供全天候的互联网账户访问权限、移动银行和其他支付功能,提高创新能力和竞争力。[5]

法律的实施将经历重大的创新变化,且这些变化已经开始显现。法院已适应互联网技术,人们可以在网上提交法院文件,而不用向书记员办公室提交复印文件;审判正在发生变化,可以用电子方式引入证据,而不再像以前大多数法院一样,使用低效的方法。智能合约正在取代旧模式,例如,巴克莱银行采用了 R3 技术,引入了 Corda——一个新的分布式账本技术平台,为智能合约创建模板,以最低的成本加快智能合约的形成。巴克莱银行也在与 11 家 R3 银行成员一起试验使用以太坊区块链的快速银行服务。[6] 五角大楼正在对区块链技术进行探索,以创建一个安全且不可渗透的消息服务系统。[7] 国际货币基金组织总裁克里斯蒂娜·拉加德（Christine Lagarde）①表示，国际货币基金组织的一个优先事项是打击恐怖主义，这将需要"利用金融技术的力量……"。金融技术已被用于隐藏虚拟货币的身份，但也有可能用来使金融系统不那么容易受到攻击，并能够识别恐怖分子的资金流动。[8]

创新为产业发展和人员就业创造了新的机会，但同时也给两者造成了损失，受创新影响最大的经济部门需要重新培训和调整方向，这点不难理解。即使像戴蒙这样最优秀的经理人，他最初对比特币泡沫的看法可能是正确的，但也必须适应技术革命，因为技术革命正在以指数速度增长，造成了重大的破坏，但技术革命也像新的战略一样，带来了积极的影响。监管者将遇到的问题之一是能否跟上以指数速度发生的技术变化，这些变化如果不加以控制，将产生灾难性的后果。[9] 鉴于过去 20 年的变化，预测未来会发生什么事情几乎没有任何意义。正如一位评论家所提出的那样，一个可能的情况是：区块链技术的转变，始于 2015 年的探索和发展期，接下来，是 2016—2017 年的早期应用阶段、2018—2024 年的成长阶段，以及之后的技术成熟阶段。[10]

各国政府将不得不决定在多大程度上批准区块链的数字化转型进程以及加密货币的使用。正如一位作者所指出的那样，政府有很多方法来阻碍新技术的发展，其中包括禁止加密货币这一极端做法；对其征税，使其在经济上不可用；用其他待开发的技术来攻击加密货币；质疑加密货币的实用性，如宣传加密货币主要被用于实施非法行为的观点；利用政府财政力量买卖加密货币，造成其价格结构的重大

---

① 拉加德已于 2019 年离任。

混乱。[11] 然而，似乎各国政府非但没有阻碍，反而在适应和鼓励加密货币的使用，因为政府发现加密货币尤其有利于提高交易报告和税收的透明度。关于《北美自由贸易协定》(*North American Free Trade Agreement*)，时任总统唐纳德·特朗普对续签该协定表示有很大的顾虑，并希望重新谈判其中的许多条款。墨西哥作为重新谈判的一员，通过其财政部副部长凡妮莎·鲁比奥（Vanessa Rubio）表示，谈判重点应放在新金融科技公司以及这些公司所提供的新服务上。[12]

新技术是否会像一位评论员所提出的那样，加密货币因为具有去中心化和更加平等的特点，可使全球政治格局更加民主化？[13] 毫无疑问的是，中国和俄罗斯已经被互联网彻底改变。我们仅能猜测，全球经济体未来的发展会发生什么变化，这些经济体要么在世界其他地区取得技术突破时持观望态度，要么加入新型货币和资产转移方法的传播。

一个更有趣的、可能是未来所在的趋势是，量子计算是否会取代比特币和其他同类加密货币。正如一位观察家所指出的那样，虽然随机猜中 SHA-265 算法（如比特币）用户私钥的概率是 $1/(115 \times 10^{75})$，但量子计算可能会将猜中概率降低到原来的 $1/14$。[14] 据估计，比特币以及所有加密技术可能在 10 年内被破解。届时，量子计算或许可以利用公钥计算出私钥，但这一点目前还无法实现。[15] 比特币的回应是，创造一台量子计算机将是一项庞大的科学和工程。目前，量子计算机只有不到 10 个量子，而要攻击比特币，则需要 1 500 个量子。在 2030 年甚至 2040 年之前，不太可能创造出这样的计算机，届时，目前人们对万无一失的算法的研究，将使这一系统变得牢不可破。[16]

参考文献及注释：

1. Hugh Son, Hannah Levitt, and Brian Louis, *Jamie Dimon Slams Bitcoin as a 'Fraud'*, Bloomberg, Sept. 12, 2017, https://www.bloomberg.com/news/articles/2017-09-12/jpmorgan-s-ceo-says-he-dfire-traders-who-bet-on-fraud-Bitcoin.

2. Hugh Son, *Bitcoin 'More Than Just a Fad', Morgan Stanley CEO Says*, Bloomberg, Sept. 27, 2017, https://www.bloomberg.com/news/articles/2017-09-27/bitcoin-more-than-just-a-fad-morgan-stanleyceo-gorman-says.

3. Governor Jerome H. Powell, *Innovation, Technology, and the Payments System*, Mar. 3, 2017, https://www.federalreserve.gov/newsevents/speech/powell20170303a.htm.

4. Nick Bolton, *Should Jamie Dimon Be Terrified About Bitcoin?*, Hive, Vanity Fair, Sept. 13, 2017, https://www.vanityfair.com/news/2017/09/should-jamie-dimon-be-terrified-about-Bitcoin.

5. Randal K. Quarles, 见第四章标注 92。

6. Pete Rizzo, *How Barclays Used R3's Tech to Build a Smart Contracts Prototype*, Coindesk, Apr. 26, 2016, https://www.coindesk.com/barclays-smart-contracts-templates-demo-r3-corda/.

7. Joshua Althauser, *Pentagon Thinks Blockchain Technology Can Be Used as Cybersecurity Shield*, Cointelegraph, Aug. 20, 2017, https://cointelegraph.com/news/pentagon-thinks-blockchain-technology-can-be-usedas-cybersecurity-shield.

8. Christine Lagarde, *Working Together to Fight Money Laundering & Terrorist Financing* Speech at FATF Plenary Meeting, June 22, 2017, http://www.fatf-gafi.org/media/fatf/documents/speeches/Speech-IMFMD-Christine-Lagarde-22June2017.pdf.

9. 例如，可参见以下评论：Gary Coleman citing World Economic Forum agenda, *How we can regulate the digital revolution?* Reuters, Mar. 29, 2017, https://www.weforum.org/agenda/2017/03/how-can-we-regulate-the-digital-

revolution/.

10. Divya Joshi, *How the laws & regulation affecting blockchain technology can affect its adoption*, Business Insider, Oct. 20, 2017, http://www.businessinsider.com/blockchain-cryptocurrency-regulations-us-global-2017-10.

11. Tim Lea. Tim Lea, *Could quantum computing make crypto currencies valueless?* Quora, https://www.quora.com/Could-quantumcomputing-make-crypto-currencies-valueless.

12. Emerging Technology, *Quantum Computers Pose an Imminent Threat to Bitcoin Security*, MIT Technology Review, Nov. 8, 2017, https://www.technologyreview.com/s/609408/quantum-computers-pose-imminentthreat-to-bitcoin-security/.

13. *Quantum computing and Bitcoin*, Bitcoinwiki, https://en.bitcoin.it/wiki/Quantum_computing_and_Bitcoin.

14. Steemit, *10 Ways Government Could Stop Cryptocurrencies*, https://steemit.com/cryptocurrencies/@thehutchreport/10-ways-governmentscould-stop-cryptocurrencies.

15. Anthony Esposito, NAFTA talks must include discussion on fintech: Mexican negotiator, Reuters, Aug. 16, 2017, https://www.reuters.com/article/us-trade-nafta-mexico/nafta-talks-must-include-discussion-onfintech-mexican-negotiator-idUSKCN1AX03Z?il=0.

16. Steven Johnson, *Beyond the Bitcoin Bubble*, New York Times Magazine, Jan. 21, 2018, 37–41, 52.

附录1 比特币的流通和交易机制

附录1展示了比特币如何通过"挖矿"进入流通领域，如何进行交易，以及"矿工"如何验证交易。

图1 比特币如何进入流通以及如何用于交易

比特币"矿工"

比特币"矿工"主要有两个目的：（1）产生新的比特币，使其进入流通；（2）通过确保交易的发生和不会出现比特币双重支付问题来验证交易。随着时间的推移，"挖掘"新比特币所需的计算机处理能力日益增强，现在"挖矿"已经需要专门的计算机硬件，并且越来越多地合并到大型"矿池"中。

"挖矿"	地址与钱包
比特币的产生和首次进入流通领域，是通过一个被称为"挖矿"的过程。比特币"矿工"在他们的电脑上安装软件，用来解决验证比特币网络交易的复杂数学问题。成功解决这些问题的"矿工"或"矿池"将获得新创建的比特币作为奖励。	比尔的比特币余额与他的比特币地址（长串的数字和字母）相关联。比尔将他的比特币地址存储在他的虚拟钱包（一个将比特币地址保存在用户电脑或其他数据存储设备上的程序，或通过交易所或第三方虚拟钱包提供商提供的钱包服务，在线存储比特币地址）中。比特币用户可以拥有多个钱包，每个钱包可以存放多个比特币地址。

监管：数字转型、虚拟货币与未来治理

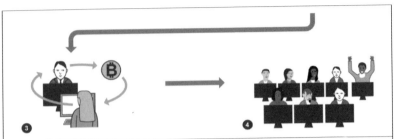

使用比特币进行个人对个人交易	核实交易
比尔想从接受比特币的卡萝尔那里购买一件T恤，为了进行这笔交易，卡萝尔将她的比特币地址提供给比尔，比尔用他的私钥（本质上是能证明比尔对他的比特币地址拥有控制权的秘密代码）授权交易。	比尔和卡萝尔的交易与其他交易捆绑在一起，由比特币"矿工"进行验证。几分钟内，比尔的比特币就被转移到了卡萝尔的地址，而这笔交易也被登记在一个叫作"区块链"的公共账本中。成功解决了数学问题、验证了包含比尔和卡萝尔交易的区块的"矿工"或"矿池"，将获得新创建的比特币奖励。

资料来源：美国政府问责局（Government Accountability Office），《虚拟货币：在新兴监管、执法和消费者保护方面的挑战》，提交美国参议院国土安全和政府事务委员会的报告，GAO-14-496（2014年5月），第42页，https://www.gao.gov/ assets/670/663678.pdf

附录2　投资者问题清单[1]

美国证券交易委员会主席杰伊·克莱顿针对投资者可能面临的问题列出了以下清单。

我到底是在和谁签约？

- 谁在发行和赞助产品？他们的背景是什么？他们是否提供了完整的产品描述？他们是否有我能够理解的、清晰明了的书面商业计划书？
- 谁在推广或营销该产品？他们的背景是什么？他们是否有销售该产品的许可证？他们是否在有偿推广该产品？
- 企业的位置在哪里？

我的钱要去哪里，要用来做什么？我的钱是不是要用来"套现"别人的钱？

我的投资有哪些具体权利？

是否有财务报表？如果有，是否经过审计？由谁审计？是否有交易数据？如果有，是否有一些方法对其进行验证？

我可以用何种方法、在何时、以何种成本出售我的投资？例如，我是否有权将代币或货币还给公司或获得退款？我是否可以转售货币或代币？如果可以，对我的转售能力是否有任何限制？

如果涉及数字钱包，钥匙丢了怎么办？我还能掌管我的投资吗？

如果使用了区块链，区块链是否是开放和公开的？是否已经公布了代码？是否进行了独立的网络安全审计？

发行结构是否符合证券法？如果不符合，会对企业的稳定性和我的投资价值产生什么影响？

在发生欺诈、黑客入侵、恶意软件攻击或商业前景下滑的情况下，是否能得到法律保护？能得到哪些法律保护？如果出了问题，谁来负责退还我的投资？

如果我确实拥有法律权利，我能否有效地行使这些权利？如果我的权利受到侵犯，是否会有足够的资金对我进行赔偿？

参考文献：

1. Jay Clayton, Statement on Cryptocurrencies and Initial Coin Offerings (Dec. 11, 2017), SEC Public Statement, https://www.sec.gov/news/public-statement/statement-clayton-2017-12-11.

附录3　英文首字母缩略词

AICPA	美国注册会计师协会（American Institute of Certified Public Accountants）
AIFMD	《另类投资基金管理人指令》（Alternative Investment Fund Managers Directive）
AML	反洗钱（Anti-Money Laundering）
API	应用程序编程接口（Application Programming Interface）
ASIC	专用集成电路（Application Specific Integrated Circuit）
ATM	自动取款机（Automated Teller Machine）
B2B	企业对企业（Business-to-Business）
BSA	《银行保密法》（Bank Secrecy Act）
BIS	国际清算银行（Bank for International Settlements）
BRIC	金砖四国，包括巴西（Brazil）、俄罗斯（Russia）、印度（India）、中国（China）
BTC	货币单位或数量（Unit of Currency or Amount）
CBOE	芝加哥期权交易所（Chicago Board Options Exchange）
CEA	《商品交易法案》（Commodity Exchange Act）
CFD	差价合约（Contract For Difference）
CFE	CBOE期货交易所（CBOE Futures Exchange）
CFPB	美国消费者金融保护局（Consumer Financial Protection Bureau）
CFTC	美国商品期货交易委员会（Commodity Futures Trading Commission）
CIS	集体投资计划（Collective Investment Scheme）
CME	芝加哥商业交易所（Chicago Mercantile Exchange）

续表

CPU	中央处理器（Central Processing Unit）
CSA	加拿大证券管理联席委员会（Canadian Securities Administrators）
CSBS	美国州银行监督员会议（Conference of State Bank Supervisors）
CSDR	《中央证券存管条例》（Central Securities Depositories Regulation）
DAO	去中心化自治组织（Decentralized Autonomous Organization）
d.b.a.	以……的名义经营（doing business as）
DCM	指定合约市场（Designated Contract Market）
DCO	衍生品清算组织（Derivatives Clearing Organization）
DLT	分布式账本技术（Distributed Ledger Technology）
ECB	欧洲中央银行（European Central Bank）
EEU	欧亚经济联盟（Eurasian Economic Union）
EMIR	《欧洲市场基础设施条例》（European Market Infrastructure Regulation）
ENISA	欧盟网络信息安全局（European Union Agency Network and Information Security）
ESMA	欧洲证券和市场管理局（European Securities and Markets Authority）
EU	欧盟（European Union）
FATCA	《海外账户纳税法案》（Foreign Account Tax Compliance Act）
FATF	反洗钱金融行动特别工作组（Financial Action Task Force on Money Laundering）
FBI	美国联邦调查局（Federal Bureau of Investigation）
FDIC	美国联邦存款保险公司（Federal Deposit Insurance Corporation）
Fed	美国联邦储备委员会（Federal Reserve Board）
FIA	期货行业协会（Futures Industries Association）
FinCEN	美国金融犯罪执法网络局（Financial Crimes Enforcement Network）
FINRA	美国金融业监管局（Financial Industry Regulatory Authority）
FMP	金融市场参与者（Financial Market Participant）
FOREX	外汇（Foreign Exchange）
FPGA	现场可编程逻辑门阵列（Field-Programmable Gate Array）
FSOC	美国金融稳定监督委员会（Financial Stability Oversight Council）

续表

FTC	美国联邦贸易委员会（Federal Trade Commission）
GPU	图形处理器（Graphics Processing Unit）
GSA	美国联邦总务署（Government Services Administration）
HSI	美国国土安全部调查局（Homeland Security Investigations）
ICE	美国移民与海关执法署（Immigration and Customs Enforcement）
ICO	首次币发行（Initial Coin Offering）
IFPCU	非法金融和犯罪收益处（Illicit Finance and Proceeds of Crime Unit）
IMF	国际货币基金组织（International Monetary Fund）
IOSCO	国际证监会组织（International Organization of Securities Commissions）
IP	知识产权（Intellectual Property）
IPO	首次公开募股（Initial Public Offering）
IT	信息技术（Information Technology）
ITO	首次代币发行（Initial Token Offering）
KYC	客户调查（Know Your Customer）
MiFID	《欧盟金融工具市场指令》（Markets in Financial Instruments Directive）
MiFIR	《欧盟金融工具市场条例》（Markets in Financial Instruments Regulation）
MSB	货币服务企业（Money Services Business）
NAFTA	北美自由贸易协定（North American Free Trade Agreement）
NASAA	北美证券管理协会（North American Securities Administrators Association）
NDF	无本金交割远期外汇交易（Non Deliverable Forward）
NFA	美国全国期货协会（National Futures Association）
NYSE	纽约证券交易所（New York Stock Exchange）
OCC	美国货币监理署（Office of the Comptroller of the Currency）
OECD	经济合作与发展组织（Organisation for Economic Cooperation and Development）
OM	发行备忘录（Offering Memorandum）
P2P	个人对个人（Peer-to-Peer）
PCAST	美国总统科技顾问委员会（President's Council of Advisers on Science and Technology）

续表

PCS	支付、清算和结算（Payment, Clearing and Settlement）	
SDRs	特别提款权（Special Drawing Rights）	
SEC	美国证券交易委员会（Securities and Exchange Commission）	
SEF	掉期执行机构（Swap Execution Facility）	
SFD	《发展社会基金》（Social Fund for Development）	
SQL	结构化查询语言（Structured Query Language）	
TITANIUM	地下市场交易调查工具（Tools for the Investigation of Transactions in Underground Markets）	
UCITs	《证券集合投资计划》（Undertakings for Collective Investments Securities）	
UN	联合国（United Nations）	
U.S.	美国（United States）	
VAT	增值税（Value Added Tax）	
WEF	世界经济论坛（World Economic Forum）	

附录4 案件列表

Asahi Metal Industry Co. v. Superior Court, 480 U.S. 102 (1987).

BFXNA Inc. d/b/a BITFINEX, CFTC Docket No. 16–19 (June 2, 2016).

CFTC v. Dean, No. 18-cv-00345 (E.D.N.Y., Jan. 18, 2018).

CFTC v. Gelfman Blueprint, Inc. No. 1-17-cv-07181 (S.D.N.Y., Sept. 21, 2017).

CFTC v. McDonnell, No. 18-cv-0361 (E.D.N.Y., Jan. 18, 2018).

CFTC v. My Big Coin Play, No. 18-cv-10077-RWZ (D.C. Ma., Jan. 16, 2018).

Chino v. N.Y. Dept. of Fin. Services, Claim N. 124835. Index No. 101880- 15 (NY Ct. Cl. 2015).

Chino v. N.Y. Dept. of Fin. Services, 2017 NY Slip Op 51908 (N.Y. Sup. Ct. 2017).

Doran v. Petroleum Mgmt. Corp., 545 F.2d. 893 (1977).

FTC v. BF Labs, Inc., No. 4:14-cv-00815-BCW (D.C. Mo., Sept. 14, 2014).

FTC v. Chevalier, No. 3:15-cv-01029-AC (D.C. Or. June 10, 2015).

Gordon v. Dailey, No. 14-cv-7495 (D.C.N.J., July 25, 2016).

In re Caviar and Kirill Bensonoff, Docket No. E-2017-0120 (Ma. Adm. Proceeding, Jan. 17, 2018).

In re Coinflip d/b/a Derivavit, CFTC Docket No. 15–29 (Sept. 17, 2015).

In re John Doe, No. 3:16-cv-06658-JSC (N.D.Ca. Nov. 17, 2016).

In re TeraExchange LLC, CFTC Docket No. 15–33, (Sept. 24, 2015).

In re Virtual Mining, Corporation, Mo. Sec. State, Case No. AP-14-09 (June 2, 2014).

In re Voorhees, SEC No. 3–15902 (June 3, 2014). International Shoe Co. v.

Washington, 326 U.S. 310 (1945).

Long v. Shultz Cattle Co., 881 F.2d 129 (1989).

Ripple Labs Inc. v. R3 LLC, No. CGC 17-561205 (Sup. Ct. San Fran, Sept. 8, 2017). R3 Holdco v. Ripple Labs, Inc., No. 655781/17 (Sup.Ct. N.Y.Cty.)

SEC v. Arisebank, 3:118-cv-00136-M (N.D. Tx. Jan. 25, 2018).

SEC v. PlexCorps, No. 17 Civ-7007 (E.D.N.Y. Dec. 1, 2017).

SEC v. REcoin Group Foundation, LLC, No. 17 Civ 0725 (E.D.N.Y. Sept. 29, 2017). SEC v. Shavers, No. 4:13-CV-416 (S.D. Tex. Aug. 6, 2013).

SEC v. Sand Hill Exchange, SEC 3-16598 (2015).

SEC v. UBI Blockchain Interrnet, SEC Release No. 82452 (Jan. 5, 2018).

SEC v. W.J. Howey & Co., 328 U.S. 293 (1946).

SEC v. Willner, 1:17-cv-06305 (E.D.N.Y. Oct. 30, 2017).

U.S. v. Benthall, No. 14 MAG 2427 (S.D.N.Y. 2016).

U.S. v. Bridges, No. 1:15-mj-02125-BPG (D.C. Md. Dec. 17, 2016).

U.S. v. BTC-e, No. CR 16-00227-SI (N.D. Ca. Jan, 17, 2017).

U.S. v. Cazes, No. 1:17-at-00597 (N.D. Ca. July, 17, 2017).

U.S. v. Coinbase, No. 17-cv-01431-JSC (D.C.N.D. Ca. Nov. 28, 2017).

U.S. v. Faiella, No. 14-MAG-0164 (S.D.N.Y. Jan. 24, 2013).

U.S. v. Force, No. 3:15-cr-01319-RS-2 (N.D. Ca. Oct. 20, 2015).

U.S. v. Lord, Cr. No. 15-00240-01 (W.D. La., Apr. 20, 2017).

U.S. v. Liberty Reserve, 13cr368 (DLC) (S.D.N.Y. Sept. 23, 2015).

U.S. v. Murgio, No. 15-MAG-2508 (S.D.N.Y. July 17, 2015).

U.S. v. Ulbricht, No. 15-1815 (2d Cir. March 31, 2017).

Zippo Mfr. Co. v. Zippo Dot Com, Inc., 952 F. Supp. 1119 (W.D. Pa. 1997).

索 引
（所注页码为英文原书页码）

A

Act on Settlement of Funds, 241n70
Active Mining Corp., 129
Adams, D. W., 107n16
Airbitclub, 232
Airbnb, 39, 42
Alabama, 116
Alabama Securities Commission, 105
Alajandro Gomez de la Cruz, 244n96
Alaska, 127
AlphaBay, 145–146
Altcoins, 47, 48
Althauser, J., 241n64, 242n76, 251n7
Amended Settlement Act, 221
American Express, 44
American Institute of Certified Public Accountants (AICPA), 184–186
Anti-money laundering regulations, 209, 231

Anti-virtual currency regulations, 228
Appleberg, S., 241n66
Application Specific Integrated Circuits (ASICs), 37, 40
Apte, P., 22n7
Apuzzo, M., 165n26
Aragon Jurisdiction Network, 60
Argentina, 208, 209
Arizona, 123
Armenia, 246n124
Arkansas, 127
Asahi Metal Industry Co. v. Superior Court, 59, 67n3
ASICs, *see* Application Specific Integrated Circuits
Association of Commodity Exchange Firms, 111n63
Athwal, N., 193n6

Australia, 209–210
Australian Securities and Investments Commission, 210
Austria, 210
Autonomous Machine Economy, 41

B

Bahu, M., 221
Banco Santander, 34
Bangladesh Bank, 232
Bangladesh, virtual currencies banning in, 232
Bank for International Settlements (BIS), 23n23, 199–200, 236n1
Bank Indonesia, 219, 241n63
Banking Act, 221
Banking Regulation and Supervision Agency (BRSA), 230
Bank of America, 44
Bank of Finland, 215
Bank of Lithuania, 222
Bank of New York Mellon, 83
Bank of Portugal, 225
Bank of Thailand, 230
Bank of the Netherlands, 223
Bank Secrecy Act (BSA), 93, 97–99
Barclays Bank, 34, 248
Barlin, R., 196n60
Barter system, 3–4
Bassok, M., 241n66
Beattie, A., 53n35
Belarus, 211, 246n124
Belgium, 210
Beltran, L. G., 244n100
Bensonoff, K., 125, 126
Benthall, B., 149
Binance, 14
Binded, 65

Bitcoin, 11, 30, 71–72, 81, 82, 84, 85, 150, 159, 184, 185, 189–191, 207–214, 217–219, 221, 222, 224–226, 228, 230, 232–235, 247, 250
  bubble, 249
  CFDs in, 204
  community banks and exchanges, 232
  vs. Ethereum, 40–41
  illegal and fraudulent use of, 215
  interpretation, authority over, 89–90
  mining machines, 142
  as money, 151
  purchase and trade of, 215
  regulation of, 208
  transactions in, 228
  wallet, 224
  working of, 35–36
  See also specific entries
Bitcoin ATM, 121, 214
Bitcoin Ban Notice, 234
Bitcoin-based payment system, 149
Bitcoin Cash, 213
Bitcoin Co. Ltd., 230
Bitcoin Forum, 61
Bitcoinmania, 214
Bitcoin Ponzi scheme, 157
Bitcointalk, 129
Bitfinex, 14
BitKingdom, 232
BitLicense, 118–120
Bitpay, 43
Bitsewa digital currency exchange, 234
Bittrex, 14
Blake, A., 165n27
Blockai, see Binded

Blockchain and Virtual Currency
	Regulation, 218
Blockchain digital transformation
	process, 249
Blockchain technology, 25n38,
	29–32, 72, 78, 192, 206,
	218, 248, 249
	banks and, 34
	types of, 32–33
	uses of, 33–34
	See also specific entries
Bloomberg, J., 106n3
Blundell-Wignall, A., 237n23
BNP Paribas, 34
Boehm, J. L., 106n9, 106n13
Bohannon, J., 166n34
Bolivian Supervisory Authority of
	the Financial System, 232
Bolivia's Central Bank (BCB), 232
Bolivia, virtual currencies
	banning in, 232
Bolton, N., 251n4
Borge, D., 245n107
Boylan, D., 106n4
Braun, S., 238n33
Brazil, 211
BRICS Interbank Cooperation
	Mechanism, 235
Bridges, S. W., 150
Brokers, 173–176
Brown, T., 133n3
Bruins, K., 237n21
Budovsky, A., 145
Bulgaria, 211
Business model sustainability, 200
Buterin, V., 12, 39, 41
Butterfly Labs, 142
Buyback, 4
Byrne, P., 48

C

California, 116–117
Canada, 212–213
Canadian Securities Administrators
	(CSA), 212
Canadian securities laws, 154
Canepa, F., 240n49
Capaccioli, S., 241n67
Caspar algorithm, 32
Caviar, 125, 126
CBOE, see Chicago Board
	Options Exchange
CBOE Futures Exchange (CFE), 87
CDOs, see Collateralized debt
	obligations
Central Bank of Hungary, 218
Central Bank of Ireland, 219
Central Bank of Jordan, 221–222
Central Bank of the UAE, 230
Centralized virtual currency, 10
Central Processing Unit (CPU),
	37, 47
CEX.IO, 14
CFDs, see Contracts for difference
CFPB, see Consumer Financial
	Protection Bureau
Chainalsis Inc., 72, 190–191
Charitable contributions, 187
Charitable crowdfunding, 180
Charity-based model, 180
Chicago Board Options Exchange
	(CBOE), 13, 87–90
Chicago Mercantile Exchange
	(CME), 13, 87
*Chino v. New York Dept.
	of Financial Services*, 134n15
Chou, P., 86
Chung, F., 26n47
Citibank, 34

Claasen, L., 130, 131
Clayton, J., 78, 80, 108n35, 154, 255–256, 256n1
Clearing arrangement, 4
CME, see Chicago Mercantile Exchange
Coinbase, 12, 14, 100, 120, 125, 189–190, 213
CoinCorner, 12
Coinfy, 12
CoinMama, 14
Coin.mx, 143, 151
Collectibles Club, 143
Collective investment schemes, 204, 226
Colorado, 127
Columbia, 213
Committee on Payments and Market Infrastructures, 199, 236n2
Commodity Exchange Act (CEA), 83, 84, 109n47, 159
Commodity Futures Trading Commission (CFTC), 16–17, 62, 83–84, 87, 110n62, 111n67, 111n68, 111n70, 111n71
   v. Bitfinex, 85–86
   civil enforcement, 157
   v. Dean, 159, 167n47
   v. Gelfman, 157–158, 167n44
   v. LedgerX, LLC and TeraExchange, 86–87
   v. McDonnell, 158–159, 167n46
   v. My Big Coin Pay, Inc., 160–161, 167n48
   principle-based approach, 90
   prohibited activities, 84
   self-certification announcement, 90–92
Community banks, 232
Compensation, 4, 82, 125, 173–175, 177
Concurrent jurisdiction, 58
Conference of State Bank Supervisors (CSBS), 130–132, 137n57, 137n58
Congressional bill, 191
Congressional Blockchain Caucus, 191
Connecticut, 117
Consortium blockchain, 33
Consumer education, 90, 92
Consumer Financial Protection Bureau (CFPB), 17, 102, 113n96
Consumer Ombudsman, 214
Consumer protection resource page, 92
Contracts for difference (CFDs), 204
Convertible virtual currency, 10, 13, 24n31, 94–96, 98, 126, 127, 183, 186, 189
Copyright, 65–66
Corda, 35, 248
Costa Rica, 32
Counterfeiting, 162n2, 163n3
Counter purchase, 4
Countertrade, 4
Cox, J., 197n69
CPU, see Central Processing Unit
Crater, R., 160
Credit Suisse, 34
Criminal prosecutions
   United States v. BTC-e, 143–144
   United States v. Murgio, 143

Croatia, 213
Croatian National Bank, 213
Crowdfunding, 74, 76, 78, 170–171, 217, 222
　congressional proposals to tax virtual currency transaction, 191–192
　debt-model, 180
　FATCA, 187–188
　platforms of, 179–181
　SEC Final Rule, 171–179
Cryptocurrencies, 9, 11, 24n31, 73, 80, 82, 105, 170, 185, 191, 211, 212, 214, 217, 219, 228, 230
　anonymous use of, 207
　exchanges, 217
　future of, 247–250
　nature and valuing of, 207
　offerings, 212
　purchase and trade of, 223
　risks of, 217
　trading, ban of, 228
　types of, 35–50
　variations of, 41–44
　See also specific entries
Cryptocurrency Tax Fairness Act of 2017, 191
Cryptofraud, 210
Cryptography, 29
Cummings, D., 245n113
Customer Identification Program, 132, 152
Cyber Unit of the SEC's Enforcement Division, 74
Cyprus, 144, 213–214
Czech Republic, 214

D

Dáil Éireann (Assembly of Ireland), 219
DAO, *see* Decentralized Autonomous Organization
Darkcoin, 43
Darknet prosecutions, 144
Dash, 35, 43, 48
Davidson, K. A., 244n102
DCMs, *see* Designated Contract Markets
DCO, *see* Digital Clearing Organization
D-Colorado, 191
DC POS, 12
Dean, D. M., 159
Decentralized Autonomous Organization (DAO), 45, 76–79
Decentralized model, 71
Decentralized virtual currency, 10, 11, 35
Defcon, 149
Delaware, 123, 162
Deloitte, 2
Denmark, 214
Derivabit, 84, 85
Designated Contract Markets (DCMs), 84, 87, 109n49
Digital Clearing Organization (DCO), 87
Digital currencies, 8, 9, 101, 210, 211, 248
　benefits of, 14–15
　exchange services of buying and selling, 210
　risks of, 15–16

Digital technology
　legal issues, 57–66
　key actors in, 11–14
　See also specific entries
Digital tokens, 45–50, 217, 226, 233
Digital transformation, 1–21, 249
Dimon, J., 247–249
Distributed ledger technology (DLT), 2, 18, 19, 29, 30, 34, 63, 74, 88, 103, 125, 169, 186, 203–205, 208, 231, 247, 248
Dmitriev, K., 235
Dodd-Frank Act, see Dodd-Frank Wall Street Reform and Consumer Protection Act
Dodd-Frank Wall Street Reform and Consumer Protection Act, 101, 102, 113n95
Dogecoin, 47, 48
Dong He, 23n25, 192n2
Dragonchain, 12
Dread Pirate Roberts, 148, 150
Dutch auction, 47
Dynamic Coalition on Blockchain Technologies, 203

eBay, 39
Economist, The, 5, 88
Ecuador, virtual currencies banning in, 234
E-krona, 229
"Electronic" currency exchange offices, 202
Electronic money (e-money), 8, 9, 214, 216, 230, 234
Elver, E., 244n104
Enforcement of securities laws, 74
ENISA, see European Union Agency Network and Information Security
Enterprise Ethereum Alliance, 39
Equities Rule, NYSE, 83
Equity-based model, 180
Espinosa, M., 124
Esposito, A., 252n15
Estonia, 214–215
Ethereum, 11, 12, 31, 32, 35, 39, 46–49, 170, 189, 228
　blockchain, 76, 78, 248
　comparison with Bitcoin, 40–41
Ettinger, A. T., 108n32
EU, see European Union
EU Blockchain Observatory and Forum, 206
EU Fourth Anti-Money Laundering Directive, 231
Eurasian Economic Union (EEU), 235, 246n124
European Banking Authority, 226
European Central Bank (ECB), 25n33, 201, 214, 215, 220, 236n4, 236n5
European Commission, 202, 236n8, 237n11, 237n17
European Court of Justice Ruling, 206–207
European Parliament, 23n22, 27n54, 203, 236n7
European Securities and Markets Authority (ESMA), 203–205, 237n14, 237n15
European Union (EU), 59
　ECB, 201
　ESMA, 203–205

EU Blockchain Observatory and
　Forum, 206
European Court of Justice Ruling,
　206–207
Fourth Anti-Money Laundering
　Directive, 202–203
European Union Agency for
　Network and Information
　Security (ENISA), 20, 24n31
Eyber, E., 196n63
Exclusive jurisdiction, 58

F

Faiella, Robert, 149
Falvey, D., 241n61
FDIC, see Federal Deposit
　Insurance Corporation
Feathercoin, 48
FED, see Federal Reserve Board
Federal Deposit
　Insurance Act, 111n73
Federal jurisdiction, 58
Federal regulation, 105
　of virtual currencies, 71–105
Federal Reserve Board (FED), 2, 8,
　19, 29, 101–102
Federal Rules of Criminal
　Procedure, 101
Federal Trade Commission (FTC),
　82, 103–104, 114n101,
　163n5, 181
　v. BF Labs, Inc., 114n100
　v. Erik Chevalier, 181
Federal Trade Commission Act, 82,
　103, 114n99, 142, 181
Federated blockchain, 33
Felt, M., 35

Fiat currencies, 7–10, 14, 74, 86,
　102, 117, 119, 120, 122, 131,
　159, 183, 190, 202, 206, 208,
　211, 212, 217, 229, 231, 234
Field Programmable Gate Array
　(FPGA), 37
Fields, C., 132n1
Fiennes, T., 224
Financial Action Task Force,
　24n29, 220
Financial Crimes Enforcement
　Network (FinCEN), 62, 93–94,
　111n72, 112n74, 130, 188
　application of money
　transmission to virtual
　currency mining, 97–98
　convertible virtual currency
　trading and booking
　platform, 96–97
　virtual currency software
　development, 95–96
Financial crisis, 101, 218
Financial Industry Regulatory
　Authority (FINRA),
　82, 173, 176
Financial Market Authority of
　Austria, 210
Financial market participants
　(FMPs), 222
Financial regulators, 88, 89, 222
Financial regulatory authority
　(CSSF), 222
Financial Services and Treasury
　Bureau, 217
Financial Stability Oversight Council
　(FSOC), 90, 101
Financial Supervisory Authority,
　Denmark, 214

Financial Technology
  Experimentation Act, 229
FinCEN, *see* Financial Crimes
  Enforcement Network
Finland, 215
Finley, K., 108n29
FINRA, *see* Financial Industry
  Regulatory Authority
FinTech, 88, 89, 208, 213, 250
Florida, 124, 151
Florida Money Laundering Act,
  135n32, 166n31
Force, C. M., 150, 151
Ford, S., 156
Foreign Account Tax Compliance
  Act (FATCA), 187–188
Foreign Exchange
  Act No. 87/1992, 218
FOREX, 14
Forks, 47
Fourth Anti-Money Laundering
  Directive, 202–203
FPGA, *see* Field Programmable
  Gate Array
France, 215–216
Frauenfelder, M., 26n48
Froelings, L., 242n72
FSOC, *see* Financial Stability
  Oversight Council
FTC, *see* Federal Trade Commission
FTC v. Chevalier, 195n48, 195n51
Funding portals, 173–176, 178
Futures Industry
  Association, 111n63

G

Galvin, W., 125
Gatti, S., 107n17

Gdax, 213
Gelfman Blueprint, Inc., 157
Gelfman, N., 157
"General public benefit," 194n42
Georgia, 117
Giancarlo, J. C., 87, 88, 92, 111n66
Gillespie, M., 160
Girasa, Roy J., 66n1, 113n93, 192n1
GitHub, 41
Goldman, Z. K., 106n6
Goldman Sachs, 34
Golem, 42, 46
Gordon, M., 107n17
Gordon v. Dailey, 61
Gorman, J., 247
Government Services
  Administration (GSA), 18
Government-wide coordination, 90
GPU, *see* Graphics Processing Unit
Graphics Processing Unit (GPU),
  37, 40
Greece, 20, 216
Green, D., 244n101
G20 (Group of Twenty),
  208, 238n25
Gurkaynak, G., 244n104

H

Haber, Stuart, 31
Haig, S., 240n55, 242n80
Hajdarbegovic, N., 239n35, 243n90
Hakimi, N., 219
Hall, G., 155
Hansen, J. D., 106n9, 106n13
Hard fork, 47
Harvard Business Review, 31
Hawaii, 124–125
Hayek, Friedrich, 35

Hello Group, 213
Higgins, S., 27n51, 109n48, 165n28, 246n119
Hiring Incentives to Restore Employment (HIRE) Act of 2010, 188
Hofberberg, E., 243n82
Hong Kong, 216–217
Hong Kong-based exchange, 216
House, M., 246n115
House bill, 191
Howey test, 170
Howitt, P., 245n107
Hubbard, B., 146
Hughes, S. J., 163n7
Hungary, 218
Hybrid blockchain, 33
Hyperledger Fabric, 35

I

IBM, 2
ICC v. Hubbard (PDXBlack), 146
Iceland, 32, 218
ICOs, *see* Initial Coin Offerings
Idaho, 117
Illinois, 125
IMF, *see* International Monetary Fund
Immigration and Customs Enforcement (ICE), 19, 146
India, 218
Indiana, 127
Indonesia, 219
Initial Coin Offerings (ICO), 18, 40, 43, 45, 46, 48, 73, 125, 126, 208, 209, 212, 217, 222, 223, 229
In re Coinflip, Inc., 84–85

Intellectual property, 65–66
Intel Sawtooth, 35
Internal Revenue Code, 141, 182
Internal Revenue Service (IRS), 62, 151, 182–185
  Chainalsis Inc., 190–191
  subpoenas, 188–191
International Monetary Fund (IMF), 5, 169, 248–249
International Organization of Securities Commissions (IOSCO), 208–209
International organizations, 5, 199–209
See also specific entries
International Shoe Co. v. Washington, 59
Internet Financial Risks Rectification Working Group, 233
Internet Governance Forum, 203
Internet of things, 33, 42
Investment Advisers Act of 1940, 81
Investment commitment, 173, 175–178
Investopedia, 24n31
Investors, 77
IOTA, 41–42
Iowa, 127
Iran, 219
Ireland, 219–220
Islamic terrorists, 72
Israel, 220
Issuers, 172–174
Italy, 220
itBit Trust Company, 119
ITOs, 212

J

Japan, 221
Jenner, S., 197n77
Jobs Act, 174, 194n23
　Title III of, 172
Jordan, 32, 221
Joshi, D., 251n10
JP Morgan Chase, 247
Jumpstart Our Business Startups Act, 76, 170
Jurisdiction, 57–61, 84, 101, 208, 217, 233
　See also specific entries

K

Kansas, 127, 128
Kats, V., 145
Kazakhstan, 246n124
Kentucky, 127
Kickstarter, 180
Kierner, T., 163n7
Kim, C., 244n94
Kita, M. H., 107n18
Klasing, D., 196n58
Kodak, 1
Kohen, M. E., 132n1, 133n9
Koo, W., 229
Koslov, H. F., 107n18
Kyrgyzstan, 246n124
　virtual currencies banning in, 234

L

Lacroix, D., 153
Lagarde, C., 248, 251n8
Lambert, E. E., 196n56
Larsen, Chris, 44
Larsen, K. S., 107n18

Laundering of money instruments, 140
Law enforcement prosecution difficulties, 152
Law on Foreign Exchange Operations, 226
Law on Payment Transactions, 226
Laxmicoin, 218
Lea, T., 251n11
Lebanon, 221–222
Lebedev, Y., 143
Lee, Charlie, 41
Lee, J., 245n114
Legal authority, assertion of, 90
LEGO, 2
Lego Digital Designer, 2
Lego Mindstorms, 2
Leising, M., 108n30
Le Maire, B., 208
Leung, J., 217
Levitt, H., 250n1
Lewis, T. K., 196n62
LexShares, 181
Liberty Reserve, 145
Lifshitz, L. R., 166n37
Limassol, 213
Litecoin, 35, 41, 47, 48, 159, 189, 214
　CFDs in, 204
Lithuania, 222
Litigation model of crowdfunding, 181
Little, K., 113n94
Localbitcoins.com, 99
Lord, M., 99, 100
Lord, R., 99, 100
Louis, B., 250n1
Louisiana, 127
Louisiana law, 100

Lukashenko, A., 211
Lukken, W., 87, 111n64
Lulu Yilun Chen, 246n118
Luxembourg, 222–223

M

McCaleb, Jed, 44
McCoy, O., 106n5
McDonnell, Patrick K., 158
Macheel, T., 240n51
Machine Zone Inc., 128
McKinney, R. E, 163n3
McNealy, Scott, 6
Madeira, A., 26n50
MaiCoin, 229
Maine, 127
Malaysia, 223
Malaysian Central Bank, 223
Manero, 35, 48
Manning, J., 192n4
Manzoor, M., 243n85
Markowitz, E., 195n44
Marckx, C., 244n103
Marinc, M. L., 237n21
Market intelligence, 90
Martin, E., 108n39
Maruyama, E., 106n6
Maryland, 127, 128
Massachusetts, 125–126
Memoria, F., 243n86
Meola, A., 25n38
Merchant, virtual currency nature held by, 187
Meta coins, 48
Mexico, 223
Michael, L., 100
Michigan, 127

Microsoft, 2, 42
Middlebrook, S. T., 163n7
Millennials, 22n7
Millet, J., 241n59
Miners, 12
Mining, 36–38
Minnesota, 127
Mississippi, 127
Missouri, 127, 129
Mittal, T., 241n62
Monero, 32, 44
Monetary Authority of Singapore (MAS), 226, 243n89
Money, 77, 80, 93, 94, 97–100, 201, 207, 209, 212, 216, 219
  bitcoin as, 151
  paper and metallic, 247
Money instruments, laundering of, 140–141
Money laundering, 17, 71, 93, 99, 124, 143, 145, 148, 150–151, 155, 202, 205, 215, 222, 225, 226, 229, 231, 248
Money services businesses (MSBs), 93, 94, 99, 112n76
Money Transmission Act, 116, 117, 124, 128
Money transmitter, 93
Montana, 127, 129
Morocco, virtual currencies banning in, 234
Morgan Stanley, 247
MUN "ecosystem," 79
Munchee Order, 80
Murck, P., 242n75
Murgio, A. R., 143
My Big Pay, Inc. (MBP), 160

N

Nader, J., 242n74
Nam Hyun-woo, 244n95
Namecoin, 47, 48
NASAA, see North American Securities Administrators Association
National Bank of Belarus, 211
National Bank of Poland, 225
National Bank of Serbia, 226
National Bank of the Kyrgyz Republic, 234
National Futures Association (NFA), 87
NDF, see Non-deliverable forward
Nebraska, 127
Nepal, virtual currencies banning in, 234
Nepal Rastra Bank, 234
Netherlands, 223–224
Nevada, 118
New Hampshire, 129
New Jersey, 126–127
New Mexico, 127
New York, 118
New York Business Corporation Law, Article 17 of, 195n42
New Zealand, 224
NiceHash, 13
Nigh, B., 166n33
Non-convertible virtual currencies, 10, 14
Non-deliverable forward (NDF), 110n59
Non-fiat currencies, 3–5
  cryptocurrencies, 11
  currency types and, 7–9
  digital currencies, 9
  See also Virtual currencies

Non-resident funding portal, 177–178
North American Free Trade Agreement, 249
North American Securities Administrators Association (NASAA), 105, 114n102
North Carolina, 120
North Dakota, 127
Norway, 224
Norwegian Skandianbanken, 224

O

Obama, B., 102
Obeidat, O., 242n71
OCC, see Office of Comptroller of the Currency
OECD, see Organisation for Economic Co-operation and Development
Offering Memorandum (OM), 212
Office of Comptroller of the Currency (OCC), 102–103, 113n97
Offsets, 4
Ohio, 127
Oklahoma, 127
Ontario Securities Commission, 154
Orcutt, M., 106n7
Oregon, 127
Organisation for Economic Co-operation and Development (OECD), 207, 237n22
Ou, E., 155
Overstock, 48

P

Paradis-Rogers, S., 153
Patel, S., 245n107
Patent, 65
Pauley, J., 245n107
Payment Services Act, 214
Paypal, 43
Peercoin, 48
Peer-to-peer (P2P) transactions, 169
Pelker, C. A., 166n33
People's Republic of China (PRC), virtual currencies banning in, 233
PerfectMoney, 10
Permissioned ledger, see Private blockchain
Permissionless ledger, see Public blockchain
Peterffy, T., 88
Pham, S., 105n1
Philippines, 224–225
Platform, definition of, 194n40
PlexCoin Tokens, 153
Pohjanpalo, K., 240n50
Poland, 225
Polaroid, 1
Polis, J., 191, 197n75
Polish Financial Supervision Authority, 225
Ponzi schemes, 92
Popov, Serguei, 42
Popper, N., 246n123
Portugal, 225
Position Paper on Virtual Currencies, 227
Powell, J. H., 17, 247, 251n3
President's Council of Advisers on Science and Technology (PCAST), 162

Price, R., 165n30
PricewaterhouseCoopers, 42
Private blockchain, 32
Private litigation, 161–162
Processing service providers, 12
Product pre-order model, 181
Property transaction rules, 186
Proportionate regulatory approach, 203
Pseudonymity, 200
Public benefit corporation, 194n42
Public blockchain, 32

Q

Quantum computing, 250
Quarles, R. K., 101, 113n92, 248, 251n5
Quora, 26n43

R

Rand, Ayn, 35
Ransomware, 144, 152
R-Arizona, 191
Rase, N., 242n74
Raymond, N., 164n20
Real-Time Settlement system, 231
REcoin, 75
Redman, J., 245n111
Registered funding portals, 176–177
Relief, request for, 160
Republic of Indonesia, 219
Request Network, 42–43
Reserve Bank of Australia, 210
Reserve Bank of India, 218
Retail commodity transactions, 89
Retail payment systems, 201

Rewards-based crowdfunding model, 179
Reyes, C. L., 106n13
Rhode Island, 127
Rice, Jared, Sr., 156
Ripple, 35, 44, 47
Ripple Foundation, 44
Ripple labs, 161–162
Ripple Labs Inc.
  v. R3 LRC LLC, 167n51
Rizzo, P., 251n6
Roberts, J. J., 197n73
Robins, J. L., 108n33
Robust enforcement, of CTFC, 90
Roman, J. A., 195n55
Rosenberg, E., 106n6
Rosenblatt, B., 67n3
Rosenblatt, J., 197n71
Rosenlieb, Jr., 163n3
Ross, M., 196n59
Ross Intelligence, 2
Royal Bank of Canada, 2
R3 Holdco LLC v. Ripple Labs, Inc., 167n52
R3 technology, 248
Rubix, 2
Rule 3b-16(a), 78
Russia, 235, 246n124

S

Salameh, R., 221
Santander, 44
Saravalle, E., 106n6
Satoshi Nakamoto, 11, 31, 35, 41
Saudi Arabia, 225–226
Saudi Arabia Monetary Authority, 225–226
Scalping, 81

Schwartz, M. J., 106n8
Schweikert, D., 191
Scriptural money, 222–223
Scrypt algorithm, 41
SDRs, *see* Special drawing rights
SEC, *see* Securities and Exchange Commission
Securities Act of 1933, 61, 75–77, 79, 80, 154, 155, 170
  Section 302 of Title III amended §4 of, 170
Securities Act of 1934, 80, 156, 172, 194n22
Securities and Exchange Commission (SEC), 18–19, 73–74, 107n22, 166n41, 166n42, 213
  v. Arisebank, 156–157, 166n43
  brokers and funding portals, 173–176
  Chairman's Commentary, 80–81
  civil enforcement, 153
  and Crypto Co., 82
  disapproval of NYSE proposed rule change, 83
  funding portals provisions, 178
  v. Howey, 73
  issuers, 172–173
  limitations on investments, 171–172
  v. Munchee Inc., 78–80
  non-resident funding portal, 177–178
  offerings and cancellations, 178
  v. PlexCorps, 153–154, 166n35
  v. REcoin Group Foundation, 74–75, 107n15
  registered funding portals, 176–177

resales restriction and
  disqualification provisions, 179
 v. Sand Hill Exchange, 155
 v. Shavers, 60–61
 v. UBI Blockchain Internet,
  Ltd., 156
 v. Voorhees, 154
 warnings to social media, 81–82
 v. Willner, 155–156, 166n40
Securities and Futures Act, 226
Securities and Futures Commission
  (SFC), 217
Securities and Futures Ordinance
  (SFO), 217
Securities Exchange Act of 1934, 61,
  75, 77, 83, 109n46, 155,
  193n21
  Section 5 of, 78
Securities market, 73, 204
Securities registration, 74
Self-employment tax, 183, 185
Self-regulatory organization, 194n22
Selig, M., 107n18
Serbia, 226
Shao, D. H., 163n3
Shao, H., 246n115
Shao, L. P., 163n3
SHA-265 algorithm, 250
Sheetz, M., 109n43
Shiller, Robert J., 20, 21
Shrem, Charlie, 149, 150
Sidechain, 49–50
Sidecoin, 49
Silk Road, 146, 149
Silk road prosecutions
 Tor Project, Inc., 147
 U.S. v. Benthall, 149
 U.S. v. Force and U.S. v.
  Bridges, 150–151

U.S. v. Shrem and Faiella,
  149–150
U.S. v. Ulbricht (Computer
  Hardware Bitcoins), 147–148
Silver, D., 107n17
Singapore, 226–227
Skorobogatova, Olga, 235
Slaughter, Kenneth E., 129
Slovenia, 227
Smart contracts, 63–64, 76, 123,
  204, 248
Société Générale, 34
Soft fork, 47
Son, H., 250n1, 250n2
South Africa, 227
South African Reserve Bank, 227
South African Reserve
  Bank Act, 227
South Dakota, 127
South Korea, 227–228
Southurst, J., 246n121
Spain, 228
Special drawing rights (SDRs),
  5, 22n15
"Specific public benefit,"
  194–195n42
Srinivasan, Balaji, 31
Standard Charter Bank, 34
Statutory prohibitions, 139–142
Stempel, J., 163n7
Stiglitz, Joseph, 21
Stornetta, W. S., 31
Strauss, J. S., 106n6
Stripe, 43
Subpoenas, 188–191
Sweden, 228–229
Swiss National Bank, 229
Switch trade, 4
Switzerland, 229

337

Systemically Important Derivatives Clearing Organization, 91
Szabo, Nick, 35, 63

T

Taiwan, 229
Tax returns, electronic filing of, 191
Tax virtual currency transaction congressional proposals to, 191–192
Teffer, P., 240n48
Tennessee, 127
TeraExchange, 86, 87
Terrorist financing, 222, 226
Tether Limited Reserves, 26n50
Texas, 120–121
Thailand, 230
Thappar, N., 26n43
Tidebit, 216
Time-honored technique, 152
Token offerings, 47, 233
Tokens, 74–77, 79, 81, 105, 212, 213, 226
Tools for the Investigation of Transactions in Underground Markets (TITANIUM) project, 202
Tor Project, Inc., 147
Trade secret, 65
TradeBlock XBX Index, 83
Trademark, 2, 30, 65
Trading platform, 14, 92, 95, 232
Traditional payment systems, 200
Trump, D., 249
Trust company, 83, 119
Tulipmania, 53n35
Turkey, 230

U

Uber, 39
UBS, 34, 44
Ulbricht, R. W., 147–150, 152
Uniform Law Commission, 129, 137n50
Uniform Regulation of Virtual-Currency Business Act, 129–131
United Arab Emirates (UAE), 230
United Kingdom (UK), 231–232
United Nations (UN), 208
United Parcel Service, 34
United States
  economy of, 101
  federal and state agencies, 73
  government agencies concerned with virtual currencies, 73
  government agencies' risk advisories, 16
  payment system, 101
  securities, 76
  See also specific entries
University of Luxembourg, 72
U.S. Bureau of Investigation, 164n17
U.S. Commodity Futures Trading Commission, *see* Commodity Futures Trading Commission
U.S. Consumer Financial Protection Bureau, *see* Consumer Financial Protection Bureau
U.S. Copyright Office, 66
U.S. Department of Justice, 164n12
U.S. Department of the Treasury, 112n74
USDT (tether), 16, 26n50
U.S. Federal Blockchain, 18
U.S. Federal Trade Commission, *see* Federal Trade Commission

U.S. Immigration and Customs Enforcement, 164n14
U.S. Office of the Comptroller of the Currency, *see* Office of the Comptroller of the Currency
U.S. Securities and Exchange Commission, *see* Securities and Exchange Commission
U.S. Treasury Department, Financial Crimes Enforcement Network, 111n72
U.S. v. Benthall, 149, 164n19
U.S. v. Bridges, 150–151, 165n25
U.S. v. BTC-e, 143–144
U.S. v. Budovsky (Liberty Reserve), 144–145
U.S. v. Cazes, 145–146, 164n13
U.S. v. Coinbase, 189–190, 196n67
U.S. v. Faiella, 149–150, 165n22
U.S. v. Force, 150–151, 165n24
U.S. v. Lord, 99–101, 113n90
U.S. v. Murgio, 143, 151, 163n6
U.S. v. Shrem, 149–150
U.S. v. Ulbricht, 147–148, 164n18, 165n23
U.S. v. Vinnik, 162n1

V

Valentine, E. M., 196n66
Value Added Tax (VAT) Directive
 Article 2, 206
 Article 14(1), 206, 207
 Article 24(1), 207
Vance, G., 246n115
van de Berg, R., 237n21
Vanderbilt Law, 2
van Goor, E., 237n21
Vannik, A., 143
Van Valkenburgh, P., 113n89

Venezuela, 6, 235
Vermont, 121–122
Vietnam, 232
Vinnik, Alexander, 143, 144
Virginia, 122
Virtual currencies, 8–10, 84, 159, 169–171, 210, 211, 219, 220, 223, 224, 226, 230, 249
 BIS, implications of, 200
 businesses, 117, 118
 as commodity, 187
 custodian wallets, 202
 decentralized nature of, 200
 definition of, 24n28
 and DLT, 203
 enforcement, 181–182
 exchange platforms, 202
 exchanges, guidelines for, 224
 FATCA, 187–188
 as money, 62–63
 multi-functionality risk of, 215
 as property for tax purposes, 183–187
 reasons for rise of, 5–7
 risks of, 227
 SEC Final Rule, 171–179
 states' regulation of, 115–132
 transactions of, 210
 websites, 74
 See also specific entries
Virtual Currency Act, 116, 221
Virtual Mining Corp., 129
Vondrackova, A., 236n5
Voorhees, Erik T., 154

W

Wales, J. S., 132n1, 133n9
Wall Street Journal, 31

Wallet
　provider, 13
　virtual currency, 13
Walt Disney Company, 12
Warren, Elizabeth, 102
Washington, 122
"Watch out for
　cryptocurrencies" website, 225
WebMoney, 10, 23n24
Weiser, B., 165n26
Wellens, V., 242n74
West Virginia, 127
Weydert, J., 242n74
Wikipedia, 30
Willner, Joseph P., 155
Wisconsin, 127
Wiseman, S. A., 196n57
Wood, Gavin, 39
World Economic Forum, 20
World of Warcraft gold, 10
Wyoming, 122–123

X
xCurrent, 44

Y
Yashu, G., 243n87
Yellen, Janet, 101
Yildez, C., 244n104
Yuji Nakamura, 246n118
Yulu Yilun Chen, 245n114

Z
Zaharewicz, E. J., 107n16
Zaslavskiy, Maksim, 74, 75
ZCash, 35
Zeldin, W., 242n79
Zippo Mfr. Co. v. Zippo Dot Com, Inc., 59
Zuckerberg, Jeff, 44
Zwilling, M., 194n41